Springer-Verlag Berlin Heidelberg GmbH

Die Reihe **Xpert.press** des Springer-Verlags
vermittelt Professionals in den Bereichen
Betriebs- und Informationssysteme, Software
Engineering und Programmiersprachen aktuell
und kompetent relevantes Fachwissen über
Technologien und Produkte zur Entwicklung
und Anwendung moderner Informations-
technologien.

Gerhard Versteegen

Knut Salomon · Rainer Heinold

Change Management
bei Software Projekten

Mit 73 Abbildungen

Springer

Gerhard Versteegen
Rainer Heinold
Rational – the e-development company
Keltenring 15
82041 Oberhaching
E-mail: gversteegen@rational.com

Knut Salomon
modulo3 GmbH
Karl-Rudolf-Straße 172
40215 Düsseldorf

Die Deutsche Bibliothek – CIP-Einheitsaufnahme

Versteegen, Gerhard:
Change-Management bei Softwareprojekten/Gerhard Versteegen; Knut
Salomon; Rainer Heinold. – Berlin; Heidelberg; New York; Barcelona;
Hongkong; London; Mailand; Paris; Singapur; Tokio: Springer,
2001
  (Xpert.press)
  ISBN 978-3-540-67809-0   ISBN 978-3-642-56882-4 (eBook)
  DOI 10.1007/978-3-642-56882-4

ISSN 1439-5428
ISBN 978-3-540-67809-0

http://www.springer.de

Umschlaggestaltung: KünkelLopka Werbeagentur, Heidelberg
Satz: Word-Daten vom Autor, Belichtung: perform, Heidelberg
Gedruckt auf säurefreiem Papier   SPIN 10774481   33/3142SR – 5 4 3 2 1 0

Vorwort

Ziele dieses Buches

Softwareentwicklung beschäftigt uns immer mehr. Die so genannte New Economy, der immer noch explosionsartig wachsende Internetboom, der immer größer werdende Automatisierungsaspekt in der Industrie – alles Faktoren, die zunehmend Druck auf diejenigen ausüben, die mit der Softwareentwicklung beschäftigt sind – und genau an die ist dieses Buch gerichtet.

Dieses Buch ist als eine Art Erfahrungsbericht zu werten, den wir drei Autoren in unserer Berufstätigkeit gesammelt haben. Daher ändert sich auch die Anrede an unsere Leser häufig – allgemeine Dinge werden unpersönlich gehalten, hingegen wichtige Tipps und Ratschläge haben wir in der direkten Ansprache verfasst.

Wer dieses Buch lesen sollte

Es gibt kaum ein Thema, das Softwareentwickler mehr nervt, als sich ständig ändernde Anforderungen. Häufig wird die Schuld auf den bösen Kunden geschoben, doch liegt bei sich ständig ändernden Anforderungen in erster Linie ein Managementfehler im eigenen Hause vor!

Aus diesem Grund ist insbesondere das erste und zweite Kapitel auch für Laien der Softwareentwicklung lesenswert – hier hat nicht die Technik Vorrang, sondern vielmehr die Psychologie und Rhetorik des Anforderungs- und Projektmanagements.

Im gleichen Maße richtet sich dieses Buch auch an Auftraggeber – wir gehen immer noch davon aus, dass eine Anforderung deshalb gestellt wird, um ein Projekt bzw. ein Projektergebnis zu verbessern, und nicht, um ein Projekt zu sabotieren. Doch genau Letzteres ist immer häufiger festzustellen – Auftraggeber versuchen das Letzte aus ihren Anforderungen herauszuholen – ohne Rücksicht auf das Gesamtprojekt. Wem ist damit geholfen? Gerät der Auftraggeber an einen Anforderungsmanager, der über eine entsprechende Erfahrung und Professionalität verfügt, so wird er letztendlich nur bezahlen, ohne ein Ergebnis zu erhalten.

Im anderen Fall – gerät der Auftraggeber an einen unerfahrenen Anforderungsmanager, der des lieben Friedens Willen zu allem Ja sagt, wird irgendwann der Zeitpunkt eintreten, an dem der Auftragnehmer das Statement in den Raum setzt: „Bis hierhin und nicht weiter". Dieses Statement kommt dann aus einer absoluten Notsituation – der Auftragnehmer ist an einem Punkt angelangt, an dem er sagt: „Noch eine Änderung und wir vergessen das Projekt!" Aber auch damit ist dem Kunden bzw. Auftraggeber nicht geholfen!

Daher soll dieses Buch beiden Seiten als Wegweiser durch die unbekannte und ungewisse Welt der Softwareentwicklung helfen. Für Fragen und Anregungen freuen wir uns über jeden Kommentar, bitte nutzen Sie dazu eine der folgenden E-Mail-Adressen:

- Gerhard Versteegen: Gerhard.Versteegen@rational.com
- Rainer Heinold: Rainer.Heinold@rational.com
- Knut Salomon: Knut.Salomon@modulo3.de

Inhalte des Buches

Das erste Kapitel dieses Buches gibt eine Einführung in die Thematik des Anforderungs- und Änderungsmanagements. Dabei wird darauf eingegangen, welche unterschiedlichen Arten von Anforderungen existieren und welche Techniken des Anforderungsmanagements angewendet werden können. Ein besonderer Schwerpunkt wird dabei auf das Kommunikationsverhalten gelegt.

Das zweite Kapitel beschäftigt sich mit der Frage, warum sich Anforderungen ändern.

Im dritten Kapitel gehen wir darauf ein, wie Anforderungsmanagement im Rational Unified Process umgesetzt wird.

Das vierte Kapitel betrachtet die Werkzeugunterstützung des Anforderungsmanagements, hier wird das Werkzeug RequistePro, Bestandteil der Rational Suite vorgestellt.

Im fünften und letzten Kapitel wird darauf eingegangen, wie Anforderungsmanagement in der Zukunft aussehen wird. Der Schwerpunkt liegt dabei auf den Auswirkungen, die das Internet bzw. die New Economy haben wird.

Danksagungen

Natürlich entsteht ein solches Buch nicht ohne zeitlichen Aufwand, der deutlich zu Lasten des Privatlebens gehen. Daher möchten wir an dieser Stelle in erster Linie unseren Ehefrauen danken.

Ferner gilt unser Dank natürlich auch den vielen Kollegen, Kunden und Lieferanten, durch die wir zur Erstellung dieses Buches angeregt wurden.

Inhaltsverzeichnis

1 Einführung

Gerhard Versteegen

1.1
Historischer Rückblick

1.1.1
Einführung in die Thematik

Anforderungen werden heutzutage an jeden und alle gestellt. So stellte zum Beispiel unser Verlag eine klare Anforderung an uns Autoren: Das vorliegende Buch ist bis zum 28.02.2001 abzuliefern. Im Gegensatz dazu haben unsere Ehefrauen auch entsprechende Anforderungen an uns, unsere Kinder sind ebenfalls nicht besonders zurückhaltend und letztendlich hat jeder von uns auch noch einem Beruf nachzugehen, in dem er mit der einen oder anderen Anforderung konfrontiert wird.

Anforderungen werden an jeden gestellt

In diesem Buch beschäftigen wir uns – bzw. beschränken wir uns – auf Anforderungen, die an Softwareprojekte gestellt werden und das damit verbundene Anforderungsmanagement[1].

Ferner wird darauf eingegangen, welche Anforderungen an Personen gestellt werden, die diese Anforderungen entgegennehmen (in der Regel handelt es sich dabei um Worker[2] mit dem Titel: *Anforderungsmanager* oder *Systemanalyst*).

---

[1] Bereits hier soll darauf hingewiesen werden, dass Anforderungsmanagement in erster Linie nur eins bedeutet: Stelle deinen Kunden zufrieden und sorge gleichzeitig dafür, dass sich auch dein Management im Gewinnrausch befindet!

[2] Unter dem Begriff *Worker* versteht man eine Gruppierung von Mitgliedern eines Softwareentwicklungsteams, die eine gleichartige Tätigkeit ausüben. Im deutschsprachigen Umfeld spricht man auch von *Rollen* [Ver1999].

Aber auch Anforderungen, die an die Personen gestellt werden, die Anforderungen erheben (interner oder externer Kunde), werden berücksichtigt. Es wird also untersucht, wer ein guter Anforderungsmanager ist und welche Qualifikationen er erfüllen muss.

Letztendlich werden noch Anforderungen an Anforderungen selbst beleuchtet – also festgehalten, welche Voraussetzungen eine Anforderung erfüllen muss, um überhaupt als Anforderung innerhalb eines Softwareentwicklungsprojektes zugelassen zu werden.

Um es gleich vorwegzunehmen, dieses Buch ist kein theoretisches Lehrbuch, das sich jenseits der Praxis bewegt – vielmehr fließen hier eine Vielzahl von Projekterfahrungen ein, die wir als Autoren über die letzten Jahre sammeln durften (oder auch mussten).

Jeder von uns hat bereits in zahlreichen Projekten der unterschiedlichsten Art Erfahrungen im Bereich Anforderungsmanagement und Projektmanagement gesammelt, trotzdem soll dieses Buch keine „Abrechnung" mit ehemaligen Kunden sein, sondern vielmehr jungen und neuen Anforderungsmanagern eine Hilfestellung geben, wie sie ihren Job in Zukunft besser und professioneller ausüben und dabei gleichzeitig die Risiken innerhalb des Projektes deutlich minimieren zu können.

Der alte Spruch: „Am meisten lernt man aus Fehlern" hat sich insbesondere im Anforderungsmanagement bewahrheitet – und genauso, wie die Maxime gilt, dass man *das Rad nicht neu erfinden muss*, soll für dieses Buch gelten, dass unsere Fehler dem Leser dazu verhelfen sollen, sie nicht ebenfalls zu begehen, sondern vielmehr daraus zu lernen und für ihren weiteren Berufsweg auch daraus zu profitieren.

Natürlich gibt es auch andere Meinungen bzw. Überzeugungen, wie ein professionelles Anforderungsmanagement durchgeführt werden muss. Wir erheben nicht den Anspruch, das einzig richtige Anforderungsmanagement in diesem Buch zu beschreiben – wir sind jedoch davon überzeugt, dass eine Vielzahl erfolgreicher Projekte hier eine deutliche Sprache sprechen.

Als Mitarbeiter bzw. enger Partner von Rational Software ist man natürlich der Überzeugung, dass der Rational Unified Process (RUP) der geeignetste Prozess für das Anforderungsmanagement ist, trotzdem gehen wir in diesem Buch auch auf andere Prozessmodelle ein, wie zum Beispiel das V-Modell, das hierzulande sehr verbreitet ist.

1.1.2
Ausgangsbasis

Anforderungsmanagement ist keine Disziplin des Software Engineering, sondern eine Wissenschaft! Wer Anforderungen bereits im Vorfeld erkennt, ist der so genannte Projektgott; wer sie übersieht, ignoriert oder vernachlässigt, ist der Versager des Projektes!

Hart, aber nicht herzlich, dafür Realität! Doch Stopp – fangen wir am Anfang an und konzentrieren uns auf das Wesentliche! Welche Arten von Anforderungen gibt es und wodurch unterscheiden sie sich?

Generell werden in diesem Buch drei Arten von Anforderungen unterschieden:

- Anforderungen, die zu Beginn eines Projektes gestellt werden.

- Anforderungen, die im Laufe des Projektes gestellt werden, die allgemein auch als *Änderungswünsche*[3] bezeichnet werden können.

- Anforderungen, die nach der Übergabe des fertigen Produktes gestellt werden und die allgemein auch als *Fehlermeldungen* bezeichnet werden können. Dabei lassen sich hinsichtlich der Fehlermeldungen noch zwei unterschiedliche Klassen bilden:
  - Fehlermeldungen, die während der Gewährleistungszeit eintreffen
  - Fehlermeldungen, die nach Ablauf der Gewährleistungszeit eintreffen

Es ist offensichtlich, dass die Art von Anforderungen, bei denen es sich um Änderungswünsche handelt, wesentlich schwieriger zu handhaben sind, als dies bei der ersten bzw. letzteren Gruppe von Anforderungen der Fall ist. Man spricht dabei auch von Änderungsmanagement und nicht mehr von Anforderungsmanagement.

---

[3] In der Literatur wird häufig eine strikte Trennung zwischen Anforderungen und Änderungswünschen vorgenommen. Beschränkt man sich jedoch bei einem Änderungswunsch auf die Kernaussage bzw. auf den Inhalt, so wird man feststellen, dass es sich bei einem Änderungswunsch um nichts anderes als eine neue Anforderung handelt. Im weiteren Verlauf dieses Buches wird speziell aus Sicht des Anforderungsmanagers darauf eingegangen, wie die einzelnen Typen von Anforderungen zu unterscheiden sind.

Daher liegt auch auf dieser Gruppe von Anforderungen der Schwerpunkt dieses Buches. Trotzdem sollen Anforderungen, die zu Beginn eines Softwareprojektes gestellt werden, nicht unberücksichtigt bleiben. Auf die Fehlermeldung wird in Kapitel 1.6 nochmals näher eingegangen, da hier besondere Regeln zu beachten sind.

Für den Anforderungsmanager besteht jedoch hinsichtlich seiner Tätigkeit kaum ein Unterschied zwischen diesen drei Anforderungstypen. Lediglich die Voraussetzungen unterscheiden sich.

In diesem Kapitel liegt der Schwerpunkt auf einer Art Begriffsabgrenzung, um die Grundlage für die folgenden Kapitel zu schaffen. Abbildung 1 gibt eine erste Übersicht, wann die drei unterschiedlichen Anforderungstypen innerhalb eines Projekt-Lifecycles auftreten:

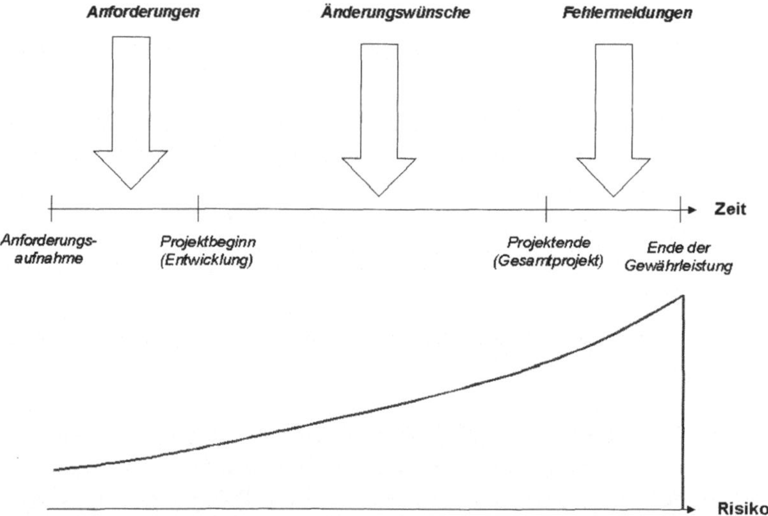

Abbildung 1: Der Unterschied zwischen Anforderungen, Änderungswünschen und Fehlermeldungen, gegenübergestellt dem Risiko für den Projektverlauf

Aus Abbildung 1 geht hervor, dass aus Sicht des Anforderungsmanagers vier wesentliche Meilensteine innerhalb eines Softwareentwicklungsprojektes zu unterscheiden sind:

■ Der Beginn der Anforderungsaufnahme. Hier werden Anforderungen aufgenommen, die Bestandteil einer Projektdefinition sind. Die Art und Weise, wie solche Anforderungen aufgenommen werden, wird im weiteren Verlauf dieses Buches behandelt.

- Der eigentliche Projektbeginn der Implementierung, also der Zeitpunkt, zu dem mit der Umsetzung der Anforderungen begonnen wird. Anforderungen, die ab diesem Zeitpunkt auftauchen, werden auch als Änderungswünsche bezeichnet. Somit findet hier ein Wechsel vom Anforderungsmanagement zum Änderungsmanagement statt.

- Das Ende der Projektabwicklung, also der Zeitpunkt, zu dem eine lauffähige und getestete Software dem Kunden zur Verfügung gestellt wird. Anforderungen, die ab diesem Zeitpunkt gestellt werden, werden allgemein auch als „Fehlermeldungen" bezeichnet.

- Das Ende der Gewährleistungszeit, also ein Zeitpunkt, ab dem jegliche Anforderung nur noch gegen Bezahlung abgewickelt wird.[4] Zu diesem Zeitpunkt gestellte Anforderungen können auch als „Produkterweiterungen" bezeichnet werden.

Aus der obigen Abbildung geht ebenfalls hervor, in welchem Verhältnis sich das Risiko für das Gesamtprojekt bezüglich dem Zeitpunkt der jeweiligen Anforderung entwickelt:

Je früher dem Anforderungsmanager Anforderungen bekannt sind, desto geringer ist das Risiko.

Anforderungen (Änderungen oder auch Fehlermeldungen) während der Gewährleistung sind erfahrungsgemäß mit dem größten Risiko behaftet, da sie ohne Berechnung vom Auftragnehmer erfüllt werden müssen.

Im Folgenden soll dargestellt werden, wie sich die Aufnahme von Anforderungen durch den Anforderungsmanager in den letzten Jahren entwickelt hat.

---

[4] Dies gilt natürlich nur aus Sicht des soeben abgewickelten Projektes. Will der Auftragnehmer Folgeprojekte beauftragt bekommen, tut er gut daran, die Anforderungen, die nach der Gewährleistungszeit eintreffen, nicht pauschal als separat zu bezahlende Anforderungen einzustufen, sondern mit Fingerspitzengefühl zu behandeln.

1.1.3
Das gute alte Pflichtenheft

Noch vor wenigen Jahren wurden Anforderungen innerhalb eines so genannten Pflichtenheftes festgehalten. Dabei handelte es sich im Regelfall um ein Textdokument, in dem die jeweiligen Anforderungen in Prosaform notiert wurden. Ab und zu wurde eine Grafik eingefügt, die einen gewissen Sachverhalt verdeutlichen sollte.

Die Erfahrung hat gezeigt, dass diese Vorgehensweise natürlich eine Reihe von Nachteilen für das Softwareentwicklungsprojekt hatte, die im Folgenden näher beschrieben werden sollen:

- Durch die Verwendung von textuellen Beschreibungen bestand von Anfang an die Gefahr von Missverständnissen. Dies liegt einfach in der Natur der Sprache, die unabhängig davon, ob sie gesprochen oder geschrieben wird, immer wieder Freiraum für Mehrdeutigkeiten zulässt.

- Lange und ausführliche Textdokumente haben die Eigenschaft, dass sie nur selten aufmerksam und gewissenhaft gelesen werden. Besonders, wenn sie nicht an einem Stück gelesen werden, besteht die Gefahr, dass der Leser wesentliche Inhalte, die am Anfang des Dokumentes aufgeführt waren, wieder vergisst oder in einem anderen Kontext in Erinnerung behält.

- Bei Großprojekten ist das Pflichtenheft meist schon ein oder mehrere Jahre alt, bevor mit dem Design der Architektur begonnen wird. So tritt nicht selten der Fall ein, dass sich eine Technologie nicht nur verändert hat, sondern gar nicht mehr in der Form existiert, wie sie im Pflichtenheft beschrieben wurde.

- Technologische Änderungen, aber auch Änderungen in Anforderungen lassen sich in einem Textdokument nur schwer pflegen. Besonders Nebeneffekte sind nicht mehr überschaubar. So wurde in Pflichtenheften immer wieder versucht, am Anfang des Dokumentes einen so genannten Änderungsstatus aufzulisten. Dort wurde festgehalten, wer was wann geändert hat (vielleicht auch noch warum). Doch mit der Zeit verlor jeder den Überblick.

- Jeder Anforderungsmanager hat seinen eigenen Schreibstil, wie er ein Dokument formuliert. Ohne böse Absicht zu unterstellen, fasst der Anforderungsmanager Sachverhalte in wenigen Sätzen zusammen, weil *er* den Überblick darüber hat – ein anderer Leser des Dokumentes wird hier jedoch Probleme haben, die Zusammenhänge nachzuvollziehen. Dies wirkt sich besonders dann negativ aus, wenn innerhalb des Projektes ein Personalwechsel im Anforderungsmanagement stattfindet.

Zusammenfassend kann festgehalten werden, dass ein Pflichtenheft, das als Textdokument erstellt wird, nicht das Papier wert ist, auf dem es steht. Seit einigen Jahren existieren hier wesentlich effektivere Instrumente zur Anforderungsdefinition.

Spätestens seit der Etablierung der visuellen Modellierung gehören Textdokumente als alleiniges Mittel zur Anforderungsdefinition der Vergangenheit an.

Es sei jedoch hier schon erwähnt, dass ein vollständiger Verzicht auf Textdokumente natürlich nicht möglich ist – dies ist ebenso eine Illusion, wie es vor einigen Jahren das papierlose Büro war, das von Herstellern von Dokumentenmanagementsystemen beschworen wurde. So existieren auch bei der visuellen Modellierung ergänzende textuelle Spezifikationen. Kritiker der Unified Modeling Language (UML) sprechen sogar von einer Verlagerung des Pflichtenheftes in die textuellen Spezifikationen der Use-Cases, was natürlich Unfug ist und lediglich ein Zeichen dafür ist, dass hier die UML nicht verstanden wurde.

Im vorherigen Abschnitt wurden die drei unterschiedlichen Anforderungstypen:

■ Anforderung,

■ Änderungswunsch und

■ Fehlermeldung

unterschieden. Ein Pflichtenheft der herkömmlichen Art kennt jedoch lediglich Anforderungstypen der ersten Art. Dies hat den folgenden Hintergrund:

Ein Pflichtenheft ist ein statisches Dokument. Es orientiert sich an den Gegebenheiten, die vor Projektbeginn existieren. Hat das Projekt einmal begonnen, wird das Pflichtenheft **nicht** mehr oder nur noch unwesentlich und damit ungenügend verändert. Somit verliert das Pflichtenheft umso mehr an Aktualität, je länger das Projekt läuft.

Ein klassisches Beispiel sind die für ein derartiges Pflichtenheft vorgeschlagenen unterschiedlichen Statusarten des Pflichtenheftes selbst:

■ *In Planung*: das Pflichtenheft befindet sich in einem Planungszustand, das Projekt wurde vom Kunden noch nicht beauftragt. Das Pflichtenheft wird als Artefakt im Angebot aufgenommen.

■ *In Arbeit*: das Softwareentwicklungsprojekt wurde vom Kunden beauftragt und die Erstellung des Pflichtenheftes befindet sich in Arbeit. Der Anforderungsmanager nimmt seine Anforderungen auf und integriert diese im Pflichtenheft.

■ *Vorgelegt*: der Auftragnehmer hat das Pflichtenheft dem Kunden vorgelegt und wartet nun auf die Reaktion des Kunden. Alle Anforderungen des Kunden sind textuell im Pflichtenheft notiert. Hier kann das Pflichtenheft zwei unterschiedliche Statuseigenschaften erhalten:

– *Abgelehnt*: das Pflichtenheft erfüllt nicht die Erwartungshaltung des Kunden[5]. Die Gründe dafür können unterschiedlich sein, angefangen von der nicht vollständigen Abdeckung aller Anforderungen bis hin zur falschen Formulierung der Anforderung. Aber auch zeitliche Aspekte können hier eine Rolle spielen.

– *Akzeptiert*: das Pflichtenheft entspricht der Erwartungshaltung des Kunden. Alle vom Kunden aufgestellten Anforderungen spiegeln sich in dem Pflichtenheft wider und sind auch korrekt dargestellt. Damit geht dann das Pflichtenheft automatisch in den nächsten unten definierten Zustand über.

■ *Abgeschlossen*: die Arbeit des Pflichtenheftes wurde mit beiderseitigem Einvernehmen abgeschlossen und das Dokument wird sozusagen „eingefroren". Ein Pflichtenheft ist somit ein Artefakt[6] eines Softwareentwicklungsprojektes, das auch dem Konfigurationsmanagement [Hein2001] unterliegt.[7] Es wurde jedoch bereits oben schon darauf hingewiesen, dass ein Textdokument, das häufig geändert wird – wie das eben bei einem Pflichtenheft der Fall ist –, nur schwer wartbar ist.

Die zeitliche Entwicklung unter Berücksichtigung des jeweiligen Status eines Pflichtenheftes ist in Abbildung 2 festgehalten:

---

[5] In diesem Fall wird das Pflichtenheft wieder in den Status „in Bearbeitung" zurückversetzt.

[6] Unter einem Artefakt versteht man ein beliebiges Ergebnis eines Softwareentwicklungsprozesses. Es kann sich also sowohl um ein Stück Software als auch um ein Textdokument, einen Vertrag usw. handeln.

[7] Mehr zum Thema Konfigurationsmanagement ist dem Kapitel 5 zu entnehmen.

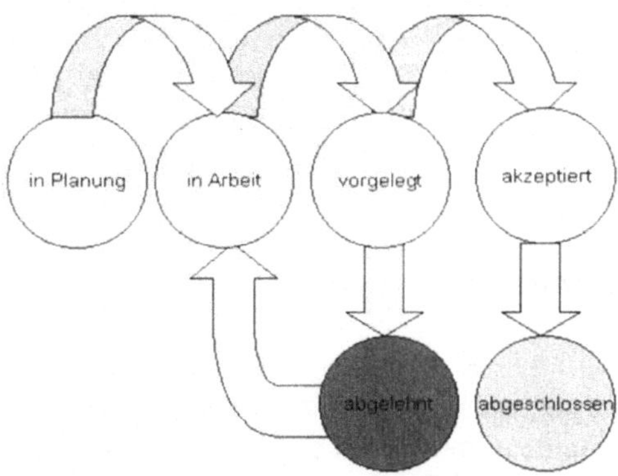

Abbildung 2: Die zeitliche Entwicklung eines Pflichtenheftes unter Berücksichtung des jeweiligen Status

Es lässt sich zusammenfassen, dass der wesentliche Knackpunkt von Pflichtenheften eine Kombination der folgenden Faktoren ist:

- Missverständnisse und Mehrdeutigkeiten, die durch sprachliche Aspekte entstehen
- Zeitliche Problematiken
- Schlechte bis unmögliche Wartbarkeit durch Seiteneffekte

Kombination von Faktoren

1.1.4
Prototypen

Nachdem etliche Projekte durch die Verwendung von Pflichtenheften nicht erfolgreich beendet werden konnten, suchte man ein alternatives Hilfsmittel, um Anforderungen und vor allem den sich ändernden Anforderungen Herr zu werden.

Ziemlich schnell kam man auf die Idee, Anforderungen des Kunden anhand eines bereits existierenden Stück Software zu ermitteln. Der so genannte Prototyp[8] war geboren. Zu unterscheiden sind dabei drei Arten von Prototypen:

- Der Wegwerfprototyp
- Evolutionärer Prototyp

Drei Arten von Prototypen

---

[8] In der Literatur wird diese Art des Prototyps manchmal auch als Simulationsmodell bezeichnet.

Im Folgenden sollen diese beiden Arten von Prototypen näher beschrieben werden. Anschließend werden die Vor-, aber auch Nachteile der Verwendung von Prototypen zur Anforderungsanalyse dargestellt. Zuvor soll jedoch Allgemeines zu Prototypen festgehalten werden.

1.1.4.1
Allgemeines zu Prototypen

Bei Prototypen handelt es sich um eine Software, die „quick and dirty" entwickelt wird, also ohne jegliche Prinzipien des Software Engineering. Sie dient dem Zweck, dem Kunden einen ersten Eindruck davon zu vermitteln, wie sein fertiges Produkt aussehen könnte.

Dabei unterscheidet man zwischen Prototypen, die dem Kunden ausschließlich ein Gefühl für die Oberfläche geben sollen, also das künftige Look & Feel der Anwendung, und Prototypen, die Funktionalitäten der Anwendung abdecken, also bereits das Verhalten des späteren Softwareproduktes beschreiben. Dabei wird natürlich immer nur ein Teil der Funktionalität dargestellt.

Man spricht in diesem Zusammenhang auch von horizontalen und vertikalen Prototypen. Bei horizontalen Prototypen wird immer nur ein Aspekt dargestellt, bei vertikalen Prototypen hingegen werden unterschiedliche Aspekte der Funktionalität abgebildet, um zum Beispiel die Realisierbarkeit einer Anwendung auszuprobieren.

In diesem Buch wird generell von Prototypen ausgegangen, die programmiert wurden. Eine Alternative dazu sind Prototypen, die auf dem Papier entworfen werden. Hierbei handelt es sich um eine Art Vorstufe zu einem elektronischen Prototyp.

Verwendet wird dieser in ersten Projektsitzungen, in denen Kunde und Auftragnehmer zusammentreffen. Es bietet sich an, auf einem Flipchart zum Beispiel die Oberfläche gemeinsam mit dem Kunden darzustellen. Die dabei entstehenden „Skizzen" können dann sowohl als Input für einen Wegwerfprototyp als auch einen evolutionären Prototyp benutzt werden.

1.1.4.2
Der Wegwerfprototyp

Bei dem Wegwerfprototyp handelt es sich um einen Prototyp, der ausschließlich zu Testzwecken entworfen wird. Dies wird auch aus dem Namen deutlich, der Prototyp wird nach seinem Einsatz vernichtet. Damit sind auch keine qualitativen Anforderungen an den

Prototyp zu stellen. Es ist weder erforderlich, den Prototyp entsprechend zu dokumentieren, noch umfangreiche Testmaßnahmen durchzuführen.

Wird im Vorfeld mit dem Kunden festgelegt, dass es sich um einen Wegwerfprototyp handeln wird, so können auf diese ansonsten notwendingen Bestandteile des Software Engineering-Prozesses verzichtet werden.

Dementsprechend sind Wegwerfprototypen in der Erstellung sehr kostengünstig und können sehr schnell programmiert werden. Damit kann innerhalb der Anforderungsanalyse schnell und effektiv mit der Aufnahme der ersten Anforderungen begonnen werden.

In der Erstellung sehr kostengünstig

1.1.4.3
Der evolutionäre Prototyp

Der evolutionäre Prototyp wird ebenfalls wie der Wegwerfprototyp dazu verwendet, gewisse Dinge zu testen. Er wird jedoch im Anschluss nicht weggeworfen, sondern zum fertigen Produkt weiterentwickelt.

Damit sind natürlich völlig andere Anforderungen an die Erstellung des Prototyps zu stellen. Das fängt an bei der Dokumentation und endet bei rechtzeitigen Testläufen. Ferner ist bereits im Vorfeld der Prototypentwicklung mit dem Kunden festzulegen, dass dieser Prototyp zum Endprodukt ausgebaut wird.

Evolutionäre Prototypen sind besonders hinsichtlich des Designs der späteren Anwendung sehr kritisch zu betrachten. Schließlich werden sie ohne den Gesamtüberblick über die zu erstellende Applikation entwickelt. Es muss damit gerechnet werden, dass der evolutionäre Prototyp irgendwann doch zum Wegwerfprototyp wird. In diesem Fall sind sowohl Zeit- als auch Ressourcenverlust von beachtlichem Umfang und können das Gesamtprojektbudget gefährden.

Das Design wird kritisch

Die Erstellung eines evolutionären Prototyp ist von Anfang an mit wesentlich mehr Aufwand und Kosten verbunden, als dies beim Wegwerfprototyp der Fall ist.

1.1.4.4
Vor- und Nachteile des Einsatzes von Prototypen für das Anforderungsmanagement

Nachdem sich herausgestellt hatte, dass das rein textuelle Pflichtenheft für die Anforderungsdefinition für größere und komplexere Projekte ungeeignet ist, haben sich Prototypen etablieren können, um Anforderungen aufzunehmen. Doch zeigte sich ziemlich schnell, dass auch hier einige Problemfelder auftauchten. Diese sollen im Folgenden kurz skizziert werden:

- Der Einsatz eines Prototyp (insbesondere der eines Wegwerfprototyps) kann beim Auftraggeber einen falschen Eindruck erwecken, wie schnell die beauftragte Software fertig entwickelt ist. War der Auftragnehmer bereits einige Tage nach Auftragserteilung schon mit einer recht ansehnlichen Lösung vor Ort, so dauert es nun auf einmal viel länger, bis irgendetwas zu sehen ist. Hauptgrund dafür ist, dass die qualitätssichernden und qualitätssteigernden Maßnahmen beim Wegwerfprotoyp überflüssig sind, jedoch bei dem anschließenden Produkt durchgeführt werden müssen und natürlich sehr zeitintensiv sind.

- Besonders Prototypen, die dem Kunden das spätere Look & Feel der Anwendung vermitteln sollen, sind für das Anforderungsmanagement von großem Wert. Dabei sind jedoch wesentliche Bedingungen bei der Arbeit mit dem Prototyp einzuhalten:

  - Die entsprechenden Stakeholder, die die ersten Gehversuche mit dem Prototyp machen, sind vom Anforderungsmanager zu begleiten. Dessen Aufgabe ist es, dabei zu protokollieren, welche Aussagen getroffen wurden.

  - Prototypen sind in der Regel wesentlich performanter, als es das spätere Produkt sein wird. Dies liegt zum Beispiel daran, dass Abfragen in so genannten Selectionboxes bei der späteren Anwendung aus Datenbanken selektiert werden, im Prototyp hingegen wird ein Dateizugriff vorgenommen, der naturgemäß wesentlich schneller ist. Es bietet sich also an, im Prototyp bewusst Zeitverzögerungen einzuprogrammieren, um spätere Frustrationen zu vermeiden.

- Generell ist immer abzuwägen, ob ein evolutionärer Prototyp erstellt werden soll, da das damit verbundene Risiko sehr groß ist. Auf der anderen Seite ist bei Projekten, in denen eine Realisierbarkeitsuntersuchung unbedingt durchgeführt werden sollte, ein evolutionärer Prototyp wiederum eine Maßnahme zur Risikoreduzierung.

- Ein Prototyp, der auf große Akzeptanz beim Kunden gestoßen ist, verleitet den Auftragnehmer oft dazu, einfach weiterentwickelt zu werden, auch wenn er zuvor als Wegwerfprototyp definiert wurde. Erst viel später, wenn das Design der Architektur sich als nicht passend entpuppt, tauchen massive Probleme auf. Deren Lösung wird dann teurer, als wenn man nach der Prototypphase mit einer vollständigen Neuentwicklung begonnen hätte.

- Prototypen eignen sich zwar für das Anforderungsmanagement, sind jedoch beim Änderungsmanagement unbrauchbar. Sie decken also nur eine Seite des Aufgabenbereichs des Anforderungsmanagers ab.

1.1.4.5
Referenzprojekte als Prototypen

Manchmal hat ein Auftragnehmer auch die Möglichkeit, ein bereits abgewickeltes Projekt als Prototyp zu verwenden. Dies ist jedoch eher selten der Fall, da vergleichbare Individualprojekte immer seltener werden. Der Vorteil liegt jedoch auf der Hand – es werden sämtliche Investitionen in einen Prototyp vermieden, man kann also direkt auf dem bereits abgewickelten Projekt aufsetzen.

Die Erfahrung hat gezeigt, dass hier zumindest hinsichtlich der Oberflächengestaltung ein gewisser Grad an Wiederverwendung möglich ist.

1.1.5
Visuelle Modellierung

Spätestens, seitdem mit der Unified Modeling Language (UML) ein Standard durch die Object Management Group für die objektorientierte Softwareentwicklung festgelegt wurde, hat sich auch die visuelle Modellierung für das Anforderungsmanagement als geeignete Methode durchgesetzt.

Grundlage der visuellen Modellierung sind dabei Use-Case-Diagramme, die um textuelle Spezifikationen erweitert bzw. ergänzt werden. Zur detaillierteren Beschreibung von Anforderungen existieren dann weitere Diagrammtypen, wie zum Beispiel:

- Sequenzdiagramme

- Interaktionsdiagramme

- Hareldiagramme usw.

In den ersten Jahren der Existenz der UML fehlte jedoch eine Art Kochbuch, wie denn nun die UML innerhalb eines Softwareentwicklungsprojektes am sinnvollsten einzusetzen ist. Dieses Kochbuch wurde erst durch den Rational Unified Process realisiert.

Zwar gab es einige Versuche, das V-Modell als Prozessmodell für die UML zu nutzen, da das V-Modell jedoch weder in der 92er Version noch in der 97er Version eine objektorientierte Vorgehensweise priorisiert, scheiterten diese Versuche meist.

Der Vorteil des Rational Unified Process besteht jedoch nicht nur in der Unterstützung der UML, sondern vielmehr in der umfassenden Abdeckung des gesamten Workflows des Anforderungs- und Änderungsmanagements. Dies fängt an bei ausführlichen Anleitungen zur Vorgehensweise und endet bei umfangreichen Toolmentoren, die den korrekten und effizienten Einsatz von Werkzeugen zum Anforderungsmanagement beschreiben. Kapitel 3 geht ausführlich auf die Verwendung des Rational Unified Process im Anforderungs- und Änderungsmanagement ein.

1.1.6
Fazit

Wie die Softwareentwicklung, hat auch das Anforderungs- und Änderungsmanagement eine gewisse Entwicklung hinter sich. So ist man vom rein textuellen Pflichtenheft ziemlich schnell übergegangen zur Verwendung von Prototypen (sowohl Wegwerfprototypen als auch evolutionäre Prototypen). Doch auch hier stieß man auf viele Problematiken, letztendlich hat sich die visuelle Modellierung als geeignetste Maßnahme entpuppt.

1.2
Was ist Anforderungsmanagement?

1.2.1
Einführung in die Thematik

Nachdem zuvor die Historie des Anforderungsmanagements beschrieben wurde, soll nun auf die wesentlichen Grundlagen eingegangen werden, die sich vor allem aus der Beantwortung der folgenden beiden Fragen bilden:

- Was sind Anforderungen und was ist Anforderungsmanagement in unserem Kontext?

- Welche wesentlichen Aktivitäten sind im Anforderungsmanagement angesiedelt?

Anforderungsmanagement heißt nichts anderes, als Anforderungen

- aufzunehmen,
- zu kommunizieren,
- zu diskutieren,
- wegzudiskutieren,
- zu testen,
- abzuwägen,
- abzulehnen,
- einzufordern,
- einzuklagen
- usw.

Demnach setzt sich Anforderungsmanagement aus den folgenden Wissenschaften zusammen:

- Informatik
- Kommunikationswissenschaften
- Psychologie
- Jura

Eine im ersten Augenblick verwirrende Definition, doch im weiteren Verlauf dieses Kapitels wird dem Leser ersichtlich, wie wir zu dieser Definition gelangt sind.

Anforderungsmanagement erfordert – wie das Wort selbst schon zum Ausdruck bringt – umfangreiche Managementfähigkeiten. In den folgenden Abschnitten wird darauf eingegangen,

- warum Anforderungsmanagement von der Vorgehensweise so anspruchsvoll ist,
- was Anforderungen eigentlich sind,
- wer ein guter Anforderungsmanager ist und
- warum immer noch so viele Projekte in der Softwareindustrie an unprofessionellem Anforderungsmanagement scheitern.

Im Anschluss an diese Ausführungen wird aufgezeigt, warum gerade die Kommunikationswissenschaft so elementar wichtig im Bereich des Anforderungsmanagements ist. Dabei werden die Grundlagen der Kommunikationswissenschaft erläutert und in einen direkten Zusammenhang zum Anforderungsmanagement gesetzt.

1.2.2
Was ist eine Anforderung?

Das folgende Kapitel soll aufzeigen, was eine Anforderung eigentlich ist und wodurch Anforderungen sich von sonstigen „Wünschen" unterscheiden. Im ersten Schritt sollen die wesentlichen Definitionen von Anforderungen untersucht und dargestellt werden, bevor im nächsten Kapitel auf die Eigenschaften von Anforderungen eingegangen wird.

1.2.2.1
Definitionen

Anforderungen gibt es seit Jahrhunderten oder sogar seit Jahrtausenden. An dieser Stelle soll eine Übersicht gegeben werden, welche unterschiedlichen Definitionen bisher für den Begriff *Anforderung* aufgestellt wurden.

Unterschiedliche Definitionen

Dabei werden hier nur die Definitionen berücksichtigt, die Anforderungen im Kontext der Erstellung von Software behandeln:

Definition nach Grady Booch

Grady Booch

In [Kru1999] wird eine Anforderung im Rahmen des Rational Unified Process (RUP) folgendermaßen definiert:

Eine Anforderung ist eine Voraussetzung oder eine Fähigkeit, die ein System erfüllen muss. Das aktive Management der Anforderungen umfasst drei Aktivitäten:

- Das Entdecken, Organisieren und Dokumentieren der vom System geforderten Funktionalität und Zusammenhänge

- Das Einschätzen der Änderungen dieser Anforderungen und das Einschätzen ihrer Auswirkungen

- Das Verfolgen und Dokumentieren der vorgenommenen Änderungen und der Entscheidungen

Definition nach dem V-Modell

Sachgebiet: SE
Messbare Eigenschaften, Forderungen und Merkmale.

Bemerkung:
Anforderungen müssen auf ihre Erfüllung geprüft werden können.

Definition nach SOPHIST

Eine Anforderung ist eine Aussage über eine zu erfüllende Eigenschaft oder zu erbringende Leistung eines Produktes, Prozesses oder der am Prozess beteiligten Personen.

Die Aufgaben von Anforderungen lassen sich in primäre und sekundäre Aufgaben unterteilen. Die Unterscheidung drückt aus, ob sich die Anforderungen unmittelbar oder nur mittelbar auf das Projekt auswirken [Rupp2001].

Definition nach CoCOO

Eine Anforderung ist eine Funktionalität bzw. Eigenschaft, die das Ergebnis (ein System) aufweisen muss. (www.cocoo.de)

Definition nach Prof. Dr. Helmut Balzert

Aussage über eine zu erfüllende und/oder quantitative Eigenschaft eines Produktes; eine vom Auftraggeber festgelegte Systemspezifikation, um ein System für den Entwickler zu definieren. [Balz2000]

1.2.2.2
Unterscheidung von Anforderungen und Wünschen

Betrachtet man alle Inhalte eines Softwareprojektes, so wird man feststellen, dass maximal 70% der Funktionalitäten durch Anforderungen im Vorfeld des Projektes definiert wurden, die restlichen Funktionalitäten resultieren aus Wünschen, die nicht als Anforderungen gestellt wurden.

Bei Wünschen handelt es sich um eine spezielle Art von Anforderungen. Die Umsetzung einer gewissen Funktionalität ist dabei in unterschiedlicher Art und Weise möglich. Im Zweifelsfall lässt der Auftragnehmer den Kunden entscheiden, welche Umsetzung vorgenommen wird. Wichtige Voraussetzung dafür ist jedoch, dass der Aufwand für die Umsetzung immer derselbe ist bzw. sich nur marginal voneinander unterscheidet.

Nachdem in diesem ersten Schritt Definitionen von Anforderungen untersucht wurden, soll im Folgenden darauf eingegangen werden, welche Eigenschaften Anforderungen haben können.

1.2.3
Eigenschaften von Anforderungen

Fasst man obige Definitionen zusammen, so kann man sagen, dass eine Anforderung eine *Forderung* ist, die *von* einer Person *an* eine andere Person[9] gerichtet wird.

Jede einzelne Anforderung kann dabei unterschiedliche Eigenschaften haben, die im Folgenden näher betrachtet werden sollen:

- Eine Anforderung kann **gerechtfertigt** sein; sie wird zum Beispiel auf Basis einer vertraglichen Vereinbarung gestellt.

- Eine Anforderung kann **überzogen** sein; sie ist zwar an sich gerechtfertigt, jedoch in ihrem Ausmaß ungerechtfertigt. Ein Beispiel wäre eine unrealistische Performanceangabe für eine Datenbankabfrage.

- Eine Anforderung kann **unberechtigt** sein; sie wird in diesem Fall von jemandem gestellt, der aus unterschiedlichen Gründen kein Recht dazu hat. Ein Beispiel wäre die Anforderung eines späteren Anwenders hinsichtlich der Benutzerschnittstelle, die weder zuvor vereinbart wurde noch eine Verbesserung darstellt.

- Eine Anforderung kann **optional** sein; wird sie erfüllt, ist das ein nettes zusätzliches Feature, wird sie nicht erfüllt, ist das für den Kunden nicht besonders tragisch. Ein Beispiel wäre die Möglichkeit, dass ein Update für das fertig gestellte Produkt über das Netz installiert werden kann.[10]

- Eine Anforderung kann **beauftragt** sein; sie ist dann nicht im vereinbarten Lieferumfang eines Produktes enthalten und wird vom Kunden separat bezahlt. Hierbei könnte es sich zum Beispiel um eine zusätzliche Dokumentation in einer anderen Sprache handeln.

- Eine Anforderung kann **unsinnig** sein; sie hilft einem Anwender weiter, erschwert jedoch die Arbeit für alle anderen Anwender. Ein Beispiel wäre die Möglichkeit, dass ein Anwender

---

[9] Dabei vertreten die jeweiligen Personen Unternehmen.

[10] Voraussetzung hier ist jedoch, dass diese Anforderung zuvor nicht in irgendeiner Form vereinbart wurde.

aus Performancegründen die Möglichkeit haben möchte, alle Daten aus der Datenbank in eine Datei zu extrahieren.

- Eine Anforderung kann **extern erzwungen** sein; weder Auftragnehmer noch Kunde konnten diese Änderung vorsehen, die Umsetzung ist jedoch zwingend erforderlich. Ein Beispiel wäre die Änderung eines Steuergesetzes innerhalb eines Finanzprogramms.

Diese Liste lässt sich noch beliebig erweitern. Ziel dieser Unterscheidungen ist es, aufzuzeigen, dass jedes Mitglied eines Softwareentwicklungsteams genauso, wie jedes Mitglied auf Auftragnehmerseite, seine persönliche Sicht auf jede einzelne Anforderung hat.

Es ist die Aufgabe des Anforderungsmanagers, in Zusammenarbeit mit dem Kunden hier eine Reduzierung der Anforderungen vorzunehmen, die den Status „gerechtfertigt", „optional" und „beauftragt" haben. Da sich die „extern erzwungenen" Änderungen nicht vorhersagen lassen, sollen diese hier außen vor bleiben.

1.2.4
Anforderungen an Anforderungen

1.2.4.1
Einführung

Wie zu Beginn des Kapitels bereits aufgeführt, sind natürlich auch an Anforderungen selbst Anforderungen zu stellen. Also, welche Kriterien muss eine Anforderung erfüllen, um eine zulässige Anforderung zu sein? Hierbei handelt es sich um eine heikle Angelegenheit, denn dabei müssen sich sowohl Auftraggeber als auch Auftragnehmer einig sein, um nicht Projektprobleme von Anfang an zu erzeugen.

Andererseits ist es für den Projektfortschritt sehr hilfreich, wenn sich beide Seiten über diesen Punkt einig sind! Da Anforderungen immer nach Abnahmekriterien gemessen werden, müssen diese auch so formuliert werden. Doch Anforderungen sind nur dann messbar, wenn sie Kriterien enthalten. Daher wird auf diesen Punkt bereits an dieser Stelle sehr detailliert eingegangen.

In Kapitel 1.1.3 wurde bereits das Pflichtenheft erwähnt, als Medium zur Aufnahme von Anforderungen. Dass es sich dabei weder um ein professionelles noch hilfreiches Instrument handelt, wurde ebenfalls festgehalten. Dies lag in erster Linie an den Mehrdeutigkeiten und den Missverständnissen, die durch die Verwendung von Text entstehen. Daher ist eine der wesentlichen Anforderungen die Vermeidung von Texten und stattdessen die Verwendung von entsprechenden Diagrammen.

1.2.4.2
Eigenschaften von Anforderungen

Die folgenden Eigenschaften müssen professionell gestellte Anforderungen erfüllen:

1. Präzise Zielangabe

Präzise Zielangabe

Eine Anforderung wie: „Die Datenbankanfrage muss performant sein" ist keine Anforderung, sondern lediglich eine Eigenschaftsbeschreibung. Hier muss eine präzise Angabe erfolgen, wie zum Beispiel: „Das Antwortzeitverhalten muss unter einer Sekunde liegen." Nur so lässt sich bei einer späteren Abnahme des Produktes auch messen, ob die Anforderung erfüllt wurde. Das entsprechende Abnahmekriterium ist in diesem Fall „1 Sekunde" und damit messbar.

2. Wenig Text, mehr Visualisierung

Wenig Text, mehr Visualisierung

Eine textuell ausformulierte Anforderung bietet Raum für Interpretationen und ist dazu prädestiniert, missverstanden zu werden. Daher bietet sich eine visuelle Modellierung der Anforderung in Form von Use-Cases (mehr dazu in Kapitel 3) an.

3. Eingliederung von Anforderungen

Eingliederung von Anforderungen

Anforderungen müssen thematisch gegliedert sein. Am wichtigsten ist, dass Anforderungen, die die Architektur des Softwaresystems betreffen, gesondert dargestellt werden[11]. Es bietet sich folgende Gliederung an:

- Anforderungen an die Architektur des zu erstellenden Produktes

Gliederung von Anforderungen

- Anforderungen an die Benutzeroberfläche, mit der die späteren Anwender arbeiten sollen

---

[11] Änderungen an der Architektur eines Softwaresystems haben erhebliche Auswirkung auf die gesamte Software. Daher müssen gerade hier die Anforderungen klar und deutlich fixiert sein.

- Anforderungen an das Antwortzeitverhalten für die wichtigsten Funktionalitäten

- Anforderungen an die Wartung und Pflege des Produktes nach der Inbetriebnahme

- Anforderungen an die Rahmenbedingungen des Projektes, wie zum Beispiel die Qualifikation der einzusetzenden Mitarbeiter, die im Projekt einzusetzenden Werkzeuge, den zeitlichen Rahmen (bis auf Iterationsebene heruntergebrochen) usw.

Sicherlich lassen sich hier Überschneidungen nicht völlig vermeiden, so haben zum Beispiel Anforderungen an das Antwortzeitverhalten einen direkten Einfluss auf die Architektur.

4. Priorisierung von Anforderungen

Es macht wenig Sinn, Anforderungen in Form einer Liste festzuhalten. Oft wird erst im Laufe eines Softwareentwicklungsprojektes deutlich, dass sich Anforderungen widersprechen können. Wurde zu Anfang bereits eine Priorisierung vorgenommen, so können im späteren Projektverlauf besser Entscheidungen getroffen werden, auf welche Anforderung verzichtet wird.

Ferner sollten Anforderungen nicht zu umfangreich formuliert werden, d.h., es sind besser zwei einzelne Anforderungen zu definieren als eine „große" Anforderung, die mehrere Anforderungen inkludiert. Hintergrund dieser Anforderung ist, dass umfangreiche Anforderungen häufig die folgenden Eigenschaften haben:

- Anfälligkeit zu Widersprüchen zu anderen Anforderungen. Je mehr Inhalte in einer Anforderung integriert werden, umso größer wird die Gefahr, dass sich Teilanforderungen widersprechen. Werden diese Widersprüche nicht rechtzeitig erkannt, so sind Projektprobleme vorprogrammiert.

- Anfälligkeit zur Redundanz hinsichtlich anderer Anforderungen. Die Gefahr von redundanten Anforderungen ist sicherlich nicht so groß, wie die von widersprüchlichen Anforderungen. Trotzdem ist der daraus resultierende Mehraufwand nicht zu unterschätzen. Hinzu kommt, dass, wenn sich Anforderungen ändern, plötzlich etliche weitere Anforderungen gepflegt werden müssen.

1.3
Reaktionen auf Anforderungen

Da es unterschiedliche Anforderungen gibt, liegt es in der Natur der Sache, dass auf diese Anforderungen auch unterschiedlich reagiert werden muss. Allerdings gibt es hier kein Schwarzweißmuster, wie:

Kein Schwarzweißmuster

Berechtigte Anforderungen sind zu erfüllen, unberechtigte Anforderungen sind abzulehnen, überzogene Anforderungen müssen angepasst werden usw.

Das mag zwar in der Theorie stimmen, allerdings sieht dies in der Praxis anders aus. Es wird immer eine Zwischenlösung sein, auf die sich beide Seiten einigen werden.

1.3.1
Häufige Fehler

In vielen Projekten ist zu beobachten, dass nach folgendem Muster mit Anforderungen und Änderungswünschen umgegangen wird: Zu Projektbeginn wird alles, was der Kunde möchte, umgesetzt; schon alleine, um das Klima zwischen Auftraggeber und Auftragnehmer nicht zu trüben.

Wenn das Projektbudget zur Neige geht

Geht dann plötzlich das Projektbudget zur Neige, wird wieder überreagiert – plötzlich wird eine Kampfhaltung eingenommen und jede Anforderung wird abgelehnt. Damit hat man im Endeffekt genau das erreicht, was am Anfang vermieden werden sollte: das Projektklima nachhaltig zu stören. Eine solche Vorgehensweise verhindert also keine Projektprobleme, sie schiebt sie nur auf.

Viele Anforderungsmanager versuchen, Auseinandersetzungen zu vermeiden. Dies hat jedoch zur Folge, dass die Anforderungen des Kunden immer umfangreicher werden. Irgendwann muss der Anforderungsmanager auf Druck seines Projektleiters dann „Nein" sagen. Die Frage ist nur, ob der Kunde sich dann nicht schon zu sehr an die vielen „Jas" gewöhnt hat. Konfliktunfähigkeit ist eine der gefährlichsten Eigenschaften, die ein Anforderungsmanager innehaben kann.

Entscheidungen aus dem Bauch heraus

Ebenso wird von Anforderungsmanagern häufig der Fehler begangen, dass Entscheidungen aus dem Bauch heraus getroffen werden. Damit ist für den Kunden keine klare Strategie des Anforderungsmanagers erkennbar, wie dieser mit Anforderungen bzw. Änderungsanträgen umgeht.

Vorschnelles Handeln ist ebenfalls ein Punkt, der das gesamte Anforderungs- und Änderungsmanagement innerhalb eines Projektes zum Scheitern bringen kann. Nichts ist peinlicher, als wenn ein Anforderungsmanager zunächst einem Änderungswunsch zusagt, jedoch nach Rücksprache mit der Entwicklungsmannschaft einsehen muss, dass der zur Umsetzung erforderliche Entwicklungsaufwand in keinem Verhältnis zum Nutzen des Kundenwunsches steht.

Aber auch der andere Weg, also erst die Ablehnung und dann doch die Zusage für den Änderungswunsch, da die Umsetzung mit verhältnismäßig wenig Aufwand realisierbar ist, macht beim Kunden keinen guten Eindruck; da man dem Anforderungsmanager nicht nur eine undurchdachte Vorgehensweise unterstellen muss, sondern auch einen fehlenden fachlichen Überblick.

Letztendlich ist in Projekten auch immer wieder der Fehler zu beobachten, dass sich der Anforderungsmanager und der Projektleiter nicht einig sind. Dies kann einerseits an mangelnder Kommunikation zwischen diesen beiden Workern liegen, andererseits auch an mangelnder Machtbefugnis, die der Projektleiter dem Anforderungsmanager einräumt.

Anforderungsmanager und Projektleiter müssen sich einig sein

Es gibt noch eine Reihe von kleineren Fehlern, die häufig psychologischer Natur sind. Auf eine weitere Ausführung soll jedoch an dieser Stelle verzichtet werden. Vielmehr soll im Folgenden darauf eingegangen werden, wie ein richtiges Vorgehen im Anforderungs- bzw. Änderungsmanagement auszusehen hat.

1.3.2
Richtiges Vorgehen im Anforderungs- bzw. Änderungsmanagement

Sicherlich neigt ein Anforderungsmanager immer dazu, schnell eine Entscheidung zu treffen, wenn er mit einem Änderungswunsch konfrontiert wird. Nicht nur, weil der Kunde natürlich auf eine schnelle Antwort wartet, sondern auch durch die Verführung, einer ersten inneren Stimme zu gehorchen und sofort mit einer Antwort herauszusprudeln.

Eine wesentlich pragmatischere und sinnvollere Vorgehensweise beim Umgang mit Anforderungen und Änderungswünschen ist die folgende[12]:

---

[12] Im Folgenden wird von Anforderungen ausgegangen, die nach Projektbeginn gestellt werden – also von Änderungswünschen.

- Unabhängig davon, wie aufwendig die Änderung aus Sicht des Anforderungsmanagers auch sein mag, im ersten Gespräch wird weder eine Zu- noch Absage getroffen. Der Änderungswunsch wird als entsprechendes Modell dargestellt und textuell ergänzt (wo notwendig). Ansonsten bildet er einen so genannten „offenen Action Item".

- Nach Rücksprache mit dem Projektleiter – und gegebenenfalls mit dem Architekten – wird festgelegt, wie der Änderungswunsch zu behandeln ist. Diese Entscheidung wird nicht aus dem Bauch heraus getroffen, sondern anhand bestimmter Entscheidungskriterien gefällt. Diese Entscheidungskriterien werden im nächsten Abschnitt besprochen.

- Die Entscheidung wird entsprechend dokumentiert und innerhalb eines Projekttagebuches festgehalten. Auf das Projekttagebuch wird in Abschnitt 1.3.4 eingegangen.

- Die folgenden drei Entscheidungen sind als Ergebnis denkbar und müssen dem Kunden umgehend mitgeteilt werden:

  – *Die Änderung wird durchgeführt.* Dem Kunden wird dies vom Anforderungsmanager persönlich mitgeteilt und im Projekttagebuch wird ein entsprechender Eintrag vorgenommen, der vom Kunden zu unterschreiben ist. Die dem Auftragnehmer dadurch entstehenden Mehraufwendungen sind hier ebenfalls aufzuführen. Ferner wird der Änderungsantrag in einem entsprechenden Werkzeug aufgenommen.

- *Die Änderung wird nur durchgeführt, wenn der Kunde bereit ist, die entstehenden Mehraufwendungen zu übernehmen.* Hier ist es Aufgabe des Projektmanagers, dies dem Kunden so mitzuteilen. Dabei ist genau zu begründen, warum diese Entscheidung getroffen wurde. Auch hier ist die Entscheidung im Projekttagebuch festzuhalten und vom Auftraggeber gegenzuzeichnen. Seitens des Kunden sind hinsichtlich der Entscheidung des Auftragnehmers drei Reaktionen möglich:

  1. Der Kunde akzeptiert die Entscheidung des Auftragnehmers und beauftragt die Implementierung der Anforderung.

  2. Der Kunde akzeptiert die Entscheidung des Auftragnehmers und verzichtet auf den Anforderungswunsch.

  3. Der Kunde akzeptiert die Entscheidung des Auftragnehmers nicht und besteht auf der Umsetzung der Anforde-

rung. Er ist nicht bereit, zusätzliches Budget zur Umsetzung bereitzustellen.

Die ersten beiden Entscheidungsalternativen stellen für den Auftragnehmer kein Problem dar, die letzte hingegen erfordert ein sofortiges Reagieren. Hier zeigt sich, wie gut vorbereitet der Projektleiter ist. Ziel muss es sein, den Kunden auf der einen Seite nicht völlig zu verprellen und auf der anderen Seite auch nicht sein Gesicht zu verlieren.

In erster Linie muss der Projektleiter ausfindig machen, warum der Kunde nicht bereit ist, zusätzliches Budget zur Verfügung zu stellen. Die folgenden Alternativen sind dabei möglich:

1. Der Kunde geht davon aus, dass es sich bei dem Änderungswunsch um eine wesentliche Funktionalität handelt, von deren Existenz er zuvor ausgegangen ist. Es widerspricht seinem Prinzip, jetzt dafür zusätzliches Budget bereitzustellen.
2. Der Kunde versucht eine Art Machtkampf, auch wenn der Änderungswunsch nicht mit den zuvor besprochenen Anforderungen übereinstimmt und eine klare Erweiterung der Funktionalitäten der Softwareanwendung darstellt.
3. Der Kunde hat ein festes Budget für dieses Projekt, zusätzliche Mittel stehen generell nicht zur Verfügung.

Je nachdem, welche Alternative der Projektleiter ausfindig macht, muss er auch entsprechend reagieren. Im ersten Fall hilft – wie so oft im Projektgeschäft – ein Kompromiss weiter:

Anhand der zuvor aufgestellten Modelle und dem Nachweis der Auswirkungen, die der Änderungswunsch auf andere Artefakte hätte, kann der Projektleiter die Zusage machen, dass er zu einem Kompromiss bereit wäre, sofern sich die Auswirkungen reduzierten und damit der Mehraufwand deutlich gesenkt wurde. Das bedeutet, dass der Kunde auf andere – bereits vereinbarte – Funktionalitäten verzichtet.

Im zweiten Fall des Machtkampfes muss sich der Projektleiter auf diesen Kampf einlassen, besonders, wenn er noch am Anfang des Projektes steht. Lässt er sich bereits hier zu schnell überreden, so wird er es bei dem nächsten Änderungswunsch noch schwieriger haben. Im Idealfall wird auch hier ein Kompromiss gefunden, bei dem beide Seiten das Gesicht wahren können.

Da hier jedoch die Verhandlungsvoraussetzungen wesentlich härter sind, als das bei der obigen Alternative der Fall ist, sind weitere Iterationen – also Rücksprachen im eigenen Hause – denkbar. Hier entscheidet jedoch auch die Projektkultur für die Zukunft, daher sollten beide Seiten nicht zu hart verhandeln, um nicht die Zukunft des Projektes bereits bei einem frühen Änderungsantrag aufs Spiel zu setzen.

Im letzten Fall, bei dem der Auftraggeber über keine zusätzlichen finanziellen Mittel für dieses Projekt verfügt, kann es durchaus ratsam sein, dass der Projektleiter zunächst nicht weiter reagiert und sich Bedenkzeit ausbittet. Schließlich liegt dann eine Situation vor, die Auswirkungen auf alle weiteren Änderungsanträge des Kunden hat, denn es wird hinfällig, dem Kunden erneut eine zu bezahlende Zusatzimplementierung anzubieten.

Überhaupt liegt dann eine Situation vor, in der eine völlig neue Strategie seitens des Auftragnehmers eingeschlagen werden muss. Die Einstellung gegenüber Änderungswünschen muss hier wesentlich rigoroser ausgeprägt sein, als das in anderen Projekten der Fall ist.

1.3.3 Entscheidungskriterien für Anforderungen aus Auftragnehmersicht

1.3.3.1 Einführung in die Thematik

Wie bereits oben erwähnt, ist die Entscheidung, Anforderungen zu akzeptieren oder abzulehnen, keine Entscheidung, die man aus dem Bauch heraus trifft. Vielmehr sind hier feste Regeln entscheidend, die bereits zu Projektbeginn definiert werden müssen und vor allem mit dem Kunden zusammen abgestimmt und abgezeichnet werden sollten[13].

Im Idealfall sind diese Regeln Bestandteil des Vertrages und bilden somit eine Diskussionsgrundlage für alle künftigen Anforderungen des Auftraggebers. Natürlich setzen sich diese Regeln für jedes Projekt anders zusammen, es gibt also keine so genannten „Faustregeln", anhand derer man kurzerhand ein projektübergreifendes allgemein gültiges Regelwerk zusammensetzen kann.

---

[13] Die Abstimmung mit dem Kunden gilt dabei als eine der vertrauensbildenden Maßnahmen, die das Projektklima deutlich verbessern.

Es existieren jedoch einige Kenngrößen. Werden diese richtig eingestuft, so ist eine wesentliche Basis für das zu erstellende Regelwerk geschaffen.

Im Folgenden sollen einige dieser Kenngrößen besprochen werden:

- Wie groß ist der Projektumfang?
- Auf welcher Basis wurde die Projektkalkulation erstellt?
- Wie lange arbeitet man schon mit dem Auftraggeber zusammen?
- Welche Erfahrung hat man schon mit den einzusetzenden Technologien gesammelt?
- Existieren bereits die einzusetzenden Entwicklungswerkzeuge im Unternehmen?
- usw.

In den folgenden Abschnitten soll detaillierter darauf eingegangen werden, welche Bedeutung diese Kenngrößen auf die Richtlinienerstellung haben.

1.3.3.2
Größe des Projektumfangs

Die Größe des Projektes spielt eine entscheidende Rolle im Anforderungsmanagement, da Änderungen sich hier über einen langen Zeitraum hinweg strecken können und somit Gefahr laufen, nicht mehr kontrollierbar zu sein. Es lassen sich die folgenden Risikoklassen identifizieren:

- Risikoklasse 1: Der Auftragnehmer hat noch nie ein Projekt mit vergleichbarem Umfang abgewickelt.
- Risikoklasse 2: Der Auftragnehmer hat zwar schon Projekte in dieser Größenordnung abgewickelt, doch das Team, das dieses Projekt abwickeln soll, konnte noch keine bzw. nur teilweise Erfahrung in Großprojekten sammeln.
- Risikoklasse 3: Der Auftragnehmer hat zwar schon mehrere Projekte dieser Größenordnung abgewickelt, doch der Projektinhalt ist neu für ihn.
- Risikoklasse 4: Der Auftragnehmer hat schon mehrere Projekte sowohl vergleichbaren Umfangs als auch vergleichbaren

Inhalts abgewickelt. Er verfügt weiterhin über zahlreiche Softwarekomponenten, die er hier zum Einsatz bringen kann.

Je größer[14] die Risikoklasse, umso vorsichtiger ist mit der Bereitschaft zur unentgeltlichen Übernahme von Änderungsanträgen umzugehen. Diese Feststellung gilt für alle weiteren im Folgenden aufgeführten Kenngrößen.

1.3.3.3
Basis der Projektkalkulation

Jedes Projekt wird im Vorfeld auch von einer kaufmännischen Instanz kalkuliert. Diese Kalkulation muss in Zusammenarbeit mit dem Projektleiter geführt werden. Da Änderungen immer auch das Projektbudget betreffen, liegt hier ein entscheidende Kenngröße für Anforderungen und Änderungen vor. Die folgenden Risikoklassen sind bei der Projektkalkulation zu unterscheiden:

- Risikoklasse 1: Während der Verhandlung mit dem Auftraggeber musste der Angebotspreis bereits deutlich gesenkt werden, um dem Konkurrenzdruck standhalten zu können. Es liegt kaum noch Spielraum für Mehraufwendungen vor.

- Risikoklasse 2: Die Preisverhandlungen lassen zwar noch die eine oder andere Mehraufwendung zu, doch ist der Spielraum sehr eng bemessen. Er liegt im einstelligen Prozentbereich der Gesamtsumme des Projektes.

- Risikoklasse 3: Die Projektkalkulation erlaubt einige Mehraufwendungen, eine einmal entworfene Architektur sollte jedoch nicht mehr geändert werden.

- Risikoklasse 4: Die Projektkalkulation lässt einen gesunden Spielraum für Mehraufwendungen zu. Dieser liegt im deutlich zweistelligen Prozentbereich der Gesamtsumme des Projektes.

Natürlich ist besonders der Aspekt der Projektkalkulation eine heikle Angelegenheit, die man eigentlich nur ungern mit dem Kunden offen diskutiert – besonders, wenn das Projekt in der Risikoklasse 4 anzusiedeln ist. Hier ist der Auftragnehmer oft geneigt, das Projekt schnell in der Risikoklasse 1 anzusiedeln.

---

[14] Dabei ist Risikoklasse 1 die größte und Risikoklasse 4 die kleinste, in der also nahezu kein Risiko besteht.

1.3.3.4
Dauer der Zusammenarbeit mit dem Auftraggeber

Die Dauer der Zusammenarbeit mit dem Auftraggeber ist eine wichtige Kenngröße, da so Rückschlüsse gezogen werden können, wie sehr dieser dazu tendiert, Änderungen im laufenden Projekt zu formulieren. Ferner weiß der Auftragnehmer, ob der Kunde bereit ist, zusätzliches Budget zur Verfügung zu stellen und kennt natürlich auch die so genannten „Schmerzgrenzen" des Kunden.

Dies gilt natürlich auch in umgekehrter Weise für den Kunden, der ein klares Bild hat, wie weit er mit Änderungswünschen beim Auftraggeber gehen kann und ab wann bei diesem die Schmerzgrenze erreicht ist. Hier können die folgenden Risikoklassen gebildet werden:

- Risikoklasse 1: Der Auftraggeber stellte schon Änderungswünsche, die bis zur Veränderung der Architektur führten. Er gilt als sehr „änderungsfreundlich" und man hat schon so manch harten Kampf ausgefochten.

- Risikoklasse 2: Der Auftraggeber stellte bisher Änderungswünsche, die zwar umfangreichen Mehraufwand bedeuteten, sich jedoch nicht in einem Bereich ansiedeln lassen, wo das gesamte Projektbudget kippt.

- Risikoklasse 3: Die bisherigen Änderungswünsche des Auftraggebers waren zwar nicht von großer Tragweite, mussten im Projektumfang jedoch in gewisser Weise einkalkuliert werden, da sich der Auftraggeber bei Verhandlungen sehr hartnäckig zeigte.

- Risikoklasse 4: Der Auftraggeber stellte in der Vergangenheit nur marginale Änderungswünsche, die ohne großen Mehraufwand umsetzbar waren. Zusätzlich war der Auftraggeber des Öfteren gewillt, zusätzliches Budget bereitzustellen.

Risikoklassen bei der Dauer der Zusammenarbeit

Marginale Änderungswünsche

Besonders von Bedeutung ist hier, dass sich beide Seiten schon öfter in Verhandlungen hinsichtlich Änderungswünschen gegenüberstanden. Das erspart ein gegenseitiges Abtasten und so manchen Schaukampf.

1.3.3.5
Technologieerfahrung

Softwareentwicklungsprojekte unterliegen einem kontinuierlichen Technologiewandel. Daher ist sorgfältig zu eruieren, mit welcher

Technologie das Projekt umgesetzt werden soll und wie groß die Erfahrungen innerhalb des zuständigen Entwicklungsteams sind. Hier lassen sich die folgenden Risikoklassen bilden:

- Risikoklasse 1: Das Projekt soll mit einer völlig neuen Technologie entwickelt werden und es liegen keinerlei Erfahrungen vor, weder im Unternehmen noch innerhalb des zuständigen Teams. Es stellt sich jedoch die Frage, ob unter solchen Voraussetzungen überhaupt ein Projekt abgewickelt werden sollte oder ob unter diesen Qualifikationen ein Auftraggeber einen Auftrag erteilt!

- Risikoklasse 2: Erhebliche Teile des Projektes sollen mit einer neuen Technologie umgesetzt werden. Nur ein geringer Teil des Entwicklungsteams hat hier die notwendigen Erfahrungen.

- Risikoklasse 3: Im Wesentlichen soll das Projekt mit bekannten Technologien umgesetzt werden, nur kleinere Teilbereiche sind von der Einführung neuer Technologien betroffen.

- Risikoklasse 4: Das gesamte Projekt wird mit bisher bekannten Technologien umgesetzt, die auch allen Projektmitarbeitern bekannt sind.

Technologieerfahrungen sind besonders deshalb von Bedeutung, da sie nicht von heute auf morgen erlernbar sind. Dies wurde besonders vor einigen Jahren deutlich, als viele Unternehmen den Wechsel zur Objektorientierung vornahmen und dabei bittere Erfahrungen sammeln mussten.

Daher ist der bereits oben angesprochene Punkt, dass eine völlig neue Technologie zum Einsatz kommen soll, für einen Auftragnehmer ein Spiel mit dem Feuer. Ich persönlich würde mich darauf nur einlassen, wenn die Projektabwicklung nach Aufwand berechnet werden würde und nicht zu einem Festpreis. Doch sind solche Projektvergaben sehr selten geworden und allenfalls bei internen Softwareprojekten wiederzufinden.

1.3.3.6
Toolerfahrung und -existenz

Der moderne Softwareentwicklungsprozess lässt sich heutzutage nur noch werkzeuggestützt durchführen [Dör2001]. Daher besteht mittlerweile auch der Auftraggeber auf der Verwendung der entsprechenden Tools. Die folgenden Risikoklassen sind hier zu unterscheiden:

- Risikoklasse 1: Der Auftraggeber besteht auf der Verwendung bestimmter Werkzeuge, die bei ihm selbst im Einsatz sind, nicht jedoch beim Auftragnehmer. Dieser arbeitet mit anderen Werkzeugen und weder im Unternehmen noch in der Entwicklungsmannschaft liegen entsprechende Erfahrungen mit den Werkzeugen des Auftraggebers vor.

- Risikoklasse 2: Von der Gesamtheit der Werkzeuge ist bisher nur ein Teil im Einsatz. Damit liegen zwar schon Erfahrungen innerhalb des Teams vor, die anderen Werkzeuge sind jedoch unbekannt.

- Risikoklasse 3: Die zu verwendenden Werkzeuge sind beim Auftragnehmer zwar schon alle im Einsatz, doch ein vergleichbares Projekt wurde mit diesen Werkzeugen noch nicht abgewickelt.

- Risikoklasse 4: Der Auftragnehmer hat die Werkzeuge im Einsatz und das Team konnte schon umfangreiche Erfahrungen mit diesen Werkzeugen in vergleichbaren Projekten sammeln.

Es bleibt an dieser Stelle anzumerken, dass sich hier die Rational Suite immer mehr auf dem Markt etablieren kann. Hierbei handelt es sich um eine Werkzeugumgebung, die den gesamten Prozess, angefangen vom Anforderungsmanagement über das Design, die Implementierung, den Test bis hin zur Dokumentation, vollkommen unterstützt.

Durch den Einsatz dieser Suite lassen sich Schnittstellen- und Updateproblematiken überwinden. Die Werkzeuge arbeiten eng miteinander zusammen, was besonders im Änderungsmanagement von großer Bedeutung ist. Schließlich ist es ungemein hilfreich, wenn ein Änderungsantrag einmal mit einem Werkzeug erfasst wurde und sofort allen anderen Werkzeugen bekannt ist – angefangen vom CASE-Tool bis hin zum Testwerkzeug. Eine derartig geschlossene Werkzeugumgebung kann derzeit nur Rational Software auf dem Markt anbieten.

1.3.3.7
Auswertung der Kenngrößen

Hat der Anforderungsmanager alle diese Kenngrößen ermittelt, kann er sie in Form einer Tabelle zusammenfassen. Die Auswertung dieser Tabelle ist in Zusammenarbeit mit dem Projektleiter und gegebenenfalls auch mit dem Auftraggeber vorzunehmen.

Generell lassen sich zwei Regeln ableiten:

- Sind alle Kenngrößen des Projektes innerhalb der Risikoklasse 1 anzusiedeln, sollte man von dem Projekt doch lieber Abstand nehmen. Es gibt keinerlei Spielraum für Änderungen und das Projekt schwebt kontinuierlich in der Gefahr, defizitär abgewickelt zu werden. Selbst, wenn kein einziger Änderungsantrag vorliegt, wird die Projektabwicklung zu einem Spiel mit dem Feuer.

- Sind alle Kenngrößen des Projektes innerhalb der Risikoklasse 4 einzustufen[15], so liegt eine Situation vor, in der ein erhebliches Maß an Freiraum für Änderungswünsche des Auftraggebers existiert und man trotzdem noch erhebliche Gewinne einstreichen wird.

Die Erfahrung hat jedoch gezeigt, dass 99% aller Projekte weder zu der einen noch zu der anderen Gruppe gehören, sondern immer eine Mischung aller Risikoklassen vorliegt. Daher ist es notwendig, eine Gewichtung der Kenngrößen vorzunehmen, bevor mit der Auswertung begonnen wird.

Diese Gewichtung ist jedoch projektabhängig und kann nicht allgemein gültig definiert werden. So ist die Technologieerfahrung bei einem Projekt, das im Embedded-Bereich abgewickelt werden soll, von wesentlich größerer Bedeutung, als dies bei einer Internetapplikation der Fall ist.

Handelt es sich um ein Projekt, bei dem interne Geschäftsprozesse des Auftraggebers automatisiert und optimiert werden sollen, ist die Erfahrung, die bisher mit diesem Auftraggeber gesammelt wurde, von größter Bedeutung, da hier anfallende Änderungswünsche eine erhebliche Auswirkung haben.

Wesentliches Hilfsmittel für die Auswertung ist die Risikomatrix, die die unterschiedlichen Kenngrößen den jeweiligen Risikoklassen gegenüberstellt. Tabelle 1 gibt ein Beispiel für eine Risikomatrix:

---

[15] Realistisch betrachtet gibt es solche Projekte nicht!

	Risiko-klasse 1	Risiko-klasse 2	Risiko-klasse 3	Risiko-klasse 4
Projektumfang		X		
Projektkalkulation		X		
Zusammenarbeit mit dem Auftraggeber			X	
Technologieerfahrung			X	
Werkzeugerfahrung				X

Tabelle 1: Beispiel für eine Risikomatrix zur Bewertung von Änderungsanforderungen

1.3.3.8
Weitere Kenngrößen

Natürlich existieren noch weitere Kenngrößen für Projekte. So kann die folgende Situation alle obigen Kenngrößen als unwichtig erscheinen lassen: Der Auftragnehmer möchte sich in einem anderen Geschäftsumfeld etablieren. Das Projekt dient in erster Linie dazu, Erfahrungen zu sammeln und den Umstieg halbwegs finanziert zu bekommen. Auch, wenn man unter diesem Aspekt tunlichst die Finger von einem mehrjährigen Großprojekt lassen sollte, so spielen hier finanzielle Aspekte natürlich nur eine Nebenrolle.

Auch die folgende Situation lässt obige Kenngrößen zur Nebensache werden: Es handelt sich um ein notwendiges internes Projekt, dessen Abwicklung man auf keinen Fall extern beauftragen möchte. In diesem Fall sollte der Projektleiter die Gründe für die interne Abwicklung genau kennen und bei aufkommenden Budgetengpässen eine Relation dazu darstellen. Zu diesem Zweck dient das im nächsten Kapitel näher beschriebene Projekttagebuch.

Bei internen Projekten herrschen andere Regeln

1.3.4
Das Projekttagebuch als eines der wichtigsten Hilfsmittel für den Anforderungsmanager

1.3.4.1
Einführung in die Thematik

In [Ver2000] wird bereits das Projekttagebuch als zusätzliches Artefakt innerhalb des Projektmanagement-Workflows des Rational Unified Process beschrieben. Doch auch der Anforderungsmanager zieht erheblichen Nutzen aus diesem Hilfsmittel.

Das Projekttagebuch ist – wie der Name schon zum Ausdruck bringt – eine „persönliche" Mitschrift des Projektleiters über wichtige Dinge, die während der Projektlaufzeit passieren. Für den Anforderungsmanager ist hier nur ein bestimmter Teil von Interesse, nämlich der, in dem es um Anforderungen und Änderungen geht.

1.3.4.2
Führung des Projekttagebuches

Das Projekttagebuch wird zwar vom Projektmanager geführt, der Anforderungsmanager liefert ihm jedoch den wesentlichen Input. Anders ausgedrückt: Der Projektmanager ist zwar „Owner" des Projekttagebuches, doch das Werk lebt vom Input weiterer Worker. Dabei spielt der Anforderungsmanager eine entscheidende Rolle.

Das Projekttagebuch wird jedoch nicht, wie zum Beispiel ein Pflichtenheft *themenbezogen* geführt, also ein Kapitel Anforderungsmanagement, ein weiteres Implementierung, das nächste Testen usw., sondern vielmehr *tageweise*. Das heißt, an jedem Tag, an dem etwas passiert, was irgendeinen Einfluss auf das Projekt hat, wird ein Eintrag im Projekttagebuch vorgenommen.

Es kann bei größeren oder auch kritischen Projekten durchaus sinnvoll sein, wenn der Projektleiter zwei verschiedene Tagebücher führt:

- Ein *externes* Projekttagebuch: Hier werden alle Ereignisse festgehalten, die für das Projekt aus Sicht des Kunden von Bedeutung sind.

- Ein *internes* Tagebuch: Hier werden alle Ereignisse notiert, die intern im Projekt ablaufen (wie zum Beispiel Krankheit von Mitarbeitern, Verzögerungen bei der Toolbeschaffung, nicht rechtzeitige Bereitstellung weiterer Projektmitarbeiter usw.)

Das interne Tagebuch erfüllt mehr oder weniger den Zweck zur internen Absicherung – daher soll es in diesem Buch im Zusammenhang mit dem Anforderungsmanagement nicht weiter betrachtet werden.

Das externe Tagebuch hingegen ist von größter Bedeutung für den Anforderungsmanager. Abgesehen von allen inhaltlichen Aspekten, auf die später eingegangen wird, ist der psychologische Effekt von wesentlich größerer Bedeutung. Hat man hier hinreichend dokumentiert, inwieweit man bereits dem Auftraggeber bei den unterschiedlichen Änderungswünschen entgegengekommen ist, bringt man den Kunden zunehmend in Zugzwang, den nächsten Änderungsantrag zu bezahlen.

1.3.4.3
Wichtige Richtlinien zum Führen eines Projekttagebuches

Das Projekttagebuch zeichnet sich durch knappe, aber präzise und übersichtliche Beschreibungen aus. In erster Linie müssen die dort festgehaltenen Sachverhalte durch konkretes Zahlenmaterial nachgewiesen sein.

Knapp, aber präzise

Jede Notierung, die einen entscheidenden Einfluss auf das Projekt hat, muss sowohl vom Projektleiter als auch vom Auftraggeber gegengezeichnet werden. Daher ist das Projekttagebuch in doppelter Form zu führen – einmal als Excel-Liste und einmal als Ausdruck, der die Gegenzeichnungen beinhaltet. Ferner sollte dem Auftraggeber für jeden Eintrag die Möglichkeit einer Stellungnahme gegeben werden, selbst wenn es sich nur um einen Eintrag wie „Zur Kenntnis genommen" handelt.

Eine mögliche Gliederung bzw. ein möglicher Aufbau des Projekttagebuches ist Tabelle 2 zu entnehmen:

Möglicher Aufbau des Projekttagebuches

Datum:	22.11.2001
Eintrag durch:	Klaus Müller
Rolle im Projekt:	Anforderungsmanager
Sachverhalt:	Kunde möchte zusätzliche Darstellung der monatlichen Umsätze als Grafik, bisher war nur Tabelle vorgesehen
Auswirkung:	ca. 6 Stunden Mehraufwand für die grafischen Ergänzungen
Nebeneffekte:	Derzeit keine erkennbar
Beschluss:	Änderungswunsch wird durchgeführt ohne zusätzliche Berechnung an den Kunden
Stellungnahme Kunde:	Zur Kenntnis genommen
Status:	In Arbeit

Tabelle 2: Beispiel für einen Eintrag in einem Projekttagebuch

Wie aus Tabelle 2 ersichtlich wird, sind die wesentlichen Inhalte hier in kurzer Form zusammengefasst:

Wesentliche Inhalte

- Datum, Autor sowie Rolle des Autors im Projekt
- Kurzbeschreibung des Änderungswunsches sowie prognostizierter Aufwand zur Abwicklung

- Entscheidung des Auftragnehmers
- Stellungnahme des Kunden

Die Angabe des Status ist optional, sie drückt lediglich aus, dass es dem Auftragnehmer ernst ist mit der Umsetzung. Sie dient auf keinem Fall dem Tracking des Änderungswunsches. Dafür ist eine Excel-Tabelle völlig ungeeignet und der Einsatz eines professionellen Werkzeuges erforderlich, das über entsprechende Schnittstellen zu den anderen im Softwareentwicklungsprozess eingebundenen Werkzeugen hat.

1.3.4.4
Fazit

Das Projekttagebuch ist ein wichtiges Artefakt bzw. Hilfsmittel, sowohl für den Projektleiter als auch für den Anforderungsmanager und somit für das gesamte Projekt. Da es sich um ein reines Textdokument handelt, besteht natürlich die Gefahr von Mehrdeutigkeiten; durch ein beiderseitiges Abzeichnen von Auftragnehmer und Kunden werden diese jedoch eingeschränkt.

Keine Polemik im Projekttagebuch

Ferner muss kontinuierlich versucht werden, jegliche Polemik aus diesem Tagebuch fern zu halten und das Projekttagebuch wirklich als Hilfsmittel, und nicht als Waffe zu benutzen.

1.4
Wer ist ein guter Anforderungsmanager?

1.4.1
Einführung

Wesentliche Voraussetzungen für einen Anforderungsmanager

In diesem Kapitel wird dargestellt, welche wesentlichen Voraussetzungen ein Anforderungsmanager besitzen muss, um diese Position professionell zu erfüllen. Weiterhin wird auf die Bedeutung der Kommunikationswissenschaften innerhalb des Anforderungs- und Änderungsmanagements eingegangen.

Natürlich ist es ein schwieriges Unterfangen, Maßstäbe festzulegen, wann ein Anforderungsmanager „gut" ist und wann nicht. Hier laufen wir als Autoren sicherlich schnell Gefahr, als überheblich zu gelten. Trotzdem sind wir der Überzeugung, uns aufgrund unserer Erfahrung darüber ein objektives Urteil erlauben zu können, das zumindest für die nächsten zwei Jahre Bestand haben wird.

Was dann als Qualifikation für einen guten Anforderungsmanager gilt, steht in den Sternen; dafür ändert sich gerade in der Informationstechnologie viel zu viel viel zu schnell. Eine wesentliche Rolle spielen dabei natürlich auch die im Anforderungsmanagement eingesetzten Werkzeuge, je ausgereifter diese Tools werden, umso „weniger" Anforderungen werden an den Anforderungsmanager gestellt, da ihm schließlich durch den Einsatz dieser Werkzeuge viel Arbeit abgenommen wird.

1.4.2
These der Autoren

Wer ist ein guter Anforderungsmanager? Eine Frage, die den Leser sicherlich schon von Anfang an beschäftigt, wir wollen diese Frage zunächst mit einer provokanten These beantworten:

> These: Ein guter Anforderungsmanager ist ein
> dreijähriges Kind!

Warum? Nun, die Antwort ist einfacher, als man denkt. Wer kennt sie nicht, die ständigen „Warum-Fragen" von Kleinkindern? Jede Antwort wird direkt mit der befürchteten Frage „Warum?" beantwortet. So genervt die Eltern des Kindes bei diesen ständigen „Warum-Fragen" auch sein mögen, das Kind stellt die Frage nur aus einem bestimmten Grund: Weil es etwas wissen will bzw. weil die Antwort auf eine vorherige Frage nicht präzise genug war.

Nun macht es natürlich wenig Sinn, im Anforderungsmanagement nur noch mit Dreijährigen zu arbeiten[16] – Hintergrund dieser These ist vielmehr, dass sich Anforderungsmanager mit der Art und Weise ihrer Fragestellung auseinandersetzen sollten. Nur durch ständiges Nachfragen gelangt der Anforderungsmanager letztendlich auf den wahren Hintergrund bzw. Beweggrund des Kunden!

Innerhalb der Kommunikationswissenschaften gibt es eine einfache Faustregel, diese heißt:

> Wer fragt, führt die Unterredung bzw. Diskussion!

Schließlich lenkt der, der Fragen stellt, mit seinen Fragen das Gespräch immer in eine – von ihm beabsichtigte – Richtung. Je offener die Frage, desto mehr Hintergrund erfährt der Fragesteller – und welche Frage ist offener als ein einfaches „Warum?"

„Warum-Fragen" sind wichtig

Faustregel aus den Kommunikationswissenschaften

---

[16] Kinderarbeit wird hierzulande ohnehin ungern gesehen.

Eine weitere interessante, aus obiger These resultierende Fragestellung ist: Warum beherrschen Dreijährige die perfekte Form der Fragestellung im Anforderungsmanagement und warum tun sich professionelle Anforderungsmanager damit so schwer?

Auch hier lässt sich die Antwort eher in der Psychologie wiederfinden. Eben durch die „Genervtheit" der Eltern wird jedem Dreijährigen das hartnäckige Nachfragen abgewöhnt – das Kind wird also dazu erzogen, irgendwann aus „Höflichkeit" bzw. „Rücksicht" mit dem Nachfragen aufzuhören – ein schwerwiegender Erziehungsfehler für den künftigen Anforderungsmanager!

Das bedeutet natürlich nicht, dass gute Anforderungsmanager das Verhalten eines Dreijährigen übernehmen und auf jede Anforderung bzw. jedes Anforderungsdetail eine „Warum-Frage" stellen sollen. Ein goldener Mittelweg muss hier gefunden werden. Doch wie sieht dieser Mittelweg aus?

Generell muss jeder Anforderungsmanager ein hervorragender Fragesteller sein und immer die folgende Faustregel beherzigen:

Es gibt keine dummen Fragen, es gibt nur dumme Antworten.

Verinnerlicht der Anforderungsmanager diese Einstellung, erfüllt er bereits die wichtigste Voraussetzung. Zur Perfektion fehlt nur noch der Mut:

■ Diese Einstellung dem Kunden auch zu vermitteln.

■ Bewusst Fragen zu stellen, auch wenn er die Antwort bereits zu kennen glaubt.

■ Fragen zu stellen, wo eigentlich keiner eine Frage zu stellen wagen würde – also Mut zur Direktheit und vielleicht sogar zum offenen Zugeben einer gewissen Unkenntnis der Sachlage.

Genau der Mut zu diesen Punkten ist das, was einen guten von einem schlechten Anforderungsmanager unterscheidet. Ein selbstbewusster und von sich überzeugter Anforderungsmanager fragt lieber zweimal nach, bevor er eine Anforderung oder einen Änderungsantrag falsch versteht und damit einen wesentlich größeren Imageverlust hinnehmen muss, als er dies vielleicht durch mehrfaches Nachfragen erleidet.

Sicherlich ist aus Kundensicht der optimale Anforderungsmanager der, der nur wenig nachfragt, weil er sowieso alles weiß; doch es ist ein Irrglaube, dass es solche Anforderungsmanager gibt. Dies gilt besonders für Projekte, in denen spezielle fachliche Aspekte umgesetzt werden müssen.

1.4.3
Einordnung des Anforderungsmanagers im Gesamtprojekt

Der Anforderungsmanager spielt innerhalb eines Softwareentwicklungsprojektes eine entscheidende Rolle. Dabei ist es gleichgültig, ob es sich um ein internes oder externes Projekt handelt. Schließlich werden Anforderungen immer gestellt, da ja später irgendjemand mit der fertigen Software arbeiten soll.

Der Gesamterfolg des Softwareprojektes hängt in starkem Maße von dem Erfolg des Anforderungsmanagers ab, daher ist er innerhalb des Projektes entsprechend einzusetzen. Im Idealfall ist er der Stellvertreter des Projektleiters, sofern es sich um ein Projekt handelt, das hinsichtlich der Anforderungen kritisch ist.[17]

Stellvertreter des Projektleiters

Auf alle Fälle sollte er im Projektlenkungsausschuss sitzen. Dabei handelt es sich um ein Gremium, das in [Ver2000] als zusätzliche Ergänzung zum Rational Unified Process (RUP) definiert wurde. Alle Mitglieder dieses Projektlenkungsausschusses sind naturgemäß Stakeholder [Kru1999] des Projektes.

Projektlenkungsausschuss

Die Eigenheiten des Projektes – wie zum Beispiel die Kritikalität oder die Investitionssumme – bestimmen, wie sich dieser Projektlenkungsausschuss zusammensetzt. Handelt es sich zum Beispiel um ein Projekt, in dem unternehmenskritische Prozesse geändert oder automatisiert werden sollen, ist ein Mitglied der Geschäftsleitung oder des Vorstandes (je nach Unternehmensorganisation) in diesem Projektlenkungsausschuss vertreten. Handelt es sich hingegen nur um ein Projekt, das den internen Bestellvorgang einer einzelnen Abteilung abdeckt, so wird sicherlich außer dem entsprechenden Abteilungsleiter kein weiterer „Hierarch" im Projektlenkungsausschuss sitzen.

Der Anforderungsmanager hingegen wird immer im Projektlenkungsausschuss sitzen müssen, da er die wichtigste Schnittstelle zwischen dem Auftragnehmer und dem Projektmanager bildet. Es gibt definitiv kein Projekt, in dem Anforderungen eine untergeordnete Rolle spielen.

Zusammensetzung des Projektlenkungsausschusses

---

[17] Dies gilt natürlich nicht für alle Softwareprojekte. So ist es zum Beispiel bei Projekten, in denen die Architektur der Software von entscheidender Bedeutung ist, sinnvoll, wenn der Softwarearchitekt stellvertretender Projektleiter ist.

1.4.4
Die Kunst der Kommunikation im Anforderungs- und Änderungsmanagement

1.4.4.1
Einführung in die Thematik

Bereits eingangs sowie in Kapitel 1.2.1 wurde erwähnt, dass Kommunikation bzw. Kommunikationswissenschaften im Anforderungsmanagement eine ganz entscheidende Rolle spielen. Gleiches gilt natürlich auch für das Projektmanagement, wo Kommunikation mit dem Kunden die wesentliche Grundlage für den Projekterfolg ist.

Techniken der Kommunikationswissenschaften

Daher soll im Folgenden näher auf die wesentlichen Techniken der Kommunikationswissenschaften eingegangen werden, die aus weit mehr als den zuvor aufgeführten einfachen „Warum-Fragen" bestehen. Grundlage der Kommunikationswissenschaften ist das Sender-Empfänger-Modell, das nachfolgend näher definiert wird.

1.4.4.2
Das Sender-Empfänger-Modell

Das Sender-Empfänger-Modell ist ein aus den Kommunikationswissenschaften bekanntes Modell, das die wesentliche Voraussetzung für die Übersendung und das Empfangen von Anforderungen oder Änderungswünschen zwischen Auftraggeber und Auftragnehmer darstellt.

Dieses Modell ist von entscheidender Bedeutung für den optimalen Kommunikationsablauf innerhalb eines Projektes. Jeder Anforderungsmanager, aber auch jeder Kunde, der dieses Modell verinnerlicht, wird beim Anforderungs- und Änderungsmanagement erheblichen Nutzen aus diesem Modell ziehen können.

Zwei in Kontakt stehende Personen

Vereinfachte Basis des Sender-Empfänger-Modells sind zwei in Kontakt stehende Personen. Die eine Person sendet eine Nachricht, die andere Person empfängt sie. Klingt einfach und nicht besonders spannend, ist aber sehr kompliziert bzw. komplex.
Diese Komplexität wird im Folgenden durch eine Anzahl von Abbildungen, die Schritt für Schritt erweitert werden, visualisiert.

Grundmodell des Sender-Empfänger-Modells

Abbildung 3 zeigt zunächst das Grundmodell des Sender-Empfänger-Modells, in dem anfangs nur eine Nachricht übermittelt wird.

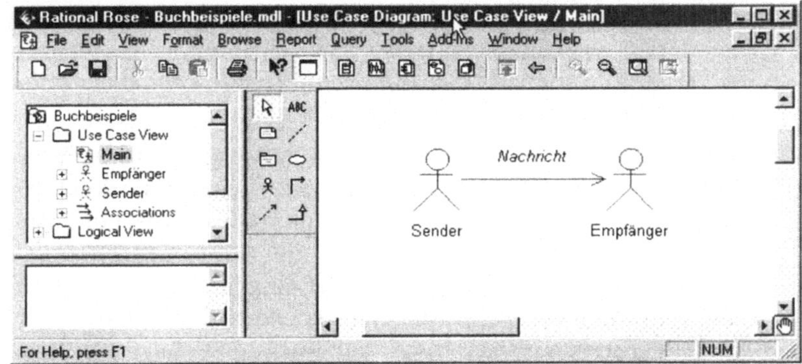

Abbildung 3: Grundmodell des Sender-Empfänger-Modells

Abbildung 3 drückt aus, dass eine Nachricht erst einmal von einem Sender an einen Empfänger übermittelt wird. Wie der Empfänger reagiert, ist dabei noch nicht beschrieben. Dabei gibt es die folgenden Reaktionsmöglichkeiten:

- Der Empfänger erhält zwar die Nachricht, antwortet jedoch dem Sender nicht. Dadurch wird der Sender irritiert, da er nicht weiß, ob seine Nachricht angekommen ist bzw. ob die Nachricht so angekommen ist, wie der Sender sie beabsichtigt hat.

Unterschiedliche Reaktionsmöglichkeiten

- Der Empfänger erhält die Nachricht und antwortet in einer Art und Weise, die der Sender nachvollziehen kann. Er erhält also eine Nachricht, die er *erwartet* hat. Das heißt jedoch nicht, dass er eine Nachricht erhält, die er sich *gewünscht* hat. So kann zum Beispiel auf die Nachricht: „Sind Sie mit dem bisherigen Projektverlauf zufrieden?" sowohl die Antwort „ja" als auch „nein" erfolgen. Beides sind Antworten, die der Sender nachvollziehen kann. Allerdings dürfte er sich als Wunschantwort nur das „ja" erhoffen.

Erwartete Antwort

- Der Empfänger erhält die Nachricht und antwortet zur Überraschung des Senders in einer völlig anderen Art und Weise, als dieser es erwartet hat. Dies ist für einen Anforderungsmanager eine denkbar ungünstige Situation, da er sich völlig missverstanden fühlen muss. Jetzt ist der Sender wieder gefordert.

Unerwartete Antwort

- Der Empfänger erhält die Nachricht und reagiert auch scheinbar so, wie der Sender es erwartet hat, doch in Wirklichkeit hat er die Nachricht nicht so verstanden, wie sie gesendet wurde. Diese Situation ist im Anforderungsmanagement sehr gefähr-

Nicht verstandene Nachricht

lich, schließlich gehen beide Seiten davon aus, dass sie richtig verstanden wurden, aber genau das Gegenteil ist der Fall. In der Regel kommt dabei erschwerend hinzu, dass das vorliegende Missverständnis erst wesentlich später auffällt.

- Der Empfänger erhält die Nachricht und reagiert auch scheinbar so, wie der Sender es erwartet hat. Doch in Wirklichkeit hat er die Nachricht nicht so verstanden, wie sie gesendet wurde und der Sender versteht ebenfalls die Antwort nicht so, wie sie gemeint war. Hier liegt dann der so genannte Worst Case der Kommunikation vor, der zugegebenermaßen relativ selten auftritt. Trotzdem muss dieser Fall in den Überlegungen eines guten Anforderungsmanagers Berücksichtigung finden.

Alle hier aufgeführten Alternativen haben eines gemeinsam – sie sind eine Reaktion seitens des Empfängers! Auch wenn, wie im ersten Fall beschrieben, keinerlei Antwort des Empfängers kommt, handelt es sich trotzdem um eine Reaktion. Schließlich ist eine ausbleibende Antwort ebenfalls eine Art von Reaktion.

Abbildung 4 zeigt, dass nach dem Erhalt der Nachricht der Empfänger zum Sender wird und unterschiedliche – so wie oben aufgelistete – Nachrichten senden kann. Dies wird durch die 1:n-Beziehung zum Ausdruck gebracht:

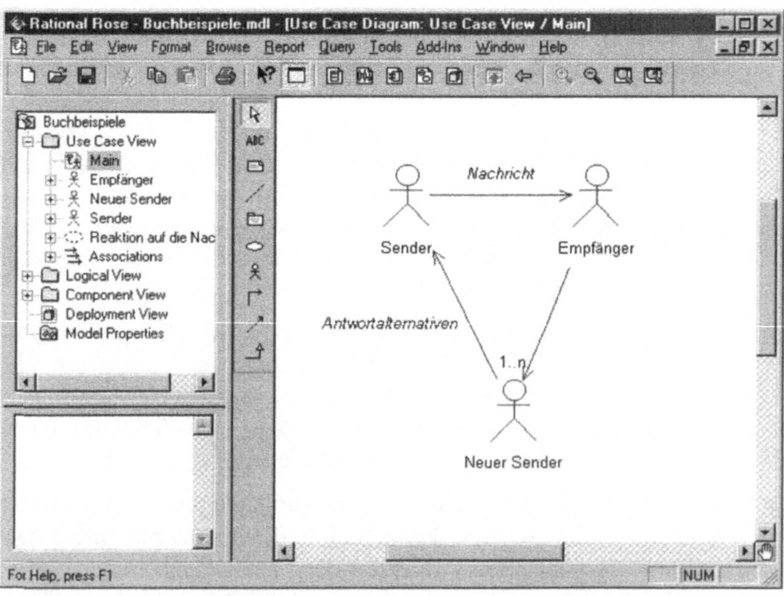

Abbildung 4: Unterschiedliche Antworten eine Empfängers sind möglich

Wie kommt es zu einer solchen Vielfalt von möglichen Antworten? Dazu sollen zunächst einige Parameter definiert werden, die eine Nachricht (unabhängig davon, ob sie gesendet wird oder eine empfangene Antwort ist) analysieren:

- Die *Information*, die der *Sender* übermitteln will: Jede Nachricht enthält eine gewisse Information, die ein Sender einem Empfänger überbringen möchte. Inwieweit diese Nachricht von der Gegenseite auch so empfangen wurde, wie sie in der Absicht des Senders stand, ist die andere Seite der Medaille. *Parameter einer Nachricht*

- Das *Verhältnis* zwischen *Sender* und der Information: Die Art und Weise, wie ein Sender eine Information übermittelt, hängt sehr stark davon ab, welches Verhältnis bzw. welche Einstellung er zu dieser Information hat. Bei einer positiven Einstellung wird er die Information sicherlich anders zum Empfänger rüberbringen als bei einer negativen Einstellung.

- Der genutzte *Kommunikationskanal*: In einem Zeitalter der unterschiedlichsten Art und Weisen, wie Informationen zwischen einem Sender und Empfänger übertragen werden können, spielt der genutzte Informationskanal natürlich ebenfalls eine wichtige Rolle. Derzeit kann ein Sender die folgenden Möglichkeiten nutzen:

  - Normaler Brief *Verschiedene Kommunikationskanäle*

  - Brief per Einschreiben

  - Fax

  - SMS

  - Voicemail

  - E-Mail

  - Persönlich, via Telefon

  - Persönlich im Vier-Augen-Gespräch

  - sowie diverse Varianten des Vier-Augen-Gespräches mit jeweiligen Beteiligten wie Mitarbeitern, Vorgesetzten usw.

  Dabei spielt ebenfalls eine wichtige Rolle, womit der Sender sendet und womit der Empfänger empfängt, was in erster Linie natürlich durch den Kommunikationskanal bestimmt wird.

- Die *Information*, die beim *Empfänger* ankommt: Es besteht die Gefahr, dass eine Information, die durch jemanden übermittelt wird, vom Empfänger anders aufgenommen wird, als der Sender dies beabsichtigt. Dies betrifft jedoch nur Informationen, die über Dritte übertragen werden. *Informationen, die über Dritte übertragen werden*

- Das *Verhältnis* zwischen *Empfänger* und der gesendeten Information: Unabhängig davon, ob der Empfänger eine übersendete Nachricht vom Inhalt her versteht oder nicht, er hat immer eine persönliche Beziehung zu dieser Nachricht. Wenn der Inhalt der Nachricht für den Empfänger von Bedeutung ist, wird er diese aus einem völlig anderen Licht betrachten, als wenn diese Nachricht für ihn die Eigenschaft „unwichtig" aufweist.

1.4.4.3
Unterschiedliche Nachrichtentypen

Berücksichtigt man obige Parameter, so sind eine Reihe von Nachrichtentypen zu unterscheiden, die zwischen einem Auftraggeber und Anforderungsmanager ausgetauscht werden können:

Nachrichtentypen **Gesprochene Nachricht**

Eine gesprochene Nachricht wird durch die in Abbildung 5 dargestellten Attribute ausgezeichnet.

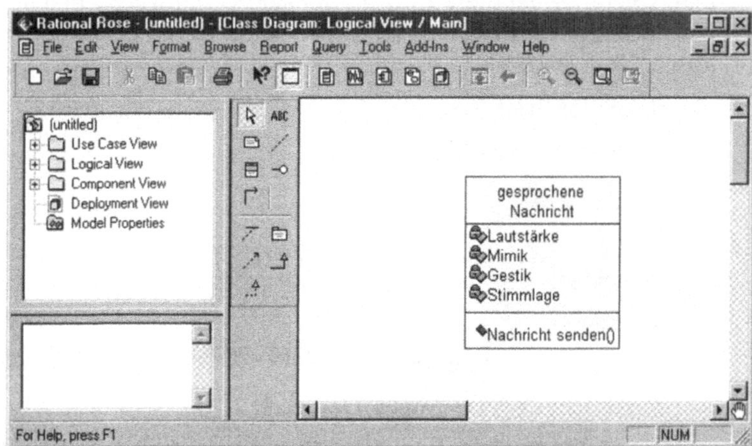

Abbildung 5: Attribute einer gesprochenen Nachricht

Bei einer gesprochenen Nachricht, die in einem Vier-Augen-Gespräch gesendet wird, beeinflussen somit vier Faktoren den eigentlichen Inhalt der Nachricht:

- Die *Lautstärke* der Nachricht – eine *geflüsterte* Nachricht kommt beim Empfänger anders an, als eine *gebrüllte* Nachricht. Sie bewirkt sofort eine Art Abwehr- oder auch Empfangsverhalten.

- Die *Mimik* – ein verkniffenes Gesicht lässt die Nachricht beim Empfänger völlig anders ankommen als zum Beispiel ein Lächeln.

- Auch die *Gestik* hat einen Einfluss, wie ein Empfänger eine Nachricht erhält. So ist das Phänomen der Körpersprache ein wesentliches Hilfsmittel.

- Letztendlich bestimmt auch die *Tonlage* die Nachricht – ein monoton vorgetragener Anforderungswunsch ruft nicht das Gefühl der Dringlichkeit hervor. Eine eindringlich betonte Anforderung hinterlässt dagegen einen ziemlich hartnäckigen Eindruck.

Wird jedoch eine gesprochene Nachricht nicht in einem Vier-Augen-Gespräch, sondern zum Beispiel auf einem Anrufbeantworter als Voicemail hinterlassen, so fallen mit der Mimik und Gestik bereits zwei Einflussfaktoren[18] weg!

Auch der Augenkontakt, der ebenfalls für ein Gespräch von Bedeutung ist, kann nicht hergestellt werden. Somit sind für Gesprächs- bzw. Rhetorikprofis derartige Gespräche, in denen keine persönliche bzw. direkte Beziehung zum Gesprächspartner aufgebaut werden kann, zu vermeiden.

Geschriebene Nachricht

Bei einer geschriebenen Nachricht fallen alle vier oben festgehaltenen Attribute weg, dafür existieren jedoch jetzt völlig neue Attribute, die Einfluss auf den Empfänger haben. Abbildung 6 zeigt den Unterschied zur mündlich übertragenen Nachricht:

---

[18] Dabei handelt es sich um diejenigen Attribute, die im wesentlichen die nonverbale Kommunikation beschreiben.

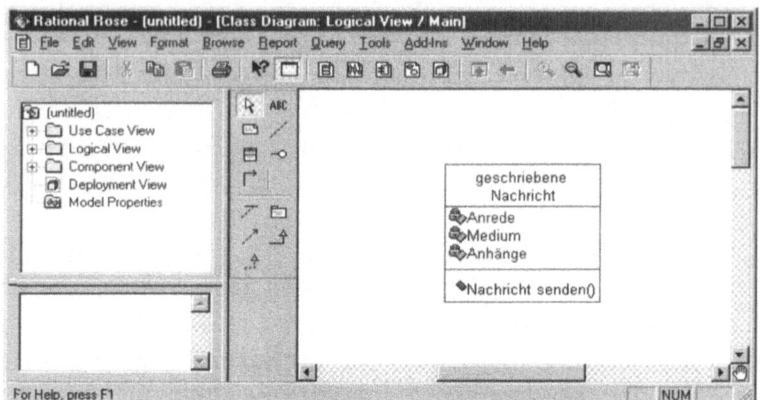

Abbildung 6: Attribute einer geschriebenen Nachricht

Wie bereits oben erwähnt, sind die Randbedingungen einer schriftlichen Nachricht nicht vergleichbar mit denen einer verbalen Nachricht, da diese nicht durch die nonverbale Kommunikation beeinflusst werden.

Trotzdem existieren hier Attribute, die auf den eigentlichen Inhalt der Nachricht wirken:

- Der Art und Weise der *Anrede* kommt beim schriftlichen Kontakt eine wesentlich höhere Bedeutung zu, als dies beim mündlichen Kommunikationsverhalten der Fall ist. Hier ist besonders zu unterscheiden zwischen einer E-Mail oder einem Brief, einem Fax etc. Sowohl der Ton als auch die Anrede in E-Mails wird meist sehr salopp vorgenommen, während in Briefen meist genau das Gegenteil vorliegt. Bei Letzteren werden immer noch die typischen Floskeln wie „sehr geehrte Frau" oder „sehr geehrter Herr" benutzt, während bei der E-Mail direkt zur Sache gekommen wird.

- Das verwendete *Medium* besagt auch etwas über die Nachricht, so drückt eine E-Mail oder ein Fax wesentlich mehr Dringlichkeit aus als ein Brief. Wird andererseits eine Brief zum Beispiel per Einschreiben gesendet, bringt dieses Medium einen gewissen Ernst der Situation hervor. Der Sender hat hier also unterschiedliche Möglichkeiten.

- Schriftliche Nachrichten können *Anhänge* haben. So zeigt es dem Anforderungsmanager, wenn er eine Anforderung erhält, die zum Beispiel mit einem Use-Case-Modell als Anhang versehen ist, wie wichtig sie dem Auftraggeber ist und dass dieser sich bereits ausführlich mit dem Thema beschäftigt hat.

1.4.4.4
Wer ist Sender – wer ist Empfänger

Nachdem die Grundlagen des Sender-Empfänger-Modells kurz angerissen wurden, soll an dieser Stelle darauf eingegangen werden, wer in einem Softwareentwicklungsprojekt eigentlich Empfänger und wer Sender ist.

Wie nicht anders zu erwarten, gibt es hier keine festen Zuordnungen – mal ist der Kunde Sender (wenn er Anforderungen formuliert), mal ist der Anforderungsmanager Sender (wenn er Vorschläge unterbreitet). Komplizierter wird es, wenn der Anforderungsmanager als „erweiterter" Sender auftritt – also die vom Kunden übertragene Nachricht an den Projektleiter weitergibt. Hier ist dann oft ein altes Kinderspiel mit Namen „Stille Post" zu beobachten.

Trotz dieses häufigen Rollenwechsels ist der Kunde meistens in der Funktion des Senders, da er dem Anforderungsmanager seine Wünsche übermittelt. Abbildung 7 zeigt, dass der Weg vom Senden einer Anforderung bis zur letztendlichen Umsetzung der Anforderung innerhalb des Projektes, alleine aus der Kommunikationssicht heraus betrachtet, relativ lang ist.

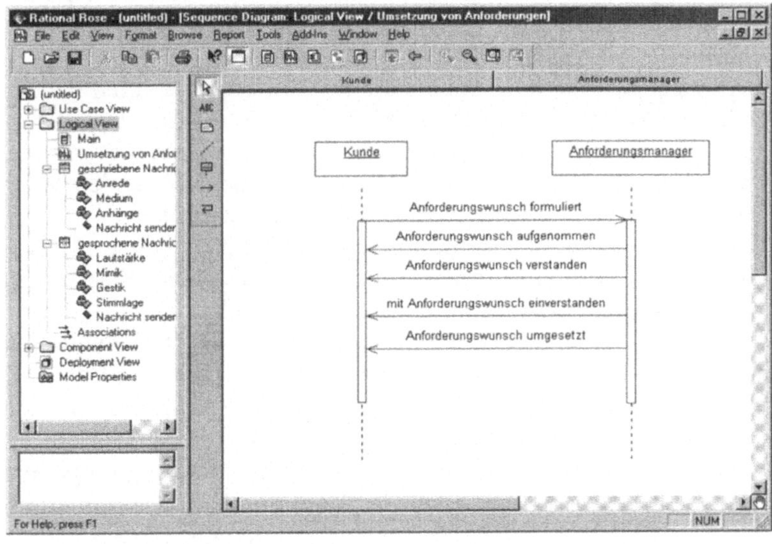

Abbildung 7: Umsetzung von Anforderungen aus Kommunikationssicht

So sind die folgenden Aspekte zu berücksichtigen:

Zunächst tritt der Kunde als Sender auf und übermittelt seine formulierte Anforderung als Nachricht. Bei dieser Betrachtung sei es nicht weiter von Bedeutung, in welcher der oben aufgeführten Varianten er dies bewerkstelligt.

Der Anforderungsmanager empfängt nun diese Nachricht. Als erstes Feedback teilt er dem Kunden mit, dass er die Nachricht erhalten hat. Dies heißt jedoch noch lange nicht, dass er sie auch verstanden hat. Wenn ja, bestätigt er das dem Anforderungsmanager.

Der nächste Schritt ist im Anforderungsmanagement sehr wichtig. Schließlich bedeutet die Tatsache, dass der Anforderungsmanager den Anforderungswunsch verstanden hat, noch lange nicht, dass er auch damit einverstanden ist. Hier findet also wieder eine Feedbackreaktion statt, in der der Anforderungsmanager oder Projektmanager dem Kunden eine entsprechende Nachricht sendet.

Die letzte Nachricht, die in diesem Zusammenhang gesendet wird, besteht in einer Art Vollzugsmeldung, also einer Nachricht, dass die Anforderung umgesetzt ist. Auch hier ist es nicht selbstverständlich, dass, selbst wenn der Anforderungsmanager die Anforderung verstanden hat und bereit ist, sie umzusetzen, sie dann letztendlich auch wirklich umgesetzt wird.

Innerhalb des in Abbildung 7 beschriebenen Nachrichtenaustausches bestehen also eine Reihe von Alternativen; diese sind in Abbildung 8 dargestellt.

Es zeigt sich, dass besonders die erste Alternative einen nahezu endlosen Austausch von Nachrichten bewirken kann. Die Anforderung kann erst dann in den Projektkontext eingebracht werden, wenn sie vom Anforderungsmanager genauso verstanden wird, wie dies vom Auftraggeber versucht wurde, auszudrücken.

Daher sind hier aus Kommunikationssicht die größten Herausforderungen für den Anforderungsmanager zu sehen. Wie diese zu lösen sind, wird im nächsten Abschnitt besprochen.

Ebenfalls kritisch wird die Situation, wenn die in Abbildung 8 dargestellte Raute eine negative Entscheidung ergibt und die Anforderung aus irgendwelchen Gründen nicht umgesetzt werden soll. Dabei wird es aus zweierlei Hinsicht kritisch:

Erstens, weil der Kunde natürlich seine Anforderung umgesetzt sehen will und sich somit bei der Kommunikation automatisch von der sachlichen Diskussion auf eine emotionale Ebene begibt.

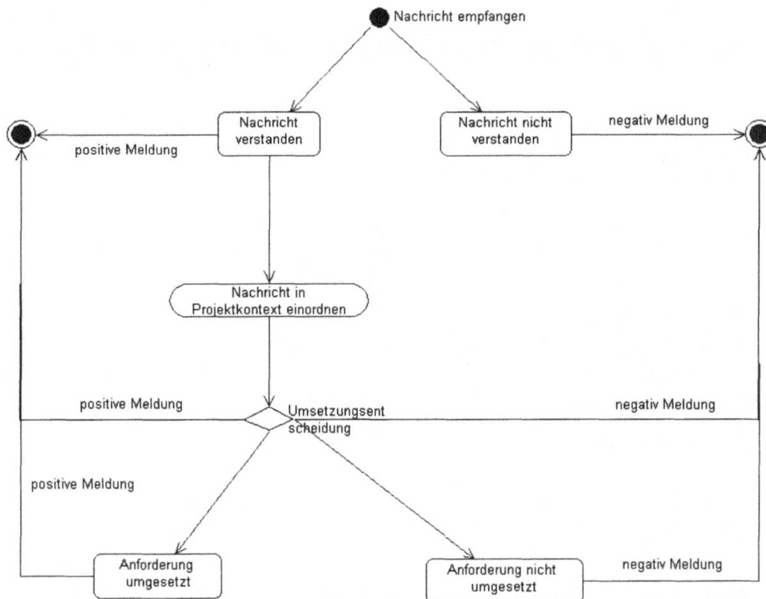

Abbildung 8: Alternativen beim Erhalt eines Anforderungswunsches aus Kommunikationssicht

Der zweite Grund ist darin zu sehen, dass die Umsetzung der Anforderung vielleicht aus technischen Gründen nicht durchgeführt wurde, zum Beispiel wenn eine Realisierbarkeitsuntersuchung ergeben hat, dass die Umsetzung technisch nicht machbar ist. Jetzt kommen eine Vielzahl technischer Inhalte in die Kommunikation und es besteht zunehmend die Gefahr, dass Nachrichten vom Empfänger nicht mehr so verstanden werden, wie sie inhaltlich vom Sender verschickt wurden.

In obigem Beispiel wurde bewusst darauf verzichtet, die weiteren Nachrichten, die der Auftraggeber sendet, darzustellen, um die Abbildungen nicht zu komplex werden zu lassen. In der Realität erhält der Auftragnehmer auf jede seiner gesendeten Nachrichten mindestens eine Rückmeldung des Kunden.

1.4.5
Fragetechniken im Anforderungsmanagement

1.4.5.1
Einführung in die Thematik

Im vorherigen Abschnitt wurde die Situation besprochen, dass ein Auftraggeber eine Anforderung formuliert und diese dem Anforderungsmanager als Nachricht sendet. Die erste Aufgabe des Anforderungsmanagers besteht nun darin, sich zu vergewissern, dass er die Anforderung auch verstanden hat. Dazu bietet sich als bestes Hilfsmittel eine gewisse Fragetechnik an, die im Folgenden näher untersucht werden soll.

1.4.5.2
Generelles zur Fragetechnik

Wer leitet ein Gespräch, eine Diskussion oder einen Dialog? Immer der, der fragt. Fragen veranlassen das Gegenüber, zu dem Thema Stellung zu beziehen, welches der Fragende vorgibt. Fragen sind das geeignete Mittel, um von einem Auftraggeber die notwendigen Informationen zu erhalten.

Bei der Fragetechnik sind die folgenden Fragen zu unterscheiden, die im Anforderungsmanagement von Bedeutung sind[19]:

- Offene Fragen
- Geschlossene Fragen
- Informationsfragen
- Kontrollfragen
- Gegenfragen
- Suggestivfragen
- Übereinstimmungsfragen

Im Folgenden sollen diese Fragetypen unter dem Aspekt des Anforderungsmanagements besprochen werden, also wann ist welche Fragetechnik am sinnvollsten einzusetzen.

---

[19] In der Kommunikationslehre existieren noch eine Reihe weiterer Fragetypen, die hier jedoch nicht weiter behandelt werden sollen, da sie keinen direkten Einfluss auf das Anforderungs- bzw. Änderungsmanagement haben.

1.4.5.3
Offene und geschlossene Fragen

Offene und geschlossene Fragen gehören zu den Grundformen von Fragen. Offene Fragen ermöglichen dem Gefragten eine Antwort, in die er seine Meinung integrieren kann, geschlossene Fragen hingegen können meist nur auf drei Arten beantwortet werden:

- Mit einer Zustimmung, also mit *Ja*
- Mit einer Ablehnung, also mit *Nein*
- Mit vielleicht oder weiß nicht

Im Anforderungsmanagement sollten offene Fragen am Anfang gestellt werden, um einen Eindruck zu gewinnen, was der Kunde eigentlich möchte. Zum Beispiel: „Wie stellen Sie sich die Benutzeroberfläche vor?" Natürlich erhält man bei einer solchen Frage einen Schwall von Antworten (besonders, wenn man mit mehreren Gesprächsteilnehmern der Auftraggeberseite kommuniziert).

Zur Präzisierung der Antworten bieten sich dann geschlossene Fragen an, zum Beispiel: „Soll von jeder Maske aus ein Ausdruck möglich sein?" Auf diese Art und Weise lässt sich einerseits ein detailliertes Bild der Vorstellungen des Auftraggebers gewinnen und andererseits werden die verschiedenen Alternativen bzw. Möglichkeiten eingegrenzt.

Je fortgeschrittener die Anforderungsanalyse ist, desto weniger sollte mit offenen Fragen gearbeitet werden und umso mehr geschlossene Fragen sollten integriert werden. Abbildung 9 zeigt auf, wie das Verhältnis zwischen offenen und geschlossenen Fragen über den zeitlichen Verlauf der Anforderungsanalyse optimal aussehen sollte:

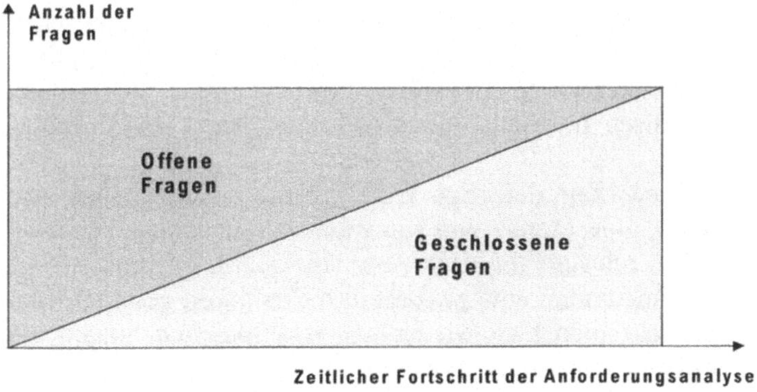

Abbildung 9: Verhältnis von offenen und geschlossenen Fragen über den zeitlichen Verlauf der Anforderungsanalyse

Offene und geschlossene Fragen

Drei Antwortmöglichkeiten

Geschlossene Fragen zur Präzisierung

Verhältnis zwischen offenen und geschlossenen Fragen

1.4.5.4
Informationsfragen

Informationsfragen dienen der Informationsgewinnung. Dabei handelt es sich meist um offene Fragen zu Beginn einer Anforderungsanalyse. Der Anforderungsmanager versucht auf diese Weise, erst einmal den Wissensstand des Auftragsgebers zu überprüfen.

Eine typische Informationsfrage wäre: „Wissen Sie, welche Möglichkeiten Sie hinsichtlich Ihres Außendienstes haben, wenn Sie Ihren Geschäftsprozess im Internet abbilden? Was wollen Sie davon alles nutzen bzw. was benötigen Sie?"

Bei einer solchen Frage erfährt der Anforderungsmanager die folgenden Sachverhalte:

- Ob sich der Auftraggeber bewusst ist, welche Möglichkeiten er hat.

- Ob der Auftraggeber vielleicht seine Anwendung nur deshalb als Internetapplikation haben möchte, weil das derzeit gerade modern ist.

- Wie konkret sich der Auftraggeber bereits mit der Technologie beschäftigt hat und wie konkret seine Vorstellungen an das künftige Softwareprodukt sind.

- Ob der Auftraggeber eventuell eine völlig überzogene Erwartungshaltung an Internetapplikationen hat.

- usw.

Somit stellen Informationsfragen eine Fragetechnik dar, die ganz zu Anfang der Anforderungsanalyse gestellt werden müssen. In obigem Beispiel kann es aber auch vorkommen, dass zu einem späteren Zeitpunkt noch mit Informationsfragen gearbeitet wird, wenn es zum Beispiel darum geht, wie die Sicherheit der Applikation gestaltet werden soll. Hier würde sich eine Frage: „Wissen Sie, welchen Gefahren Internetapplikationen ausgesetzt sind?" anbieten.

Generell bewirken derartige Informationsfragen, ebenso wie offene Fragen, eine Menge von Inputdaten, von denen nicht alle für das Projekt relevant sind. Mit einer einzigen Informationsfrage kann unter Umständen eine gesamte Projektsitzung gestaltet werden. Es gilt also auch hier, wieder mit geschlossenen Fragen die Informationsflut weitgehend einzudämmen.

1.4.5.5
Kontrollfragen

Kontrollfragen dienen der Überprüfung, ob die im bisherigen Ge- *Überprüfung*
spräch festgehaltenen Punkte auf gegenseitigem Einvernehmen
beruhen. Im Gegensatz zu den unten beschriebenen Übereinstimmungsfragen werden Kontrollfragen nicht direkt gestellt, sondern
sind eher in anderen Fragestellungen versteckt.

Dabei wird das Ergebnis bzw. die Antwort aus einer vorherge-
henden Frage in eine neue integriert. Eine typische Kontrollfrage
ist: „Sie benötigen für Objekt A nur die Attribute x,y,z – wie sieht
das bei Objekt B aus, benötigen Sie da zusätzliche Attribute?"

Auf diese Art und Weise erreicht der Anforderungsmanager
Folgendes:

- Widerspricht der Auftraggeber nicht dem ersten Halbsatz, *Sinn und Zweck*
  kann er davon ausgehen, dass das Objekt A wirklich nur die
  Attribute x,y,z besitzt.

- Durch die Nachfrage „benötigen Sie bei B zusätzliche Attribute" wird der Auftraggeber automatisch nochmal dazu angeregt, die Attribute von A zu überdenken.

- Letztendlich erhält der Anforderungsmanager zuverlässige
  Aussagen, sowohl was die Attribute von A als auch die von B
  betrifft.

Kontrollfragen haben also zweierlei Eigenschaften, einerseits sind *Absicherung für den*
sie eine Absicherung für den Anforderungsmanager und anderer- *Anforderungsmanager*
seits erhält der Auftraggeber nochmals die Gelegenheit, sich über
die zuvor getroffene Aussage Gedanken zu machen und sie gegebenenfalls zu korrigieren.

1.4.5.6
Gegenfragen

Gegenfragen werden vom Anforderungsmanager gestellt, wenn der
Auftraggeber Fragen stellt. Ziel ist es, gestellte Fragen zu hinterfragen, um mehr über den Hintergrund der Frage zu erfahren. Ein
klassisches Beispiel für Gegenfragen ist dem folgenden Dialog zu
entnehmen: Auf die Frage des Auftraggebers: „Kann ich von der
Applikation aus auch auf Daten meines SAP-Systems zugreifen?",
sollte der Anforderungsmanager nicht sofort mit einem „Ja" oder
„Nein" antworten, sondern nachfragen: „Wofür brauchen Sie das?"

So erfährt man erst den Hintergrund der Frage des Auftraggebers. Dies kann den folgenden Vorteil haben: Angenommen, die vorherige Frage hätte vom Anforderungsmanager verneint werden müssen. Durch die Nachfrage, wofür der Auftraggeber den Zugriff auf SAP-Daten benötigt, gibt dieser die zugehörige Erklärung. Jetzt hat der Anforderungsmanager die Möglichkeit, eventuelle Alternativen aufzuzeigen oder auch die Notwendigkeit einer zu realisierenden SAP-Anbindung zu sehen.

Ein zweiter Aspekt von Gegenfragen ist, dass auf diese Art Widerstände des Auftraggebers hinterfragt werden können. So können Gegenfragen nicht nur auf Fragen des Auftraggebers gestellt werden, sondern sollten bei jeder Unmutsäußerung formuliert werden. Ein Beispiel: Der Anforderungsmanager stellt ein erstes Konzept vor und erwähnt nebenbei, dass die Datenhaltung auf einer Informix-Datenbank vorgenommen wird.

Ohne erkennbaren Grund lehnt der Auftraggeber das Konzept ab. Hier hilft die Gegenfrage: „Was gefällt Ihnen nicht?" Die Antwort des Auftraggebers: „Ich habe schon viele schlechte Erfahrungen mit Informix gesammelt und würde Oracle bevorzugen", lässt seine Ablehnung in einem völlig neuen Licht erscheinen. Schließlich kann im derzeitigen Stadium das Datenhaltungssystem noch frei gewählt werden. Die Ablehnung des Auftraggebers ging also nicht gegen das Konzept, sondern nur gegen den beiläufig erwähnten Datenbanktyp.

Gegenfragen sind also ein wirksames Mittel des Anforderungsmanagements. Doch sollte der Anforderungsmanager diese gut dosieren, da zu viele Gegenfragen beim Kunden auch Unmutsäußerungen bewirken können, wenn er auf jede Frage, die er stellt, keine Antwort, sondern eine Gegenfrage erhält.

1.4.5.7
Suggestivfragen

Suggestivfragen sind Fragen, die vom Anforderungsmanager nur in Ausnahmesituationen gestellt werden sollten, da sie ein Gespräch in eine bestimmte Richtung lenken, die vom Anforderungsmanager vorgegeben wird. Bei Suggestivfragen ist die Antwort praktisch schon in der Fragestellung enthalten, es ist also keine Frage nach einer Entscheidung des Auftraggebers, sondern er bekommt die Entscheidung in Form einer Frage schon vorgesetzt.

Ein typisches Beispiel für eine Suggestivfrage im Anforderungsmanagement ist: „Als Programmiersprache verwenden wir am besten Java, nur so erreichen wir eine Plattformunabhängigkeit oder was meinen Sie?" Man kommt mit Suggestivfragen sicherlich schnell voran, die Frage ist nur, wie sich dies im späteren Projektverlauf rächt (siehe auch Abschnitt 1.4.5.9).

Die scheinbare Freiheit des Kunden, sich irgendetwas aussuchen zu dürfen, ist nur vorgespielt, der Kunde wird bewusst in eine Richtung gelenkt, die der Anforderungsmanager bereits im Vorfeld festgelegt hat. Merkt der Kunde das, kann sich das negativ auf die weitere Gesprächsführung auswirken und eine Trotzhaltung beim Kunden hervorrufen.

1.4.5.8
Übereinstimmungsfragen

Übereinstimmungsfragen sind die wichtigsten Fragen im Anforderungsmanagement. Im Gegensatz zu Kontrollfragen wird hier konkret nach der Übereinstimmung gefragt. Eine typische Übereinstimmungsfrage lautet: „Wir sind uns also alle einig, dass eine kontextsensitive Hilfestellung nicht notwendig ist?"

Übereinstimmungsfragen sind durch die folgenden Merkmale gekennzeichnet:

- Es handelt sich meist um geschlossene Fragen, die keinerlei Spielraum zu Interpretationen zulassen.

- Es sind vom Prinzip her rhetorische Fragen, auf die der Fragende eine Zustimmung erwartet.

- Übereinstimmungsfragen sind projektentscheidende Fragen, die daher auch schriftlich festgehalten und von beiden Seiten gegengezeichnet werden.

Übereinstimmungsfragen werden vom Anforderungsmanager nach Abschluss eines Gespräches gestellt – sie fassen das Gespräch und dessen projektentscheidenden Ergebnisse zusammen.

Im Idealfall formuliert der Anforderungsmanager diese Fragen schriftlich und lässt sie vom Auftraggeber gegenzeichnen. Sie werden dann zum Bestandteil des Projekttagebuches.

Übereinstimmungsfragen tauchen jedoch nicht nur am Ende der Anforderungsanalyse auf. Je früher eine Übereinstimmung festgelegt wird, um so positiver wirkt sich das auf die gesamte Anforderungsanalyse aus.

1.4.5.9
Anwendung der Fragetechniken

Die Fragetechniken müssen beim Anforderungsmanager in Fleisch und Blut übergehen

Die konsequente Anwendung dieser Fragetechniken erleichtert dem Anforderungsmanager (und damit natürlich auch dem gesamten Projekt) die Arbeit erheblich. Natürlich spielt hier Erfahrung die größte Rolle; die unterschiedlichen Fragetechniken müssen beim Anforderungsmanager in Fleisch und Blut übergehen sein.

Dies kann nur durch Training erreicht werden. Bei den ersten Gehversuchen wird die ganze Fragerei noch sehr holprig klingen. Ferner sollte auch der Auftraggeber über die Intension der meisten Fragetechniken informiert werden, schließlich sollen diese Fragen dem Projektfortschritt – und damit auch dem Auftraggeber – dienen und nicht dazu, den Gesprächspartner aufs Glatteis zu führen.

Weitere Fragetechniken

Dafür wären eher Fragetechniken, wie sokratische Fragen[20] oder Fangfragen, geeignet. Selbst Suggestivfragen sollten im Anforderungsmanagement nur vereinzelt gestellt werden, da sie bereits tendenziös sind.

1.4.6
Fazit

Kommunikationstechniken sollte jeder Anforderungsmanager beherrschen, sie erleichtern ihm die Arbeit erheblich und können die Anforderungsanalyse sehr beschleunigen. Dabei sollten die unterschiedlichen Fragetechniken nur dazu verwendet werden, schnell und detailsicher zum Ziel zu gelangen und nicht dazu, den Kunden in eine gewisse Richtung zu bewegen.

---

[20] Bei sokratischen Fragen handelt es sich um eine Serie von geschlossenen Suggestivfragen, die allesamt vom Gegenüber mit „Ja" beantwortet werden. Ziel ist es, eine kritische Phase innerhalb eines Gesprächs zu seinen Gunsten zu gestalten. Durch die ständige Bejahung wird die Denkweise des anderen derart beeinflusst, dass er auch noch zu Fragen, die er nur noch teilweise bejahen würde, uneingeschränkt zustimmt. Solche Fragen eigenen sich jedoch nicht für das Anforderungsmanagement, sondern eher für die Personalführung.

1.5
Verschiedene Sichten auf Anforderungen

1.5.1
Einführung in die Thematik

Es sind generell verschiedene Sichten auf Anforderungen zu unterscheiden, die der Anforderungsmanager berücksichtigen muss. Je nach Projektfortschritt ändert sich dabei zwar der Schwerpunkt der Sichten, jedoch die Existenz der Sichten bleibt über alle Phasen des Softwareentwicklungsprojektes erhalten.

Verschiedene Sichten auf Anforderungen

Diese im Folgenden aufgeführten Sichten sind dabei eng miteinander verknüpft und können daher auch nur im begrenzten Umfang losgelöst voneinander betrachtet werden.

1.5.2
Die technologische Sicht

Die technologische Sicht auf Anforderungen beschreibt – wie aus dem Namen schon deutlich wird – die technologischen Randbedingungen einer Anforderung. Beispiele wären:

- Welche Programmiersprache soll verwendet werden?

- Welche Datenbank soll zum Einsatz kommen?

- Welche Hardwareanforderungen existieren?

- Welche Qualitätsansprüche existieren?

- Welche Schnittstellen zu anderen Systemen müssen beachtet werden?

- usw.

Beispiele für die technologische Sicht

Es liegt in der Natur der Sache, dass sich hier Anforderungen gegenseitig widersprechen. So kann aus der Anforderung A abgeleitet werden, dass eine relationale Datenbank eingesetzt werden muss, hingegen könnte Anforderung B auch durch ein einfaches Dateisystem umgesetzt werden.

Daher lässt sich die technologische Sicht auf die Anforderungen meist nur im Gesamtkontext aller Anforderungen festlegen. Für den Anforderungsmanager ist es dabei wichtig, frühzeitig Widersprüche und Ungereimtheiten zu entdecken.

Gesamtkontext aller Anforderungen

Dazu muss er zum Teil bereits abgehandelte Anforderungen erneut bearbeiten. Dies ist besonders dann kritisch, wenn, wie im obigen Beispiel, sich plötzlich ergibt, dass ein Dateisystem nicht mehr ausreicht, sondern eine relationale Datenbank zum Einsatz kommen muss. Abgesehen von den zusätzlichen Kosten für die Datenbank selbst, sind nun Performanceaspekte zu berücksichtigen. Auf der anderen Seite werden Sicherheitsaspekte durch die Datenbanktechnologie gelöst und können bei einigen Anforderungen vernachlässigt werden.

Die gesamte technologische Sicht ist in der Regel zur Mitte der Anforderungsanalyse abgeschlossen. Je später sie abgeschlossen wird, umso kritischer wird die Anforderungsanalyse.

1.5.3
Die finanzielle Sicht

Die Umsetzung einer Anforderung kostet einen bestimmten Betrag, der vom Gesamtbudget abzuziehen ist. Je komplexer die Anforderung, desto teurer die Umsetzung. Der Anforderungsmanager ist gefordert, nicht nur die technisch beste Umsetzung für den Kunden zu betrachten, sondern auch das Gesamtbudget im Auge zu behalten.

Für die Anforderungsanalyse bedeutet das, rechtzeitig darauf hinzuweisen, wann die Anforderungen den finanziell gesteckten Rahmen zu sprengen drohen. Dabei bedeutet rechtzeitig, dass der Anforderungsmanager von Anfang an die Kosten betrachtet und nicht erst dann, wenn das Budget bereits überschritten ist. Somit beginnt der Anforderungsmanager also bereits im ersten Viertel der Anforderungsanalyse mit der finanziellen Sicht auf Anforderungen.

Betrachtet man die im vorherigen Kapitel beschriebenen Fragetechniken, so kann man sagen, dass mit dem Stellen der ersten geschlossenen Fragen auch die finanzielle Sicht auf die Anforderungen beginnt, während bei den offenen Fragen eher die technologische Sicht im Vordergrund steht.

Die wesentliche Herausforderung für den Anforderungsmanager besteht darin, zu erkennen, ab wann sich der Kunde mit seinen Anforderungen in die Richtung der so genannten „Goldrandlösung" bewegt. Hier gilt die 80:20-Regel, die besagt, dass 80% der Budgetkosten zur Umsetzung von 20% der Gesamtanforderungen verbraucht werden. Ein guter Anforderungsmanager sollte es schaffen, hier ein 60:40-Verhältnis zu erreichen. Dazu ist es erforderlich, „Nice-to-have"-Anforderungen auch als solche darzustellen und dem Kunden klarzumachen, dass eine Umsetzung nur mit zusätzlichen Geldmitteln vorgenommen wird.

Natürlich ist hier ein enger Zusammenhang zur technologischen Sicht zu sehen. Je mehr Technologien zum Einsatz kommen, umso teurer wird die Umsetzung.

Bei der finanziellen Sicht kommt auch die weiter unten besprochene Zusammenarbeit zwischen dem Anforderungsmanager und dem Projektleiter zum Tragen. Von der eigentlichen Aufgabe könnte man hier eine Trennung vornehmen, weil der Anforderungsmanager für die technologische Sicht und der Projektmanager für die finanzielle Sicht verantwortlich ist.

In der Realität lässt sich eine solche Trennung niemals durchführen, da hier der Projektmanager dem Anforderungsmanager viel zu oft widersprechen müsste; was einen denkbar schlechten Eindruck beim Kunden hinterlässt.

Somit ist der Anforderungsmanager auch für die finanzielle Situation im Projekt mitverantwortlich.

1.5.4
Die politische Sicht

Die politische Sicht auf Anforderungen ist die kritischste Sicht. Jeder Anforderungsmanager ist gefordert, so viel Politik wie möglich aus Anforderungen herauszuhalten. Die folgenden politischen „Aspekte" können während der Anforderungsanalyse auftreten:

- Der Kunde versucht immer mehr Funktionalität in die Anwendung zu bringen, um seine interne Position zu stärken („Seht mal was ich alles integrieren konnte, bin ich nicht ein guter interner Projektleiter?").

- Einige Stakeholder versuchen, mit einer bewussten Blockadehaltung den Fortschritt des Projektes aufzuhalten, weil sie interne Ängste und Befürchtungen um ihren Arbeitsplatz haben, der nach der Einführung des Projektes gefährdet sein könnte. Dabei muss noch nicht einmal der Arbeitsplatz gefährdet sein, es reicht schon aus, dass sich bei dem einen oder anderen Stakeholder die bisherige Machtposition im Unternehmen verringert oder gar wegfällt.

- Der Kunde versucht, die Anforderungsanalyse bewusst in die Länge zu ziehen, um eine vereinbarte Teilzahlung nach hinten zu schieben.

- usw.

Diese Liste lässt sich beliebig weiterführen, es gibt eine Vielzahl von Gründen, warum politische Aspekte eine Gefahr für das Anforderungsmanagement darstellen. Für den Anforderungsmanager ist es daher von großer Bedeutung, sich bereits im Vorfeld über die internen Auswirkungen des Projektes auf die einzelnen Stakeholder zu informieren.

Kennt er die Gefahren, so kann er sich darauf einstellen und entsprechend reagieren. Ist er hingegen nicht informiert, läuft er in ein offenes Messer und die Anforderungsanalyse gerät in Gefahr.

Die viel beschriebene Softwarekrise spricht zumeist von technologischen Problemen. Dabei wäre es durchaus interessant, zu untersuchen, wie viele Projekte in Wirklichkeit aus politischen Gründen gescheitert sind. Das Entscheidende dabei ist, dass nahezu jedes Projekt mit politischen Sichten „verseucht" ist. Nur wenn sich der Anforderungsmanager von Anfang an darauf einstellt und die jeweiligen politischen Sichten der betroffenen Stakeholder genau kennt, kann er entsprechend gegensteuern.

Doch wie kann man politischen Aktivitäten effektiv gegensteuern? Auch hier hilft das Projekttagebuch weiter und – auch wenn es der Mentalität der meisten Anforderungsmanager widersprechen wird – er muss deutlich mit dem Finger auf den zeigen, der mit seiner Blockadehaltung eine Projektsabotage betreibt. Letztendlich muss der Anforderungsmanager den Kunden „zwingen", den/die entsprechenden Stakeholder aus dem Projekt zu entfernen. Keine besonders angenehme Aufgabe.

1.5.5
Die Gesamtsicht

Die Gesamtsicht auf Anforderungen setzt sich aus allen oben beschriebenen Sichten zusammen. Sie erlaubt einen „Blick auf das Ganze" und stellt eine Beschreibung des Projektes dar. So hängen, wie bereits oben beschrieben, die technologische und die finanzielle Sicht sehr eng zusammen, die politische Sicht steht eher alleine dar.

Die Gesamtsicht auf Anforderungen stellt somit eine Art Harmonisierung der drei zuvor beschriebenen Sichten dar. Ziel ist es, jetzt noch existierende Widersprüche aufzudecken und zu beseitigen.

Der Zeitpunkt, zu dem sich der Anforderungsmanager mit der Gesamtsicht auf die Anforderungen beschäftigt, liegt ca. im ersten Drittel der Anforderungsanalyse.

Betrachtet man alle Sichten und bringt sie auf die Zeitachse des Anforderungsmanagements, so ergibt sich das folgenden Bild:

- Die politische Sicht beginnt bereits im Vorfeld der Anforderungsanalyse. Also, bevor überhaupt die ersten Fragen gestellt werden, muss der Anforderungsmanager sich über die entsprechenden Stakeholder informiert haben.

- Die technologische Sicht beginnt mit den ersten offenen Fragen direkt am Anfang der Anforderungsanalyse.

- Die finanzielle Sicht beginnt mit der Eingrenzung der offenen Fragen durch geschlossene Fragen.

- Die Gesamtsicht wird nach der ersten Iteration im Anforderungsmanagement begonnen.

Dies wird in **Abbildung 10** nochmals visualisiert:

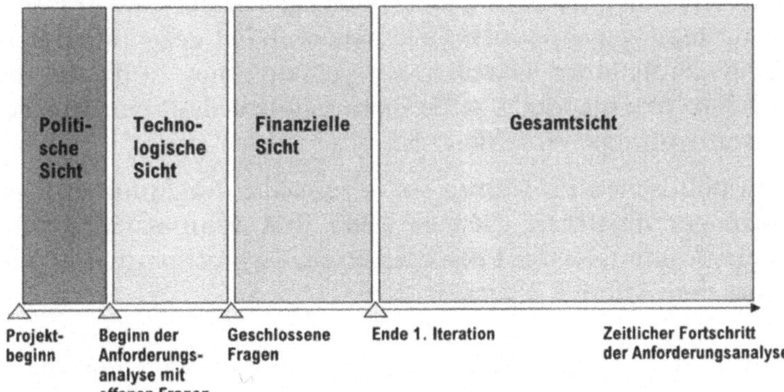

Abbildung 10: Die einzelnen Sichten auf Anforderungen im zeitlichen Vergleich

1.5.6
Das Zusammenspiel zwischen Anforderungsmanager und Projektmanager

Projektmanagement und Anforderungsmanagement sind Bereiche, die eng miteinander verzahnt sind und die somit große Abhängigkeiten untereinander aufweisen.

Daher müssen Projektmanager und Anforderungsmanager auch sehr eng zusammenarbeiten. In Kapitel 1.4.3 wurde bereits erwähnt, dass der Anforderungsmanager bei Projekten, deren Kritikalität bezüglich der Anforderungen hoch ist, im Idealfall gleichzeitig die Rolle des stellvertretenden Projektleiters einnimmt.

Auch im vorherigen Abschnitt wurde auf die Bedeutung der Zusammenarbeit zwischen Anforderungsmanager und Projektleiter bei der Betrachtung der finanziellen Sicht auf die einzelnen Anforderungen eingegangen.

Auch bei der Erstellung des Projekttagebuchs arbeiten die beiden Worker eng zusammen. Im Idealfall ergänzen sich der Anforderungsmanager und der Projektleiter wie folgt:

- Innerhalb des Anforderungsmanagements haben der Projektleiter und der Anforderungsmanager unterschiedliche Aufgaben und Machtbefugnisse, dementsprechend sollten beide Worker auch dem Kunden gegenüber auftreten.

- So ist bei finanziellen Aspekten, zum Beispiel wenn ein Änderungswunsch nur gegen zusätzliche Bezahlung umgesetzt wird, dies dem Kunden vom Projektleiter mitzuteilen.

- Bei technologischen Aspekten hingegen sollte der Anforderungsmanager als Wortführer dem Kunden gegenübertreten. Beide Situationen erlauben ein gemeinsames Auftreten der beiden Worker, doch sollte dem Kunden klar sein, wer der verantwortliche Wortführer ist.

- Bei politischen Problemen sollte zunächst der Anforderungsmanager versuchen, diese zu lösen. Erst wenn er nicht mehr weiterkommt, ist der Projektleiter als Ansprechpartner gegenüber dem Kunden gefordert.

Beim Kunden eine einheitliche Linie vertreten

Hintergrund dieser Strategie ist es, dass der Auftragnehmer beim Kunden eine einheitliche Linie vertritt und dass der Kunde merkt, wer in welchem Bereich sein Ansprechpartner ist. Für den Projekterfolg ist es von wesentlicher Bedeutung, dass hier zwischen diesen beiden Workern keinerlei Widersprüche auftreten, da dies den Kunden erheblich verunsichert.

Somit ist die reibungslose Zusammenarbeit zwischen Projektleiter und Anforderungsmanager eine wesentliche Voraussetzung für den Erfolg des Anforderungs- und Änderungsmanagements.

1.6
Fehlermeldungen – eine besondere Art von Anforderungen

Am Anfang dieses Kapitels wurden bereits die folgenden drei Typen von Anforderungen unterschieden:

- *Anforderungen*, die zu Beginn eines Softwareentwicklungsprojektes gestellt werden.

- *Änderungswünsche*, die während der Projektlaufzeit formuliert werden.

- *Fehlermeldungen*, die nach Auslieferung des fertigen Produktes gemeldet werden.

Für den Anforderungsmanager sind diese drei verschiedenen Typen eigentlich *nicht* unterschiedlich, schließlich haben alle drei Anforderungstypen die folgenden Eigenschaften gemeinsam:

- Sie beinhalten einen Kundenwunsch, dessen Umsetzung für den Kunden wichtig ist.

- Sie bedeuten für den Anforderungsmanager einen Aufwand, sich mit dem Wunsch des Kunden auseinander zu setzen.

- Werden sie erfüllt, ist der Kunde zufrieden, werden sie nicht erfüllt, kann eine Krisensituation für das Projekt entstehen.

Von einem anderen Standpunkt aus betrachtet, existieren natürlich gravierende Unterschiede zwischen diesen Anforderungstypen. Diese beziehen sich in erster Linie auf die Verhandlungsbasis bzw. Sicherheit, auf die der Anforderungsmanager zurückgreifen kann.

Hier sind die folgenden Aspekte zu beachten:

- Eine Anforderung, die zu Projektbeginn gestellt wird, fließt direkt in die Preisgestaltung des Gesamtprojektes ein. Hier hat der Anforderungsmanager einen gewissen Spielraum, mit dem Auftraggeber zu verhandeln.

- Eine Anforderung, die während der Projektlaufzeit gestellt wird, führt, wie oben bereits erwähnt, zu einem Änderungswunsch oder einem Änderungsauftrag – hier obliegt es dem Verhandlungsgeschick des Anforderungsmanagers, inwieweit und zu welchem Preis dieser Wunsch realisiert wird.

- Eine Anforderung, die nach der Auslieferung der Software gestellt wird, kann zweierlei Eigenschaften haben:

  - *Fehlermeldung*
    Das ausgelieferte Softwareprodukt verhält sich nicht so, wie es vom Kunden im Vorfeld definiert wurde. Hier hat der Anforderungsmanager Schwierigkeiten, schließlich liegt hier ein Verstoß gegen zuvor getroffene Vereinbarun-

gen vor. Es bleibt ihm nichts anderes übrig, als die Fehlermeldung zu akzeptieren. Freiheiten hingegen hat er in der Hinsicht, wann der Fehler behoben wird. So bietet sich hier ein neues Release an, sofern der Fehler nicht gravierenden Einfluss auf die Funktionalität der aktuellen Software hat.

— *Erneuter Änderungswunsch*
  Es ist absolut keine Überraschung, wenn nach der Auslieferung einer beauftragten Softwarelösung der Kunde plötzlich anmerkt, dass er sich das eine oder andere anders vorgestellt hat. Dies kann unterschiedliche Gründe haben, die im Folgenden besprochen werden sollen.

Wie der alte Spruch schon sagt: „Der Appetit kommt erst mit dem Essen" – hat der Kunde eine Software erst einmal im Einsatz, so merkt er meist erst dann, was an zusätzlichen Funktionalitäten die Arbeit mit der Software noch mehr vereinfachen würde.

Ein weiterer Grund für neue Änderungswünsche ist die Tatsache, dass dem Kunden erst nach einiger Zeit auffällt, wie wichtig doch Schnittstellen zu anderen Systemen wären, die sich vielleicht in ganz anderen Abteilungen im Einsatz befinden.

Weniger schön ist es, wenn kurz nach der Einführung der Software innerhalb des Unternehmens wichtige Geschäftsprozesse geändert werden, von denen auch der Einsatz der Software betroffen ist und die nun an die neuen Geschäftsprozesse angepasst werden muss. Mehr zu dem Thema – Änderung von Geschäftsprozessen – ist Kapitel 2 zu entnehmen.

Jeder der hier beschriebenen Gründe erfordert eine Überarbeitung der Software und ist somit für den Anforderungsmanager eine Chance, ein Anschlussprojekt zu generieren. Eine kostenlose Umsetzung der zusätzlichen Anforderungen stellt eine sehr unwahrscheinliche Ausnahmesituation dar.

1.7
Anforderungstypen im Rational Unified Process

Zum Schluss sollen noch zwei für den Bereich der Softwareentwicklung wesentliche Anforderungstypen unterschieden werden, auf die Anforderungsmanager immer wieder stoßen werden.

Im Rational Unified Process werden diese beiden Anforderungstypen als funktionale Anforderungen und nichtfunktionale Anforderungen beschrieben.

1.7.1
Funktionale Anforderungen

Funktionale Anforderungen werden benutzt, um das Verhalten eines Systems durch Spezifikation der erwarteten Input- und Output-Bedingungen festzulegen. Hier geht es also ausschließlich darum, welche Funktionalität das zu erstellende Softwaresystem später einmal abdecken soll.

Funktionale Anforderungen werden in Form von Use-Case-Diagrammen dargestellt. Zur weiteren Detaillierung werden dann zum Beispiel Aktivitätsdiagramme verwendet. Aber auch Sequenzdiagramme oder Kollaborationsdiagramme können benutzt werden. Hier hilft die Unified Modeling Language und ihre Techniken zur detaillierten Aufnahme der funktionalen Anforderungen. Wird noch ein Anforderungsmanagementwerkzeug benutzt – wie zum Beispiel RequisitePro –, so kann sich der Systemanalytiker, dessen Aufgabe die Aufnahme der Anforderungen ist, ziemlich sicher sein, dass er eine nahezu 100%ige Abdeckung der Anforderungen vorgenommen hat.

Im weiteren Projektverlauf werden diese Anforderungen sukzessive in Code umgesetzt, bis letztendlich das zu entwickelnde System fertig gestellt ist.

1.7.2
Nichtfunktionale Anforderungen

Nichtfunktionale Anforderungen betreffen – wie schon aus dem Namen ersichtlich wird – Anforderungen, die nichts mit der Funktionalität des zu erstellenden Systems zu tun haben. Darunter sind in erster Linie Anforderungen zu verstehen, die die Qualität des zu erstellenden Systems betreffen. Diese sind ebenso von Bedeutung wie die funktionalen Anforderungen, da sie erheblich zur Zufriedenheit des Kunden beitragen.

Unter nichtfunktionalen Anforderungen werden die folgenden Qualitätsattribute an ein System zusammengefasst:

- Anwenderfreundlichkeit

- Wartbarkeit

- Performance

- Zuverlässigkeit

Diese nichtfunktionalen Anforderungen sind wesentlich schwerer zu erfüllen als die funktionalen Anforderungen. Dies liegt in erster Linie daran, dass es keine eindeutigen Kriterien gibt, anhand derer sich nichtfunktionale Anforderungen messen lassen.

Damit ist die eingangs beschriebene optimale Formulierung einer Anforderung für nichtfunktionale Anforderungen nicht mehr zutreffend. Es bleibt jedoch festzuhalten, dass es die Aufgabe des Projektleiters sein muss, so viel funktionale Anforderungen wie möglich und so wenig nichtfunktionale Anforderungen wie nötig als Abnahmekriterien für das zu erstellende Softwaresystem festzulegen bzw. mit dem Auftraggeber zu vereinbaren.

1.8
Fazit

Der wesentliche Bestandteil des Anforderungsmanagements besteht in der Kunst, Anforderungen so zu formulieren, dass sie:

- keinen Spielraum für Interpretationen lassen, also unmissverständlich sind;

- möglichst einfach und visuell dargestellt sind, so dass sie von allen Stakeholdern gelesen und verstanden werden können;

- in einem direkten Zusammenhang innerhalb eines Softwareprojektes einzuordnen sind.

An den Anforderungsmanager werden eine Reihe von Anforderungen gestellt. Die wesentlichste ist, dass er mit den Techniken der Kommunikationswissenschaften vertraut ist. Nur mit den richtigen Fragetechniken gelangt er effizient und detailsicher ans Ziel.

Ebenfalls von großer Bedeutung ist das reibungslose Zusammenspiel mit dem Projektleiter, um den Kunden davon zu überzeugen, dass er mit einem geschlossenen Team arbeitet.

2 Wenn sich Anforderungen ändern

Gerhard Versteegen

2.1
Einführung

Bereits im vorherigen Kapitel wurde darauf hingewiesen, dass sich Anforderungen ändern bzw. dass während der Projektlaufzeit eintreffende Anforderungen als Änderungsanträge zu bezeichnen sind.

In diesem Kapitel wird untersucht, warum sich Anforderungen ändern – also eine Art Ursachenforschung vorgenommen. Da sich ändernde Geschäftsprozesse eine wesentliche Ursache für Änderungen sind, wird diesem Aspekt ein separater Abschnitt gewidmet.

Im Anschluss werden die Nebeneffekte von Änderungen betrachtet, also die Auswirkungen von Änderungen auf andere Anforderungen.

Zum Schluss wird darauf eingegangen, wie ein Anforderungsmanager frühzeitig erkennen kann, wann sich Anforderungen ändern.

Warum sich Anforderungen ändern

2.2
Ursachenforschung

Eine interessante Untersuchung wäre sicherlich, wenn man die Verweilzeit von Anforderungen innerhalb eines Softwareprojektes untersuchen würde. Dabei ist unter Verweilzeit die Zeit zu verstehen, in der Anforderungen aktuell bleiben, also keiner Änderung unterliegen. Das Ergebnis einer solchen Untersuchung wäre wahrscheinlich erschreckend. Doch warum ist dem so?

Verweilzeit von Anforderungen

In den nächsten Abschnitten soll versucht werden, eine Erklärung dafür zu geben. Dabei werden die folgenden Aspekte näher betrachtet:

- Der technologische Fortschritt, der während der Projektlaufzeit unaufhaltsam voranschreitet

- Änderungen sämtlicher Art, die sich beim Auftraggeber ergeben

- Abhängigkeiten von Zulieferern bzw. Unterauftragnehmern

- Gesetzliche Änderungen, die sich im Laufe des Projektes ergeben

Wie bereits eingangs erwähnt, spielen sich ändernde Geschäftsprozesse ebenfalls eine große Rolle – diese werden Kapitel 2.3 separat behandelt.

Interessant zu betrachten ist auch, wann sich Anforderungen ändern. Hier ist festzustellen, dass es unabhängig von der Projektdauer einen deutlichen Knick bei der ersten Iteration in der in Abbildung 11 dargestellten Änderungskurve gibt.

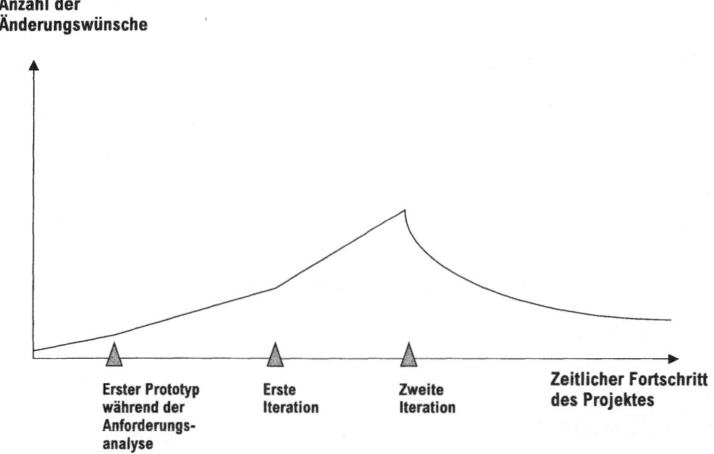

Abbildung 11: Änderungen von Anforderungen im Laufe der Projektzeit

Die Ursachen für die Änderungswünsche zu diesem Zeitpunkt sind wie folgt anzusiedeln:

- Wird bei der Anforderungsanalyse mit einem Prototyp gearbeitet, so ist bereits hier ein erster Knick in der oben erwähnten Kurve festzustellen.

2 Wenn sich Anforderungen ändern

- Bisher hatte man nur theoretisch über das Projekt gesprochen. Nach der ersten Iteration liegt eine Art zweiter Prototyp vor und der künftige Anwender hat zum ersten Mal das Ergebnis seiner bisherigen Anforderungen vor sich.

- Es ist eine alte Redensart: „Der Appetit kommt mit dem Essen". Auch wenn man noch so sorgfältig und gründlich in der Anforderungsphase gearbeitet hat, fallen dem Auftraggeber noch viele neue Dinge ein, sobald eine erste lauffähige Anwendung vorliegt.

Wichtig bei der in Abbildung 11 dargestellten Kurve ist, dass nach der zweiten Iteration die Änderungswünsche deutlich nach unten gehen müssen, ansonsten gerät das Projekt in Gefahr.

In den nächsten Abschnitten sollen die vier oben aufgeführten Einflussfaktoren für Änderungswünsche näher betrachtet werden.

2.2.1
Technologischer Fortschritt

2.2.1.1
Einführung in die Thematik

Eine der wesentlichen Ursachen, warum sich Anforderungen ändern, ist sicherlich in den rasanten Sprüngen zu sehen, denen die Softwaretechnologie unterliegt. Heute noch State of the Art – morgen schon veraltet, oft sind die neuen Technologien von den Anwendern noch gar nicht verinnerlicht worden, so kommen schon die Nachfolgetechnologien auf den Markt.

Rasante Sprünge in der Softwaretechnologie

Technologischer Fortschritt hat jedoch nicht nur negative Seiten auf ein Projekt bzw. die Anforderungen innerhalb eines Projektes. Daher soll im Folgenden eine Untersuchung vorgenommen werden, die die unterschiedlichen Aspekte des technologischen Fortschrittes definiert und den jeweiligen Einfluss auf das Projekt beschreibt.

2.2.1.2
Neue Hardwaretechnologien

Das Unternehmen Intel – nicht nur bekannt für den einprägsamen Sound in ihren Werbeauftritten – ist hier einer der maßgeblichen Treiber, was neue Hardware betrifft. Durch immer schneller werdende Prozessoren unterliegt der Markt einem ständigen Wandel bzw. einer kontinuierlichen Verbesserung. Hinzu kommt, dass

Kontinuierliche Verbesserung

zeitgleich ein erheblicher Preisverfall für die Speicherbausteine festzustellen ist.

Was heißt das nun für den Anforderungsmanager? In erster Linie ist es ein Vorteil für ihn. Insbesondere bei mehrjährigen Großprojekten kann er die folgenden Anforderungen „gelassen" aufnehmen:

- *Performanceaspekte* kann er bis zu einem gewissen Maß in den Hintergrund stellen, da sich bisher erfahrungsgemäß die Performance von Anwendungen durch die neuen Prozessoren meist um ein Vielfaches gesteigert hat. Bis das Projekt beendet ist, sind beim Kunden vielleicht schon Pentium-VI-Rechner eingeführt.

- Die *interne Projektkalkulation für Hardware* wird in vielen Projektplanungen vergessen, dabei gehört es mit zu den Aufgaben des Anforderungsmanagers, dem Projektleiter hier Vorschläge zu unterbreiten[21]. Da die Kosten, zum Beispiel für Speicherbausteine, kontinuierlich sinken – heutzutage kostet ein Hochleistungs-PC nur noch so viel, wie noch vor einigen Jahren eine 8-MB-Speichererweiterung gekostet hat –, kann von dem vorgesehenen Hardwarebudget notfalls eine Umverteilung zu Gunsten von zusätzlichen Anforderungen vorgenommen werden.

Ein Problem für den Anforderungsmanager besteht jedoch darin, dass künftige Prozessortechnologien auch diesbezüglich unterstützt werden müssen, um die gewünschte Performance zu erreichen[22].

---

[21] Dabei bestimmt der Anforderungsmanager jedoch nicht die Hardware, vielmehr setzt er sich mit einem Hardwarespezialisten zusammen und listet die Anforderungen auf, die aus seiner Sicht an die Hardware gestellt werden. Der Hardwarespezialist erstellt dann die notwendige Konfiguration.

[22] Zum Zeitpunkt, zu dem dieses Buch gerade entsteht, kam Intel mit der Pentium-IV-Generation auf den Markt. Doch die Freude über einen schnelleren Prozessor wurde insbesondere dadurch getrübt, dass viele Softwarehersteller ihre Software noch nicht an die Fähigkeiten des neuen Prozessors angepasst haben, so dass die gewünschte Performancesteigerung nicht in dem Maße ausfiel wie geplant bzw. erhofft. Vielleicht hat sich dieses Problem aber schon zum Zeitpunkt der Erscheinung dieses Buches aufgelöst ...

2.2.1.3
Neue Betriebssystemvarianten

Microsoft überrascht seine Kunden alle 2 Jahre mit neuen Betriebssystemvarianten, zu denen die meisten Kunden auch brav migrieren. Die Erfahrung mit Windows 2000 zum Beispiel hat jedoch gezeigt, dass anfangs für viele ergänzende Hardware- und auch viele Softwareprodukte keine notwendigen Treiber existierten.

Hier steht der Anforderungsmanager vor einem Problem, sofern kurz vor Projektende Microsoft ein neues Betriebssystem auf den Markt bringt und die Software darauf portiert werden muss. In diesem Fall muss er in einem ersten Schritt die Verfügbarkeit aller unterstützenden Technologien überprüfen.

2.2.1.4
Nicht mehr existierende Hersteller

Technologiewandel bedeutet auch, dass Softwarehersteller, die sich dem gegenüber verweigern, nicht mehr lange auf dem Markt präsent sein werden. Damit hat der Anforderungsmanager schon ein größeres Problem, schließlich muss er vor Projektbeginn gemeinsam mit dem Auftraggeber gewisse Technologien definieren, die für die Gesamtlaufzeit des Projektes Gültigkeit haben.

So ist zum Beispiel die einzusetzende Technologie für das Konfigurations- und Versionsmanagement von entscheidender Bedeutung – ein entsprechendes Werkzeug muss ebenfalls zum Einsatz kommen. Doch was passiert, wenn plötzlich der Hersteller aufgekauft wird?

Wurde erst einmal ein Konfigurationsmanagementwerkzeug eingeführt und die internen Versionierungsprozesse auf dieses Tool abgestimmt, so kommt ein erzwungener Wechsel der Umgebung sehr teuer. Die Lizenzkosten sind dabei zu vernachlässigen; erheblich teurer sind die internen Umstellungskosten.

Hier lohnt es sich, wenn man auf ein Unternehmen wie Rational Software gesetzt hat, das einerseits uneingeschränkter Marktführer im Bereich Konfigurationsmanagement ist und andererseits hinsichtlich der Marktkapitalisierung des Unternehmens als Übernahmekandidat derzeit kaum in Frage kommen dürfte.

2.2.1.5
Neues Release der Entwicklungsumgebung

Der Einsatz einer Softwareentwicklungsumgebung ist in jedem professionellen Softwareprojekt Pflicht. Die meisten Hersteller kommen pro Jahr mit 2 neuen Major Releases und zahlreichen Minor Releases auf den Markt.

Diese neuen Releases enthalten viele sinnvolle Erweiterungen. Dinge, die zuvor manuell und zeitaufwendig durchgeführt werden mussten, können mit dem neuen Release automatisiert werden. Hier kann der Anforderungsmanager wertvolle Projektzeit einsparen, die dann für die Umsetzung von Anforderungen zur Verfügung steht.

Auf der anderen Seite kann es jedoch auch passieren, dass ein neues Release ein bisher unterstütztes Feature nicht mehr unterstützt – im Worst Case sogar die bisher vom Auftragnehmer verwendete Programmiersprache. Dann steht der Anforderungsmanager vor einem echten Problem, denn er muss nun das Projekt mit der alten Version beenden und die zuvor erhofften Einsparungen lösen sich in Luft auf.

2.2.1.6
Fazit

Nicht alle technologischen Neuerungen beinhalten Nachteile, häufig kann das Projektteam sogar einen echten Nutzen daraus ziehen. Wurde bei der Auswahl der Technologie und der die Technologie unterstützenden Werkzeuge sorgfältig vorgegangen und auf das richtige Pferd gesetzt, lassen sich böse Überraschungen vermeiden.

2.2.2
Änderungen beim Auftraggeber

2.2.2.1
Einführung in die Thematik

Gerade langläufige Softwareprojekte unterliegen der Gefahr, dass sich Änderungswünsche durch

- personelle,

- technologische oder

- organisatorische Änderungen

beim Auftraggeber ergeben. Im Folgenden sollen diese einzelnen Änderungen und ihre Auswirkungen auf das Anforderungs- und Änderungsmanagement besprochen werden. Dabei wird ebenfalls auf die vom Anforderungsmanager einzuschlagende Strategie eingegangen.

2.2.2.2
Der Hauptansprechpartner beim Kunden ändert sich

Jedes Projekt hat auch auf Auftraggeberseite einen Projektleiter, der für den Auftragnehmer der Hauptansprechpartner ist. Ändert sich dieser, hat das unmittelbare Auswirkungen auf das Projekt.

So wird der neue Projektleiter automatisch versuchen, dem übernommenen Projekt eine eigene Handschrift zu geben – dies liegt in der Natur des Menschen.

Eigene Handschrift

Problematisch wird es, wenn der Nachfolger des Projektleiters als völlig neue Person in das Projekt eintritt und er noch keinen Überblick über die Zusammenhänge des Projektes hat. Hier ist zumindest mit einem gewissen Zeitverlust zu rechnen, bis der neue Projektleiter auf dem Wissensstand des bisherigen ist.

Dementsprechend geringer sind die Auswirkungen, wenn der neue Projektleiter bereits von Anfang an im Projekt integriert war und jetzt lediglich eine neue Rolle wahrnimmt.

Ein weiteres Problem kann bei dem Wechsel eines Hauptansprechpartners eintreten: Oft bildet sich zwischen den beiden Hauptansprechpartnern so etwas wie ein Vertrauensverhältnis, was ja an sich auch positiv zu bewerten ist. Schwieriger wird es dann, wenn Projektabsprachen immer häufiger nur noch mündlich vereinbart werden, anstatt sie schriftlich zu fixieren. Wechselt einer der beiden sein Aufgabenfeld, so sind zuvor mündlich getroffene Absprachen wirkungslos.

Um eine solche Situation zu vermeiden, ist es zumindest auf Auftragnehmerseite ratsam, auch wenn man ein noch so gutes Verhältnis zu seinem Ansprechpartner hat, alles schriftlich festzuhalten. Der berühmte LKW, der den anderen Hauptansprechpartner überfährt, muss nicht immer nur eine Fabel sein!

Alles schriftlich fixieren

In Abschnitt 2.5.2 wird detailliert darauf eingegangen, wie ein Anforderungsmanager vorzugehen hat, wenn sich beim Auftraggeber Personalwechsel innerhalb des dort zuständigen Projektteams abzeichnet, was als eine Art Indikator für sich abzeichnende Änderungen anzusehen ist.

2.2.2.3
Technologische Änderungen

Der oben zitierte technologische Wandel macht auch beim Kunden nicht Halt; auch dieser investiert kontinuierlich in neue Technologien und entsprechende Werkzeuge. Dies hat zur Folge, dass häufig Technologien, die zu Projektbeginn noch Standard beim Auftraggeber waren, durch neue Technologien abgelöst werden, die nicht kompatibel zu den bisherigen Technologien sind.

Ein Beispiel wäre der Wechsel des Betriebssystems von Windows NT auf Linux, der in letzter Zeit immer öfter vorgenommen wurde. Ein solcher Wechsel hat natürlich erhebliche Auswirkungen auf laufende Softwareprojekte.

Für den Anforderungsmanager liegt hier eine sehr schwierige Situation vor. Je nach Projektfortschritt kann das bedeuten, dass viele Artefakte neu erstellt bzw. überarbeitet werden müssen. Diese Überarbeitung kann und darf nicht zu Lasten des Auftragnehmers geschehen. Die entsprechende Überzeugungsarbeit muss vom Projektleiter und Anforderungsmanager gemeinsam übernommen werden.

Auch die Änderung von Entwicklungswerkzeugen beim Auftraggeber kann erhebliche Auswirkungen haben, sofern er den Auftragnehmer dazu verpflichtet hat, dieselben Werkzeuge zum Einsatz zu bringen.

Hier ist die Situation nur dadurch zu umgehen, dass der Kunde dem Auftragnehmer die entsprechenden Lizenzen zur Verfügung stellt. Bei der Finanzierung ist ein Kompromiss denkbar, sofern der Auftragnehmer ebenfalls einen wirklichen Nutzen aus der Verwendung der neuen Werkzeuge ziehen kann.

2.2.2.4
Strukturelle Änderungen

Strukturelle Änderungen beim Kunden sind für laufende Projekte die größte Gefahr; nicht selten führen umfangreiche Strukturänderungen zum Einfrieren laufender Projekte. Dies kann sogar bis zur kompletten Aufgabe des Projektes führen, wenn das Projekt zum Beispiel mit der Umsetzung der bisherigen Geschäftsabläufe zu tun hatte.

Wie sich der Anforderungsmanager bezüglich ändernder Geschäftsprozesse verhalten soll, wird ausführlich in Abschnitt 2.3 behandelt.

2.2.3
Abhängigkeit von Zulieferern

Größere Softwareprojekte werden nur noch selten von einem einzelnen Auftragnehmer abgewickelt; oft wird hier ein Konsortium gebildet, das Hand in Hand arbeiten soll. Die Betonung liegt hierbei auf *soll*, denn die Realität sieht leider oft anders aus. Die folgenden Situationen können eintreten und somit den Projekterfolg gefährden:

- Der Unterauftragnehmer muss Konkurs anmelden: Hierbei handelt es sich sicherlich um den so genannten *Worst Case*, der in einem Unterauftragnehmerverhältnis stattfinden kann. In diesem Fall treten die folgenden Verpflichtungen für den Auftragnehmer ein:

  - Alle Anforderungen, die durch den Unterauftragnehmer abgedeckt werden sollten, müssen nun vom Auftragnehmer erfüllt werden.[23]

  - War der Unterauftragnehmer für ein Spezialgebiet zuständig, das der Auftragnehmer nicht erfüllen konnte und kann, so steht dieser jetzt vor einer Situation, wo sofortiges Handeln vom Kunden gefordert wird. Es existieren zwei Möglichkeiten:

    - Der Auftragnehmer findet einen anderen Unterauftragnehmer, der in der Lage ist, mit demselben Spezialwissen die entstandene Lücke wieder zu schließen.

    - Der Auftragnehmer eignet sich dieses Spezialwissen eigenständig an und deckt damit den Kundenbedarf ab.

    Unabhängig davon, welche Lösung gewählt wird, es bedeutet in jedem Fall einen erheblichen Mehraufwand. Um diesen auszugleichen, gibt es für den Anforderungsmanager nur eine Möglichkeit: Bei künftigen Anforderungen von Kundenseite muss immer wieder betont werden, inwieweit das Unternehmen durch den Ausfall des Unterauftragnehmers bereits vorinvestiert hat und nun keine weiteren Zugeständnisse mehr möglich sind.

---

[23] Dies hängt natürlich von der Vertragslage ab. Hier wird davon ausgegangen, dass der Auftragnehmer mit dem Kunden einen Vertrag über das gesamte Leistungsspektrum des Projektes abgeschlossen hat und wiederum eigene Verträge mit dem/den Unterauftragnehmer(n) geschlossen hat.

- Der Unterauftragnehmer versucht, mehr und mehr selbst die Kontrolle über das Projekt zu erlangen. Hier liegt eine klassische Situation des Ausbootens vor. Für den Anforderungsmanager bleibt hier nur ein Weg, zusammen mit dem Projektleiter die sofortige Trennung von diesem Unterauftragnehmer zu beschließen und auch durchzuführen. Da hier ein offensichtlicher Vertrauensbruch vorliegt, sollte dies nicht so schwer sein.

- Der Unterauftragnehmer entpuppt sich als nicht geeignet, um die in seinem Bereich liegenden Aufgaben wahrzunehmen. Da die Hauptverantwortung beim Auftragnehmer liegt, muss dieser nun sofort handeln. Hier bleibt eigentlich nur derselbe Weg übrig, wie zuvor beschrieben.

Unabhängig davon, welche Ursache vorliegt, die Trennung von einem Unterauftragnehmer wird immer schwieriger, je weiter das Projekt fortgeschritten ist. Dies betrifft sowohl die Suche nach einem Ersatz, der bereit ist, in das laufende Projekt einzusteigen, als auch die eigene Einarbeitung in die bisherigen Projektergebnisse.

2.2.4
Gesetzliche Änderungen während der Projektlaufzeit

Es gibt auch Anforderungen bzw. Änderungswünsche, die ein Projekt von „außen" treffen – so zum Beispiel Änderungen in der Gesetzeslage. Davon hauptsächlich betroffen sind natürlich Internetapplikationen, in denen ein Zahlungsverkehr stattfindet.

Hier ist es nicht der Auftraggeber, der einen Änderungswunsch einreicht, hier wird der Anforderungsmanager sozusagen vom Gesetz gezwungen, Änderungen aufzunehmen und umzusetzen.

Wie bereits in Kapitel 1 erwähnt, ist es hier sehr schwer festzulegen, wer die Kosten dafür übernimmt, da schließlich weder der Auftraggeber noch der Auftragnehmer für diesen Änderungswunsch verantwortlich gemacht werden können. Im Idealfall einigt man sich auf eine beiderseitige Kostenübernahme – sprich 50:50.

2.3
Geschäftsprozessaspekte

Im vorherigen Abschnitt wurde bereits erwähnt, dass strukturelle Änderungen beim Auftraggeber sogar bis zum Projektabbruch führen können. Daher ist es von Bedeutung, die Situation beim

Auftraggeber genauer zu untersuchen, bevor mit dem Projekt begonnen wird.

So hat im Zeitalter des Internets ein Softwareprojekt fast immer einen unmittelbaren Zusammenhang mit einem bzw. mehreren Geschäftsprozessen des Unternehmens. Es macht also absolut Sinn, diesen Geschäftsprozess genauer zu hinterfragen. Das bedeutet in diesem Kontext, die folgenden Untersuchungen anzustellen:

- Wie gut funktioniert der Geschäftsprozess zum jetzigen Zeitpunkt?

- Handelt es sich um einen typischen bzw. klassischen Geschäftsprozess, für dessen Umsetzung es vielleicht schon eine Standardsoftware gibt?

- Ist zum jetzigen Zeitpunkt schon abzusehen, dass dieser Geschäftsprozess bzw. die spätere Umsetzung des Geschäftsprozesses überflüssig wird, weil der Prozess an sich überflüssig wird?

Auf diese Fragen soll in den nächsten Abschnitten eingegangen werden. Sie haben allesamt entscheidenden Einfluss auf den Erfolg des Projektes, da hier ein gewaltiges Potenzial für Änderungswünsche liegt.

2.3.1
Funktioniert der Geschäftsprozess?

Diese Fragestellung betrifft den Geschäftsprozess aus zwei unterschiedlichen Sichten. Zum einen muss betrachtet werden, ob der Geschäftsprozess zur jetzigen Zeit funktioniert, zum anderen muss auch der Blick in die Zukunft vorgenommen werden.

Funktioniert zum Beispiel der Geschäftsprozess zur jetzigen Zeit nicht, so ist Vorsicht geboten und es müssen die Gründe dafür untersucht werden. Dies gehört zu den Aufgaben des Anforderungsmanagers, da seine Anforderungsanalyse immer auch den Ist-Zustand betrachten muss.

So stellt sich natürlich auch die Frage, ob vielleicht der Geschäftsprozess nur deshalb in Form eines Softwareprogramms umgesetzt werden soll, weil er zuvor nicht funktioniert hat? In diesem Fall ist nicht davon auszugehen, dass er, nur weil er digitalisiert wurde, jetzt plötzlich funktionieren wird.

Beim Blick in die Zukunft ist es von Bedeutung, ob zum Beispiel vom Projekt betroffene Geschäftsprozesse oder solche, die mit diesen in unmittelbarem Zusammenhang stehen, in Kürze geändert werden sollen.

Zusammenfassend lässt sich festhalten, dass höchste Vorsicht geboten ist, wenn bereits zu Projektbeginn vom Anforderungsmanager festgestellt wird, dass im Umfeld des Geschäftsprozesses Probleme bestehen – es liegt dann im Bereich des Möglichen, dass das Projekt aus internen Gründen scheitert, die an sich nichts mit der Qualität der abgelieferten Software bzw. der technischen Umsetzung der Anforderungen zu tun haben.

Somit muss der Projektleiter in Zusammenarbeit mit dem Anforderungsmanager nicht nur den Geschäftsprozess an sich, sondern auch dessen Umfeld genau untersuchen.

2.3.2
Existiert für den umzusetzenden Geschäftsprozess eine Standardlösung?

Eigentlich ist es Aufgabe des Auftraggebers, festzustellen, ob es für einen umzusetzenden Geschäftsprozess bereits eine Standardlösung auf dem Markt gibt. Ist dies jedoch nicht geschehen und wird dem Auftragnehmer dies bewusst, so sollte er auf alle Fälle den Auftraggeber darauf hinweisen. Auch auf die Gefahr hin, das Projekt dann zu verlieren.

Für Folgeprojekte und entsprechende Anpassungen der Standardlösung hat der Auftragnehmer dann mehr „als einen Stein im Brett" beim Auftraggeber. Gerade in einer Zeit, wo Lieferanten bzw. Auftragnehmer mehr und mehr zu Partnern der Auftraggeber werden, ist eine derartige Vorgehensweise zukunftsorientiert und durchaus als vertrauensbildende Maßnahme zu bezeichnen.

Die noch vor wenigen Jahren gültige Vertriebsmaxime: „Take the money and go" ist kurzsichtig und langfristig noch nie von Erfolg gekrönt worden.

2.3.3
Chancen erkennen – ist der Geschäftsprozess für die Zukunft geeignet?

In Kapitel 2.5.1.1 wird explizit auf die Rolle von Unternehmensberatungen eingegangen – so viel schon einmal vorweg: Für Softwareunternehmen, die sich als Partner eines Auftraggebers sehen, gehört es zu den Pflichten, nicht nur die Software zu entwickeln oder irgendwelche Softwareprodukte auszuliefern, sondern dem Kunden auch beratend zur Seite zu stehen.

Dazu gehört insbesondere die kritische Betrachtung des umzusetzenden Geschäftsprozesses. Dies ist besonders dann ratsam, wenn eine der zuvor betrachteten Situationen erkannt worden ist, wie beispielsweise, dass der Geschäftsprozess bereits jetzt schon Probleme bereitet oder andere Geschäftsprozesse im Umfeld des umzusetzenden Geschäftsprozesses verändert werden sollen.

Heutzutage werden viele Geschäftsprozesse unter dem Aspekt des Knowledge Managements verändert bzw. angepasst. Dabei wird häufig übersehen, welche Tragweite eine Geschäftsprozessänderung haben kann. Dies soll anhand eines Beispiels näher spezifiziert werden:

Angenommen, ein potenzieller Kunde möchte seine Auftragsverwaltung neu gestalten. Sie als Anforderungsmanager empfehlen ihm, hier Knowledge-Management-Aspekte zu integrieren.

Knowledge Managementaspekte

Dabei wird zunächst von einem vereinfachten, in Abbildung 12 dargestellten Geschäftsprozess ausgegangen: Ein Sachbearbeiter erfasst einen Auftrag. Als Hilfsmittel benutzt er einen Arbeitsplatzrechner, die wesentlichen Auftragsdaten werden in einer Datenbank gespeichert.

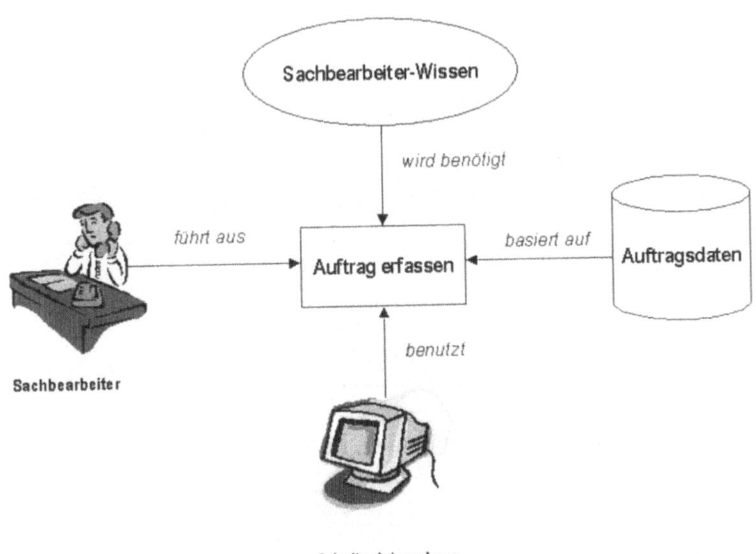

Abbildung 12: Geschäftsprozess der Auftragserfassung

Um diesen Auftrag korrekt zu erfassen, benötigt der Sachbearbeiter ein bestimmtes Wissen, das hier als „Sachbearbeiter-Wissen" bezeichnet werden soll. Bei dem Geschäftsprozessmodell wird keine konkrete Zuordnung einer Person für diese Aktivität vorgenommen, sondern nur der Worker „Sachbearbeiter" aufgeführt.

Die Ausprägung des Workers Sachbearbeiter wird dann in Form eines personalisierten Organigramms vorgenommen, das in Abbildung 13 dargestellt ist.

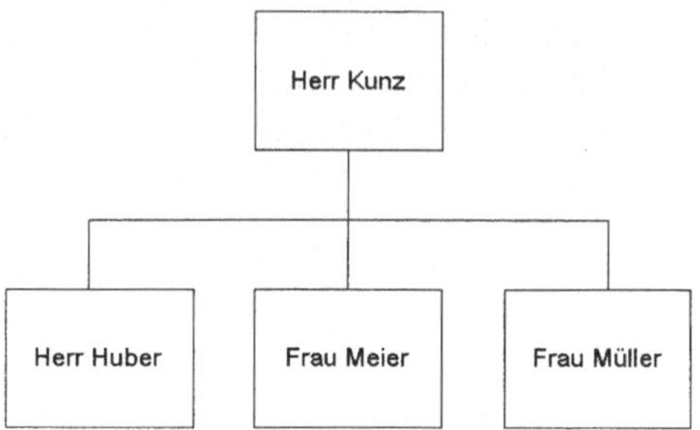

Abbildung 13: Personalisiertes Organigramm

Es stellt sich nun die Frage, welches Wissen ist generell notwendig, um einen Auftrag zu erfassen. Dieses Wissen wird in Form eines Wissensstrukturdiagramms festgehalten, dargestellt in Abbildung 14:

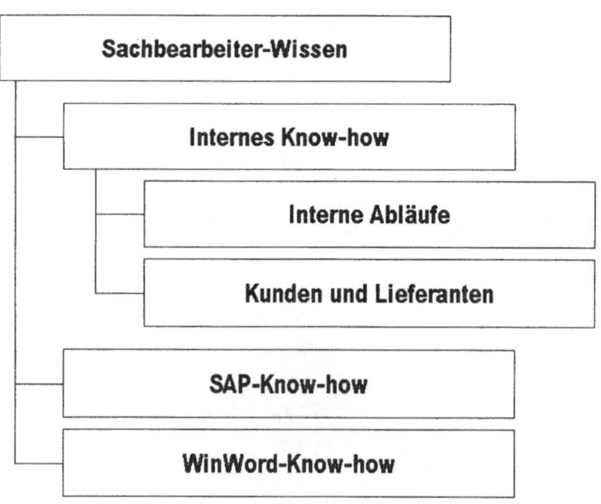

Abbildung 14: Wissensstrukturdiagramm für einen Sachbearbeiter

Es wird ersichtlich, dass der Sachbearbeiter Know-how bezüglich der internen Abläufe innerhalb seines Unternehmens benötigt. Ferner muss er einen Überblick über die Kunden und Lieferanten haben. Diese beiden Wissenstypen werden unter dem Oberbegriff „internes Know how" zusammengefasst.

Zur Eingabe in die Datenbank benötigt er Kenntnisse bezüglich SAP, und Erfahrungen mit WinWord runden das Portfolio des Sachbearbeiters ab.

Das oben erwähnte Organigramm ist nun die Grundlage für eine Wissensmatrix, die in Form einer Excel-Tabelle geführt werden kann (siehe Tabelle 3). Hier werden die Anforderungen, die an die einzelnen Sachbearbeiter gestellt werden, festgehalten. Ferner wird notiert, welcher Mitarbeiter welche Anforderung erfüllt.

	SAP-Know-how	WinWord-Know-how	Interne Abläufe	Kunden & Lieferanten
Frau Müller	Ja	Ja	Ja	Nein
Frau Meier	Ja	Ja	Ja	Ja
Herr Huber	Nein	Ja	Nein	Nein

Tabelle 3: Wissensmatrix für die Sachbearbeitung

Die für dieses Beispiel relevante Matrix zeigt sofort, dass der Verlust von Herrn Huber sicherlich für das Unternehmen zu verschmerzen wäre, hingegen würde ein Ausscheiden von Frau Meier sofortigen Handlungsbedarf erfordern.

Im Idealfall sind die nur stichwortartig aufgeführten Wissensgebiete mit Textbausteinen hinterlegt, die diese näher spezifizieren. So könnte zum Beispiel eine Stellenausschreibung unmittelbar auf Basis dieser Textbausteine generiert werden.

Ferner wäre es auch denkbar, die digitalisierte Personalakte des jeweiligen Mitarbeiters mit dieser Matrix zu verknüpfen. Generell sind hier dem Spieltrieb des Knowledge Managers bzw. des Anforderungsmanagers keinerlei Grenzen gesetzt. Er muss jedoch abwägen, ab wann notwendige und nützliche Informationen zu Nice-to-have-Informationen werden. Abbildung 15 zeigt die Schnittstellen der erstellten Modelle.

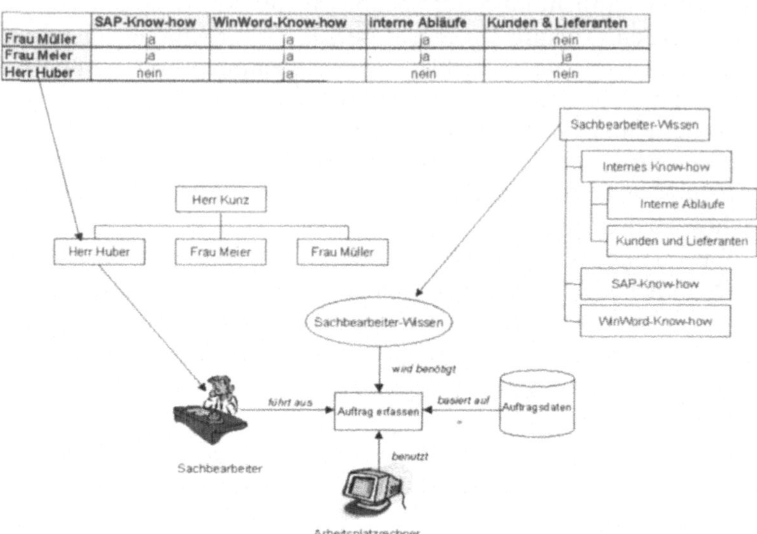

Abbildung 15: Zusammenführung der einzelnen Diagramme

Auf diese Weise kann der Anforderungsmanager seinem Kunden gewährleisten, dass die am Anfang dieses Abschnittes erwähnte Auftragsabwicklung so umgesetzt wird, dass dabei gleichzeitig der Geschäftsprozess selbst verbessert wird.

Für den Auftragnehmer hat eine solche Vorgehensweise ebenfalls eine Reihe von Vorteilen:

Eine Reihe von Vorteilen

- Der Kunde fühlt sich gut beraten, was sich positiv auf das Projektklima auswirkt.

- Der vom Anforderungsmanager umgestellte Geschäftsprozess ist nun zukunftssicher und die Gefahr von Änderungsanträgen ist damit wesentlich geringer geworden.

- Eventuell kann durch die Umstellung des Geschäftsprozesses ein direkter Neuauftrag gewonnen werden.

- Die Gefahr, dass sich eine externe Unternehmensberatung in das Projekt einmischt, ist verringert worden.

2.4
Der Dominoeffekt

Wer schon einmal in einem Softwareprojekt gearbeitet hat – unabhängig davon, in welcher Rolle –, wird bereits die leidvolle Erfahrung gemacht haben, dass ein ursprünglich harmlos anmutender Änderungswunsch plötzlich einen enormen Arbeitsaufwand nach sich gezogen hat.

Während das beim Softwareentwicklungsteam in erster Linie für Ärger bezüglich des Mehraufwandes sorgt, bekommt der Anforderungsmanager hier schon den ersten kalten Schweißausbruch – schließlich steht sein Job auf dem Spiel!

Typisch sind Datenbankanwendungen, in denen nach dem Design der Datenbank und während der Erstellung der Benutzermasken einem Kunden plötzlich Anforderungen einfallen. Es ist dann nur noch eine Frage der Zeit, wann das Datenbankdesign geändert werden muss.

Spätestens jetzt muss der Anforderungsmanager dem Kunden begreiflich machen, dass hier nicht nur ein Mehraufwand vorliegt, sondern die Gefahr besteht, dass durch den Änderungswunsch die gesamte Architektur der Software instabil werden könnte. Bei Zweifeln ist immer der Architekt hinzuzuziehen.

Doch woran liegt es, dass eine Änderung solche umfangreichen Auswirkungen auf andere Funktionalitäten bzw. Anforderungen haben kann? In erster Linie ist die Begründung darin zu sehen, dass Änderungswünsche immer aus einem sehr begrenzten Blickwinkel vorgenommen werden, bei dem das gesamte System oft aus den Augen verloren wird. Ferner liegt beim Antragsteller oft nur unzureichendes Fachwissen hinsichtlich der Softwareentwicklung vor, so dass er gar nicht überblicken kann, welche Auswirkungen sein Änderungsantrag hat.

Ein gutes Beispiel: Ein Bauträger soll ein Einfamilienhaus erstellen. Die Anforderungen an dieses Haus werden vom Bauherrn in Zusammenarbeit mit einem Architekten erstellt. Kurz vor der Übergabe des Hauses kommt der Bauherr mit einer neuen Anforderung: Er möchte gerne eine Tiefgarage unter seinem Haus haben! Was glauben Sie, wie der Bauträger reagieren wird?

So unsinnig und abwegig dieses Beispiel aus der Baubranche auch klingen mag, in der Softwarebranche sind derartige Anforderungen durchaus an der Tagesordnung. Hinzu kommt, dass dem, der die Anforderung stellt, gar nicht bewusst ist, wie abwegig und unrealisierbar seine Anforderungen zum Teil sind.

Im obigen Beispiel ist es für den Bauträger relativ einfach, dem Bauherrn zu erklären, dass es für diese Anforderung bereits viel zu spät ist; dass er sie zu einem Zeitpunkt x hätte definieren müssen, wo die Fundamentarbeiten noch nicht begonnen hatten.

In der Softwarebranche ist es wesentlich schwieriger, solche Erklärungen plausibel zu machen, weil der Kunde oder Endbenutzer meist keinen Einblick in die Architektur der Software hat – bei einem Hausbau hingegen steht der Bauherr quasi direkt der Architektur gegenüber.

2.5
Erste Anzeichen

Früherkennung ist in vielen Lebenslagen von Bedeutung, um spätere Probleme zu vermeiden – sei es in der Medizin, im politischen Umfeld oder auch in der Softwarebranche. So gibt es für erfahrene Projektleiter und Anforderungsmanager auch in Softwareprojekten Anzeichen, die eine Änderung erwarten lassen.

Je früher diese Anzeichen erkannt und thematisiert werden, umso geringer sind die negativen Auswirkungen eines Änderungswunsches. Zu den typischen Anzeichen zählen:

- Das plötzliche Auftauchen externer Beratungsfirmen innerhalb des Projektes

- Neue Mitarbeiter auf Auftraggeberseite

- Neue Technologien, die beim Auftraggeber zum Einsatz kommen

- Verschlechterung des Projektklimas

In den folgenden Abschnitten sollen diese einzelnen Anzeichen besprochen werden. Dabei wird aufgezeigt, wie der Anforderungsmanager entgegenwirken kann.

2.5.1
Externe Beratüngsfirmen

Die Anforderungsdefinition im Vorfeld eines Softwareprojektes wird meist in Zusammenarbeit zwischen Auftraggeber und Auftragnehmer vorgenommen. Häufig jedoch kommt es vor, dass während der Projektlaufzeit ein Auftraggeber ein externes Beratungsunternehmen zu Rate zieht, um gewisse Problemstellungen zu lösen. Dabei muss es sich nicht um das Softwareprojekt handeln!

Die Erfahrung hat jedoch gezeigt, dass irgendwann auch hier die Unternehmensberatung eingreifen wird. Und dann ist es nur noch eine Frage der Zeit, bis die ersten Änderungswünsche auftauchen. Warum dem so ist, soll im Folgenden Exkurs beschrieben werden.

2.5.1.1
Exkurs: Wesen und Unwesen von Unternehmensberatungen

Unternehmensberatungen kommen immer mehr als externe und unabhängige Hilfestellung zum Einsatz. Ihre Aufgabe ist es, kompetent und schnell vorhandene Probleme zu erkennen und zu lösen. So weit so gut – doch haben viele Unternehmensberatungen ein anderes Geschäftsziel: langfristige Aufträge und daraus resultierende Folgeaufträge.

Externe und unabhängige Hilfestellung

Aus diesem offensichtlichen Interessenskonflikt entstehen dann meist groteske Situationen: Zunächst wird ordentlich Schaden angerichtet, um in zahlreichen Folgeaufträgen diesen dann wieder zu beheben. Schließlich widerspricht es dem Geschäftsziel vieler Unternehmensberatungen, schnell und kompetent ein Problem zu lösen – man wäre ja dann den Kunden wieder los, da er kein Problem mehr hat.

Was liegt da näher, als aus einem kleinen Problem erst einmal ein großes zu machen und sich dann langfristig in dem Unternehmen einzunisten?

Eine fortgesetzte Stufe ist dann die Besetzung von Schlüsselpositionen innerhalb des Unternehmens, um sich letztendlich selbst die Folgeaufträge zu besorgen. Natürlich arbeiten nicht alle Unternehmensberatungen nach diesem Muster – es sind jedoch mehr, als man denkt, und so manche „renommierte" Unternehmensberatung gehört auch zu diesem erlauchten Kreise.

Besetzung von Schlüsselpositionen

Aus diesem Grund ist es durchaus möglich, dass sich im obigen Beispiel die Unternehmensberatung ziemlich schnell dem Softwareprojekt anzunehmen versucht. Schließlich liegt hier ein potenzieller neuer Auftrag vor.

Sowohl als Anforderungsmanager als auch als Projektmanager ist es daher ratsam, jeglicher Einmischung seitens so genannter Unternehmensberatungen vorzubeugen. Dazu gehört sicherlich ein erhebliches Maß an Standvermögen, sowohl gegenüber der Unternehmensberatung als auch gegenüber dem Kunden, doch letztendlich wird auf diese Weise ein hohes Risiko für das Projekt eliminiert.

Jeglicher Einmischung seitens so genannter Unternehmensberatungen ist vorzubeugen

2.5.1.2
Alternative zu externen Unternehmensberatungen

Es gibt gewisse Grundregeln, die beim Umgang mit externen Unternehmensberatungen zu beachten sind. Diese sollen im Folgenden besprochen werden und als Anleitung für Anforderungsmanager und Projektmanager dienen:

- *Fachwissen prüfen*: Die sicherste Methode, eine externe Unternehmensberatung beim Kunden in Zweifel zu stellen, ist der Nachweis, dass es dem Berater an dem notwendigen Fachwissen mangelt. Dadurch wird gleichzeitig zum Ausdruck gebracht, dass er sich kein Urteil über das Projekt erlauben darf. Der Nachweis dafür ist meist gar nicht so schwierig, da – nachdem einmal der Auftrag erteilt wurde – Unternehmensberatungen dazu neigen, das ursprüngliche Beratungsteam in einigen Positionen durch Berufsanfänger zu bestücken und die erfahrenen und guten Berater in anderen Projekten zum Einsatz zu bringen.

- *Zusammenarbeit suchen*: Entpuppt sich der oder die Berater als wertvolle Hilfe, so sollte die Zusammenarbeit gesucht werden; schließlich kann niemand von sich behaupten, nicht dazu lernen zu können. Dabei sollte jedoch klar herausgestellt werden, wer in dem Projekt das Sagen hat – auf keinen Fall der Berater!

- *Eigene Beratung*: Häufig stellt sich bei der Überprüfung der Berater heraus, dass diese eigentlich weniger Wissen und damit auch Nutzen einbringen, als man das selbst könnte. Schließlich hat man sich – je nach Projektfortschritt – schon seit geraumer Zeit mit den Problemen und möglichen Problemlösungen des Kunden beschäftigt. Da ist es nur eine logische Konsequenz, wenn hier dem Kunden eine zusätzliche Unterstützung angeboten wird.

- *Den Nimbus der großen Namen abbauen*: Viele Kunden haben immer noch Erfurcht vor wohlklingenden Namen von Unternehmensberatungen. Hier gehört es zu den Aufgaben des Anforderungsmanagers klarzustellen, dass diese auch nur mit Wasser kochen – in der Regel sogar gerne mit unerfahrenen Hochschulabgängern oder Quereinsteigern arbeiten.

- *Neue Unternehmen einführen*: Immer häufiger kommen neue, professionelle Unternehmensberatungen auf den Markt, die den herkömmlichen (so genannten etablierten) Firmen zunehmend Konkurrenz machen. Nicht nur, dass es sich dabei zunehmend um Beratungsgesellschaften handelt, die wesentlich qualifizierteres Personal beschäftigen, als das die etablierten Unternehmen beherzigen, auch der Unternehmensgeist der New Economy lässt hier deutliche Spuren zurück. Warum also nicht dem Kunden hier einen sinnvollen, für ihn lukrativen Wechsel aufzeigen?

Es gibt also eine Vielzahl von Möglichkeiten, wie man sich gegen den Eingriff von Unternehmensberatungen schützen kann, sei es präventiv im Vorfeld oder auch wenn diese sich bereits im Projekt eingenistet haben. Letztendlich soll aber auch der Weg der Zusammenarbeit gesucht werden, wenn festgestellt wird, dass ein echter Mehrwert entsteht.

2.5.2
Neue Projektmitarbeiter beim Auftraggeber

Ein weiteres Frühwarnzeichen ist es, wenn innerhalb kürzerer Zeit viele neue Projektmitarbeiter auf Auftraggeberseite eingestellt werden. Hier besteht die Gefahr, dass sich diese zukünftig in das Projekt mit Änderungswünschen einbringen werden. Dafür gibt es zwei Gründe:

- *Unwissenheit*: Da es sich um neue Projektmitarbeiter handelt, die frisch in das Projekt involviert werden, können sie nicht von Anfang an den Gesamtzusammenhang des Projektes erkennen. Auch wenn es aus ihrer Sicht sinnvoll ist, den einen oder anderen Änderungswunsch zu formulieren, in der Gesamtsicht ist er weniger sinnvoll.

- *Profilierungssucht*: Als neue Mitarbeiter wollen sie direkt auf sich aufmerksam machen und kommen mit den unglaublichsten Änderungswünschen. Gerade bei Berufsanfängern, die noch die „wilden Universitätszeiten" frisch in Erinnerung haben, ist ein solches Verhalten häufig festzustellen.

Zwei Gründe

Nur in den seltensten Fällen handelt es sich dabei wirklich um einen berechtigten Änderungswunsch, meist liegt eine der oben aufgeführten Varianten zu Grunde. Wie Sie als Anforderungsmanager darauf eingehen sollten, wird im Folgenden beschrieben.

2.5.2.1
Behandlung von Anforderungen aus Unwissenheit

Anforderungen, die aus Unwissenheit gestellt werden, sind für den Anforderungsmanager schwer zu handhaben. In erster Linie obliegt ihm die Aufgabe, zu unterscheiden, wie sich diese „Unwissenheit" ansiedelt. Die folgenden beiden Modelle sind dabei denkbar:

- Der Anforderungssteller gehört zu den so genannten „ewigen Verbesserern". Eine schwierige Situation, da solche Menschen auch noch davon überzeugt sind, dass sie Recht haben. Hier hilft oft das folgende Beispiel: Vor vier Jahren gab es den neuen Pentium III, doch einige wenige sagten: „Hey, noch zwei Monate, dann ist er billiger". Nach diesen zwei Monaten sagten genau die gleichen: „Ich würde ihn mir ja kaufen, aber demnächst gibt es den gleichen Rechner mit 400 MHz." Wiederum einige Monate später kam die neue Generation von Rechnern auf den Markt, diesmal hatte die Grafikkarte erhebliche Vorteile. Letztendlich hatten sie zwar immer recht, aber:

  - Durch das ständige Abwarten auf das „Neueste" sind sie am Ende gescheitert.

  - Sie sind nie zu einer Kaufentscheidung gelangt und haben damit nichts bewirkt – die Einwürfe waren zwar in gewissem Maße richtig, aber wenig hilfreich. Immer nur „das Beste" zu wollen, heißt im Endeffekt, **gar nichts** zu bekommen, da das Beste sich kontinuierlich weiterentwickelt.

  Mit dieser Argumentation konnte schon so mancher „junger Wilde" auf den Boden der Tatsachen zurückgeholt werden.[24]

- Der Anforderungssteller hat schon einmal ein ähnliches Projekt abgewickelt und versucht, die dabei gewonnenen Erfahrungen auf das jetzige Projekt zu übertragen. Doch jedes Projekt läuft anders – besonders im Bereich der Softwareentwicklung. Hier besteht die Aufgabe des Anforderungsmanagers darin, deutliche Trennlinien zu ziehen. Es bietet sich hier das folgende Kommunikationsverhalten seitens des Anforderungsmanagers an[25]:

---

[24] Nach wie vor gilt die Regel: Wer heute modernste Technologie beauftragt, wird morgen schon veraltete Ware ausgeliefert bekommen.

[25] Sofern der Mitarbeiter einerseits in der Lage ist, Abstraktionen von seinem bisherigen Projekt zu dem neuen Projekt vorzunehmen, und andererseits überhaupt gewillt ist, fachlich zu diskutieren.

– Warum ist Ihr vorheriges Projekt gescheitert?

– Welche Parallelen sehen Sie zu dem jetzigen Projekt?

– Wo glauben Sie, in unserem Projekt Verbesserungen einbringen zu können?

Diese drei Schlüsselfragen sollten eigentlich zwischen dem neuen Mitarbeiter und dem Anforderungsmanager eine Art Zusammengehörigkeitsgefühl herstellen. Besonders die Frage nach den Verbesserungsmöglichkeiten räumt dem neuen Mitarbeiter eine Chance ein, sich aktiv am Fortschritt des Projektes zu beteiligen.

2.5.2.2
Behandlung von Anforderungen aus Profilierungssucht

Anforderungen, die aus Profilierungssucht gestellt werden, sind für einen erfahrenen Anforderungsmanager besonders leicht zu handhaben. Einzige Voraussetzung sind gewisse rhetorische Fähigkeiten, die jedoch jeder professionelle Anforderungsmanager besitzen sollte und die in Kapitel 1 näher beschrieben wurden.

So ist es für den Anforderungsmanager, der den gesamten Projektzusammenhang kennt, ein Leichtes, eine haltlose Änderung, die nur einen Teilbereich des Projektes betrifft, zu entkräften. Die Frage: „Haben Sie das schon mal im Gesamtkonzept berücksichtigt?"[26] hat bisher jeden Profilierungssüchtigen in zwei verschiedene Argumentationsebenen getrieben:

- *Bescheidenes Eingestehen der mangelnden Weitsicht*: Jeder intelligente Projektmitarbeiter macht hier spätestens den Rückzug und gibt zu, eine einseitige Sicht auf diese Anforderung gehabt zu haben. Damit hat der Anforderungsmanager das Problem sofort gelöst.

- *Aggressivhaltung*: Der Mitarbeiter merkt zwar, dass er sich auf relativ dünnem Eis bewegt, doch er tritt die Flucht nach vorne an: Er bezweifelt alles und macht sich damit insbesondere gegenüber seinem eigentlichen Arbeitgeber unglaubwürdig. Für den Anforderungsmanager bedeutet dies, den Mut oder die Selbstüberwindung aufzubringen, diesen Mitarbeiter vor seinem Vorgesetzten zu blamieren – keine einfache Aufgabe,

---

[26] Sofern der Anforderungsmanager über technische Qualifikationen verfügt, bietet sich auch folgende Frage an: „Haben Sie sich mal überlegt, welche Auswirkung Ihre Anforderung auf die Architektur der Software hat?".

aber wirkungsvoll! Letztendlich hängt sein eigener Erfolg davon ab, inwieweit er den anderen „ruhig" stellt.[27]

Unabhängig davon, in welche Haltung sich der Mitarbeiter begibt, sofern der Anforderungsmanager ein gewisses Maß an Professionalität besitzt, wird er immer die Oberhand behalten.

2.5.3
Der Auftraggeber wechselt seine Technologien

Auf die Problematik eines Technologiewechsels wurde bereits in Kapitel 2.1 eingegangen. Solche Technologiewechsel geschehen jedoch nie von heute auf morgen. So zeichnet sich dies schon Wochen, zum Teil sogar Monate vorher ab. Somit sind in erster Linie zwei Worker innerhalb des Softwareentwicklungsprojektes gefordert:

- Der Anforderungsmanager: Bei der Aufnahme der Anforderungen muss er feststellen, ob technologische Änderungen zumindest im Ansatz herauszuhören sind.

- Der Projektmanager: Seine Aufgabe ist es, während der Projektlaufzeit Anzeichen für technologische Änderungen zu erkennen[28].

Einige Anforderungsmanager versuchen, bereits während der Anforderungsaufnahme festzulegen, dass die Technologien sich bis zur Auslieferung nicht ändern dürfen. Eine derartige Vorgehensweise mag zwar für den Auftragnehmer beruhigend sein, doch ist sie wenig sinnvoll. Die folgenden Gründe sprechen dagegen:

- Ein Technologiewechsel wird nur in den seltensten Fällen von der Kontaktperson des Anforderungsmanagers beschlossen, meist werden derartige Entscheidungen auf einer anderen Ebene gefällt.

- Findet wirklich ein Technologiewechsel während der Projektlaufzeit statt, wird es der Anforderungsmanager ohnehin nicht schaffen, den Auftraggeber davon zu überzeugen, dass die Software nur auf der alten und nicht auf der neuen Technologie lauffähig sein wird.

---

[27] In der Tierwelt würde man diese Vorgehensweise als die Macht des Stärkeren bezeichnen.

[28] Dabei ist jedoch die Unterstützung des Anforderungsmanagers erforderlich – ein deutliches Zeichen, wie wichtig die Harmonie zwischen diesen beiden Workern ist!

- Technologiewechsel finden nicht statt, weil es Spaß macht, auf eine andere Technologie zu wechseln, sondern weil sie technologisch sinnvoll sind. Daher kann es durchaus passieren, dass sowohl Auftraggeber als auch Auftragnehmer die Technologie wechseln. In diesem Fall ist dann die zuvor getroffene Vereinbarung ohnehin gegenstandslos.

Wesentlich wichtiger als derartige Präventivmaßnahmen ist es also, den Kunden beratend zur Seite zu stehen, um so einen Einfluss auf den Technologiewechsel zu haben.

2.6
Fazit

Einmal gestellte Anforderungen innerhalb von Softwareentwicklungsprojekten werden sich aus den unterschiedlichsten Gründen ändern. Dies ist keine These, sondern ein Erfahrungswert. Daher hilft es nicht, dies bei der Projektplanung auszuschließen bzw. zu ignorieren.

Für den Anforderungsmanager bedeutet dies, unter Zuhilfenahme von Kommunikationstechniken bereits vorausschauendes Anforderungsmanagement zu betreiben.

Andererseits sind eine Vielzahl von psychologischen Tricks notwendig, um einzelnen Mitarbeitern auf Kundenseite Paroli bieten zu können.

3 Anforderungsmanagement im Rational Unified Process

Gerhard Versteegen

3.1 Einführung

Nachdem in den beiden vorherigen Kapiteln hauptsächlich auf die Theorie des Anforderungsmanagements sowie dessen psychologische und technische Grundlagen eingegangen wurde, soll jetzt speziell die Technik untersucht werden, wie Anforderungsmanagement konkret innerhalb eines Softwareentwicklungsprojektes umgesetzt werden kann.

Es ist immer wieder ein Unterschied, ob man einen einzelnen Teilbereich des Software Engineering herausgreift und von der Theorie her separat beleuchtet – wie in den ersten beiden Kapiteln dieses Buches – oder ob man diesen Bereich unter einer Art Gesamtsicht auf das Projekt betrachtet bzw. unter einer Prozesssicht beleuchtet.

Grundlage für dieses Kapitel ist ein entsprechender Prozess – oder auch Vorgehensmodell genannt: Der Rational Unified Process (RUP)[29]. Natürlich gibt es noch weitere Prozessmodelle, wie zum Beispiel das V-Modell[30]. Da jedoch der RUP zumindest im Bereich der Objektorientierung das Maß aller Dinge ist, soll deshalb hier der Schwerpunkt liegen.

Rational Unified Process

---

[29] Beim Rational Unified Process handelt es sich um einen Use-Case-getriebenen Prozess, der zu 100% auf der Unified Modeling Language aufbaut.

[30] Das V-Modell ist ein auf Deutschland beschränktes Vorgehensmodell und somit für internationale Projekte eher ungeeignet, da es an der landesspezifischen Akzeptanz fehlt.

Im Folgenden soll zunächst auf die Entstehungsgeschichte, die Motivation sowie die wichtigsten Grundlagen dieses Prozesses eingegangen werden.

3.2
Grundlagen des Rational Unified Process

3.2.1
Einführung und historischer Rückblick

Der Rational Unified Process etabliert sich mehr und mehr zum Standard für die Softwareentwicklung objektorientierter Projekte. Das Gleiche war schon vor fünf Jahren mit der UML (Unified Modeling Language) geschehen, auf der der Rational Unified Process basiert. Rational Software ist Gründer sowohl der UML als auch des RUP.

Dabei ist der RUP nicht von heute auf morgen entstanden, wie das zum Beispiel beim V-Modell der Fall war. Hier waren jahrzehntelange Entwicklungen in zum Teil völlig unterschiedlichen Ansätzen Basis für den RUP.[31]

Angefangen hat alles mit Grady Booch, der schon länger bei Rational Software arbeitete. Seine dort entwickelte Modellierungsmethode hieß ebenfalls *Booch*. Diese Methode fiel besonders dadurch auf, dass eine etwas extravagante Form zur Darstellung von Klassen benutzt wurde: Wolken.

Damit hatten dann auch einige Werkzeughersteller zu kämpfen, da die grafischen Darstellungsmöglichkeiten zu dieser Zeit noch nicht so flexibel und ausgeprägt waren, wie sie es heute sind.

Doch nicht die Methode von Grady Booch, sondern die Object Modeling Technique (OMT) begann sich auf dem Markt zu etablieren. Erfinder dieser Methode war der bis dahin weniger bekannte Jim Rumbaugh.

Bereits Anfang der 90er Jahre existierten die ersten Softwareentwicklungsumgebungen (CASE-Tools), die diese Methode unterstützten. Zu erwähnen wäre hier in erster Linie das mittlerweile mehrfach von anderen Wettbewerbern aufgekaufte Produkt „Westmount OMT" vom damals gleichnamigen Hersteller aus den Niederlanden. Kurz darauf zogen weitere Werkzeughersteller nach, diese Methode in ihre Softwareentwicklungsumgebungen zu

---

[31] Siehe auch das folgende Kapitel über die Best Practices.

integrieren. Somit existierte schon einmal eine Akzeptanz seitens
der Werkzeughersteller.

Die Object Modeling Technique etablierte sich zunehmend. Lediglich die Umsetzung der funktionalen Sicht mit Hilfe der strukturierten Analyse (SA) war ein allgemeiner Kritikpunkt, da sie zu
den herkömmlichen (mehr oder weniger erfolglosen) Methoden
des Software Engineerings gehörte.

Jim Rumbaugh begann sich dadurch als Methodenspezialist für
Objektorientierung einen Namen zu machen. Damit wurde er für
Rational Software interessant und wurde kurzerhand inklusive
seines damaligen Unternehmens aufgekauft.

Ungefähr zur selben Zeit machte Ivar Jacobson auf sich aufmerksam. Seine von ihm entwickelte Methode OOSE war zwar
nicht weit verbreitet, doch die darin enthaltenen Use-Cases, mittlerweile unverzichtbarer Bestandteil der Unified Modeling Language (UML) und des Rational Unified Process, waren das ideale
Hilfsmittel zur Beschreibung von Geschäftsprozessen und von
Softwareanforderungen.

OMT wurde von vielen Herstellern um den Use-Case-Ansatz ergänzt. Somit war es dann nur eine Frage der Zeit, bis auch Ivar
Jacobson sich zu Jim Rumbaugh und Grady Booch gesellte.

Die drei Methodenspezialisten wurden ab diesem Zeitpunkt
auch die drei Amigos genannt. Erstes Ergebnis dieser engen Zusammenarbeit war dann die Unified Modeling Language (UML).
Abbildung 16 zeigt die historische Entwicklung der UML, wie sie
über die letzten Jahre stattgefunden hat, und welche externen Ereignisse Einfluss auf die Entwicklung der Unified Modeling Language hatten.

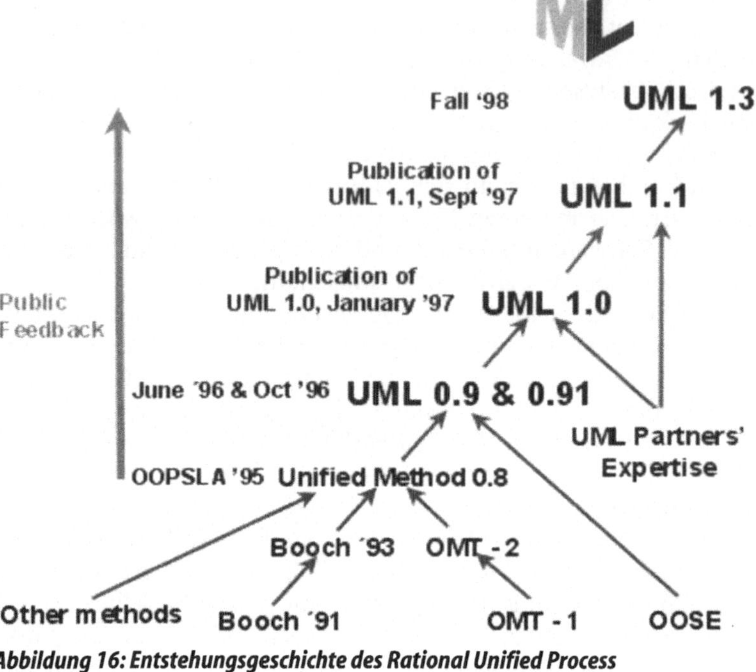

Abbildung 16: Entstehungsgeschichte des Rational Unified Process

3.2.2
Die vier Phasen des RUP

Der Rational Unified Process teilt sich in vier unterschiedliche Phasen auf, die im Folgenden näher beschrieben werden sollen:

Unterschiedliche   ■   Die Konzeptualisierungsphase

Phasen   ■   Die Entwurfsphase

  ■   Die Konstruktionsphase

  ■   Die Übergangsphase

Diese vier Phasen orientieren sich entlang der Zeit. Phasenübergreifend existieren so genannte *Workflows*, die sich nicht an der Zeit, sondern an den Inhalten der jeweiligen Phasen orientieren.

3.2.3
Verschiedene Workflows

Es werden zwei Arten von Workflows unterschieden, zum einen die Core Workflows und zum anderen die Core Supporting Workflows. Der in diesem Buch detailliert betrachtete Projektmanagement-Workflow zählt zu den Core Supporting Workflows.

Die folgenden Workflows zählen weiterhin zu den Core Workflows:

- Geschäftsprozessmodellierung
- Anforderungsmanagement
- Analyse und Design
- Implementierung
- Test
- Verteilung

Zu den Core Supporting Workflows zählen neben dem Projektmanagement-Workflow auch noch der Konfigurations- und Changemanagement Workflow sowie der Umgebungs-Workflow.

Es wird also auch im Rational Unified Process zwischen Anforderungen und Änderungen unterschieden, was durch die jeweils unterschiedlichen Workflows zum Ausdruck gebracht wird. Mehr zu dieser Unterscheidung ist sowohl Kapitel 1 als auch Kapitel 5 zu entnehmen.

Abbildung 17 zeigt den Rational Unified Process, die vier Phasen und die dazugehörigen Workflows.

Aus Abbildung 17 sind auch die unterschiedlichen Aufwendungen ersichtlich, die für die jeweiligen Phasen zu bestimmten Zeitpunkten anfallen. Für das Anforderungsmanagement (Requirements) ist erkennbar, dass hier sofort zu Projektbeginn die höchsten Anforderungen anfallen, diese sich jedoch erst ab der Verteilung auf nahezu Null bewegen.

Hingegen sieht es im Änderungsmanagement (Change Management) umgekehrt aus, hier geht es erst langsam los und steigt dann kontinuierlich bis zur Verteilung.

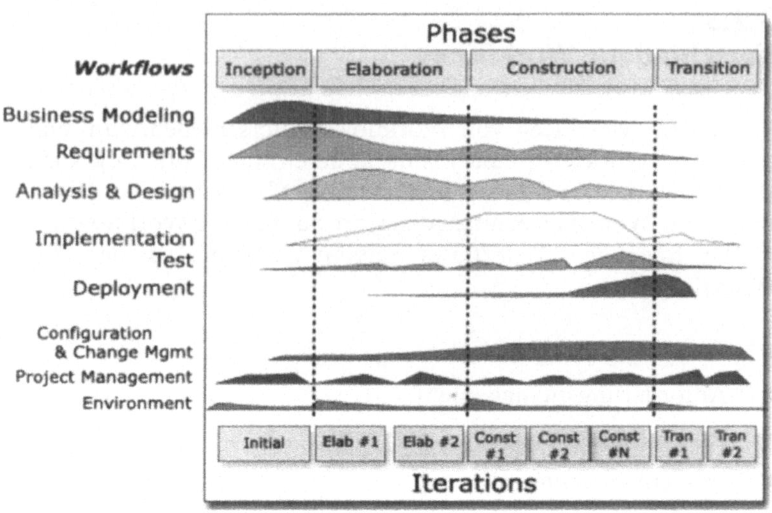

Abbildung 17: Der Rational Unified Process

3.3
Best Practices

3.3.1
Einführung in die Thematik

Basis des Rational Unified Process

Basis des Rational Unified Process sind so genannte Best Practices, welche aus jahrelangen Projekterfahrungen diverser Unternehmen extrahiert wurden. Sie stellen die Basis für die optimalste Art einer Projektabwicklung dar. Die folgenden 6 Best Practices sind im Rational Unified Process integriert worden:

1. Iterative Softwareentwicklung

2. Anforderungsmanagement

3. Verwendung komponentenbasierter Architekturen

4. Visuelle Softwaremodellierung

5. Verifizierte Softwarequalität

6. Kontrolliertes Changemanagement

Das Prinzip des Rational Unified Process sieht vor, diese Best Practices durch eine geeignete Werkzeugunterstützung und entsprechende Dienstleistungen zum optimalen Ansatz für erfolgreiche Softwareentwicklung zu vervollständigen.

Im Folgenden soll kurz auf diese 6 Best Practices eingegangen werden, da sie eine Basis für die gesamte objektorientierte Softwareentwicklung bilden.

3.3.2
Iterative Softwareentwicklung

Klassische Softwareentwicklungsprozesse folgen dem in Abbildung 18 dargestellten Wasserfallmodell. Auf diesem Weg geht die Entwicklung linear von den analytischen Bedürfnissen bis zum Design, zur Codierung und zu den Tests der Einheiten, der Subsysteme und des Systems.

Das grundlegende Problem dieses Ansatzes besteht darin, dass die Risiken in die Zukunft verschoben werden, so dass es immer teurer wird, Fehler früherer Phasen rückgängig zu machen. Ein anfänglicher Entwurf ist aber meist im Hinblick auf seine Hauptanforderung fehlerhaft. Außerdem hat die späte Entdeckung von Entwurfsfehlern tendenziell kostspielige Überschreitungen oder Projektabbrüche zur Folge.[32]

Der Ansatz des Wasserfallmodells führt dazu, die realen Risiken eines Projektes zu verbergen, bis es zu spät ist, um sinnvolle Gegenmaßnahmen zu ergreifen.

Eine Alternative zum Ansatz des Wasserfallmodells ist der iterative und inkrementelle Prozess. Aufbauend auf dem Spiralmodell von Barry Boehm [Boe1988], wird auf diesem Weg erreicht, dass Risiken frühzeitig innerhalb des Lebenszyklus eines Projektes erkannt werden und diesen rechtzeitig und effizient entgegengewirkt werden kann.

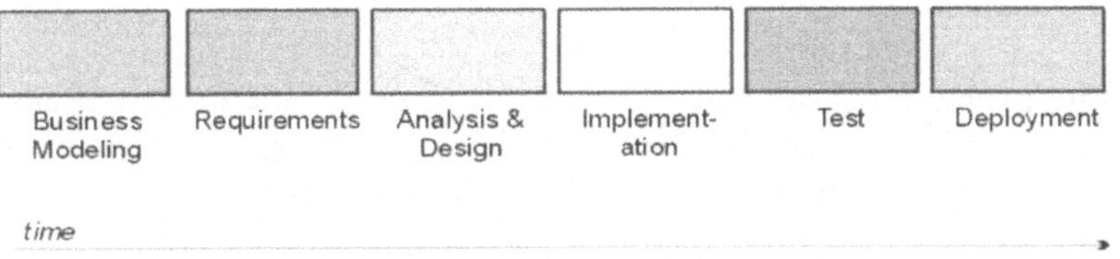

Abbildung 18: Das Wasserfallmodell

---

[32] Trotzdem ist das Wasserfallmodell heutzutage immer noch für eine Reihe von Projekten geeignet, sofern diese nicht einen gewissen Umfang überschreiten.

Dieser Ansatz ist durch ständige Entdeckung, Erneuerung und Implementierung gekennzeichnet, wodurch das Entwicklungsteam in jedem Iterationsschritt gezwungen wird, die Artefakte des Projektes vorhersehbar und wiederverwendbar zu gestalten.

3.3.3
Anforderungsmanagement

Die große Herausforderung beim Management der Anforderungen an eine Software liegt darin, dass diese Anforderungen dynamisch sind: Man muss davon ausgehen, dass sie sich während des Lebenszyklus eines Softwareprojektes ständig verändern. Außerdem ist das Erkennen der wirklichen Anforderungen an das System – wie die, die für die wirtschaftlichen und technischen Ziele am meisten ins Gewicht fallen – ein andauernder Prozess.

Abgesehen von einem trivialen Softwareprojekt, ist es unmöglich, einen kompletten und ausreichenden Status der Systemanforderungen zu bekommen, bevor die Entwicklung begonnen hat. Die Erfahrung hat gezeigt, dass das Vorhandensein eines neuen oder sich entwickelnden Softwareproduktes das Verständnis der Benutzer für die Anforderungen an dieses Produkt ständig verändert.

Eine Anforderung ist eine Voraussetzung oder eine Fähigkeit, die eine Software erfüllen muss. Das aktive Management der jeweiligen Anforderungen umfasst dabei die folgenden drei Aktivitäten:

- Das Entdecken, Organisieren und Dokumentieren der von der Software geforderten Funktionalität und Zusammenhänge

- Das Beurteilen der Änderungen an Anforderungen und das Einschätzen ihrer Auswirkungen

- Das Verfolgen und Dokumentieren der vorgenommenen Änderungen und der Entscheidungen, die diese Änderungen veranlassten

Ein professionelles Anforderungsmanagement bietet eine Reihe von Vorteilen. So sorgt das Anforderungsmanagement für einen strukturierten Ansatz, mit dem Anforderungen sowohl

- priorisiert,

- gefiltert und

- verfolgt

werden können. Ferner ist eine objektive Messung der Funktionalitäten und der Performance leichter möglich, ebenso wie Inkonsistenzen einfacher entdeckt werden können. Mit der entsprechenden Werkzeugunterstützung ist es möglich, eine Sammlung von Systemanforderungen, Attributen und Nachverfolgungen mit automatischen Beziehungen zu externen Dokumenten zu erhalten.

3.3.4
Komponentenbasierte Architekturen

Die Visualisierung, Spezifizierung, Entwicklung und Dokumentation einer Software erfordert, dass das System von unterschiedlichen Perspektiven aus betrachtet wird. Jeder Projektbeteiligte, wie:

- Endbenutzer,

- Analytiker,

- Entwickler,

- Systemintegrator,

- Tester,

- technischer Autor und

- Projektmanager,

geht mit einem unterschiedlichen Ansatz an das Projekt heran, und jeder von ihnen sieht das System auf eine andere Art zu einer anderen Zeit über die gesamte Projektlaufzeit hinweg.

Die Systemarchitektur ist vielleicht der wichtigste Punkt, der aufgeführt werden kann, um diese unterschiedlichen Betrachtungsweisen zu managen und damit die iterative und inkrementelle Entwicklung eines Systems während seines Lebenszyklus zu kontrollieren.

Die Architektur eines Systems umfasst eine Anzahl signifikanter Entscheidungen, sowohl über die Organisation eines Softwaresystems als auch die zugehörige Auswahl der Strukturelemente und deren Schnittstellen, durch die sich das System zusammensetzt. Ferner wird das Verhalten definiert, das durch das Zusammenspiel zwischen den Elementen spezifiziert wird.

Komponentenbasierte Softwarearchitektur hat nicht nur mit Struktur und Verhalten zu tun, sondern auch mit den folgenden Eigenschaften:

- Verwendung,
- Funktionalität,
- Performance,
- Robustheit,
- Wiederverwendbarkeit,
- Verständlichkeit,
- wirtschaftliche und technologische Zwänge,
- Änderungen und
- ästhetische Belange.

Robuste Architekturen

Es ist von großer Bedeutung, robuste Architekturen zu erzeugen, weil sie ein wirtschaftlich hohes Maß an Wiederverwendbarkeit erlauben und eine klare Arbeitsaufteilung zwischen Entwicklungsteams anbieten. Ferner werden die Abhängigkeiten zwischen Hard- und Software voneinander getrennt, wodurch sich die Wartbarkeit verbessert, sobald Veränderungen anstehen.

Die komponentenbasierte Entwicklung (CBD) ist ein wichtiger Ansatz einer Softwarearchitektur, weil sie die Wiederverwendung oder die Anpassung von bereits bestehenden Komponenten aus Tausenden von kommerziell verfügbaren Quellen ermöglicht.

Component Object Model

Das Component Object Model (COM) von Microsoft, die Common Object Request Broker Architecture (CORBA) der Object Management Group (OMG) und Enterprise JavaBeans (EJB) von Sun bieten eine Vielzahl von Plattformen, auf denen sich komponentenbasierte Architekturen aufbauen lassen. Komponenten ermöglichen eine Wiederverwendung in größerem Umfang. So können Systeme aus bereits bestehenden Teilen, externen Produkten von Fremdanbietern sowie einigen neuen Anteilen, die dann alle Komponenten zusammenführen, zusammengesetzt werden.

Risiken eines Projektes ständig entgegenwirken

Gekoppelt mit dem Verfahren, Software iterativ zu entwickeln, hat die Verwendung komponentenbasierter Architekturen die ständige Weiterentwicklung der Systemarchitektur zur Folge. Jede Iteration erzeugt eine ausführbare Architektur, die gemessen, getestet und mit den Systemanforderungen verglichen werden kann. Dieser Ansatz erlaubt dem Entwicklungsteam, den Risiken eines Projektes ständig entgegenzuwirken.

3.3.5
Visuelle Softwaremodelle

Ein Modell ist eine Vereinfachung der Realität, das ein System aus einer bestimmten Perspektive beschreibt, wie in Abbildung 19 dargestellt ist. Modelle werden gebildet, um das System, welches erstellt werden soll, besser verstehen zu können. Modelle von komplexen Systemen werden in erster Linie deshalb erzeugt, weil man diese Systeme in ihrer Gesamtheit sonst nicht verstehen könnte.

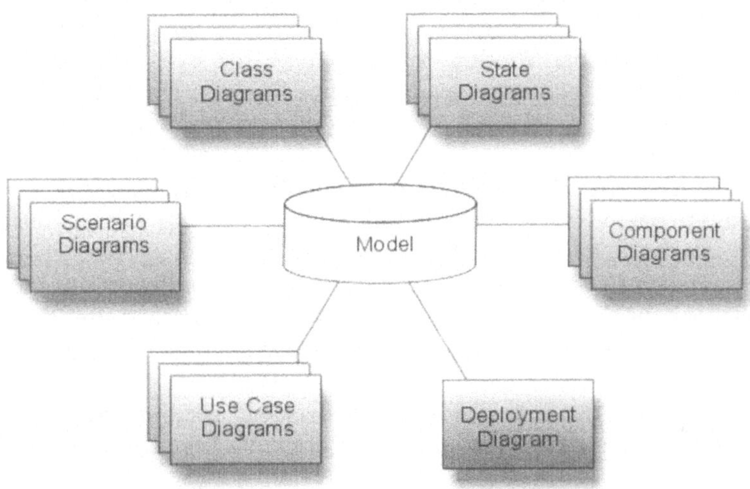

Abbildung 19: Unterschiedliche Perspektiven

Modellierung ist wichtig, weil sie dem Entwicklungsteam hilft, die Struktur und die Gesamtheit der Systemarchitektur zu visualisieren, zu spezifizieren, zu konstruieren und zu dokumentieren.

Durch die Verwendung einer standardisierten Modellierungssprache, wie UML (Unified Modeling Language), können sich verschiedene Mitglieder eines Entwicklungsteams ihre Entscheidungen gegenseitig mitteilen.

Verwendung einer standardisierten Modellierungssprache

Durch visuelle Modellierungswerkzeuge können Einzelheiten dieser Modelle verborgen oder sichtbar gemacht werden, je nachdem, wie es gerade nötig ist. Die visuelle Modellierung hilft auch, Konsistenzen zwischen Systemartefakten aufrechtzuerhalten: deren Anforderungen, Entwürfe und Implementationen. Kurz gesagt, verbessert die visuelle Modellierung die Fähigkeit eines Teams, die Komplexität der Software zu managen.

Wenn sie mit der Praxis der iterativen Softwareentwicklung angewendet wird, hilft die visuelle Modellierung, Architekturänderungen darzulegen und einzuschätzen und diese Änderungen an das gesamte Entwicklerteam zu übermitteln. Mit den richtigen Werkzeugen können dann die Modelle und der Quelltext während jeder Iteration entsprechend synchronisiert werden.

3.3.6
Softwarequalität überprüfen

Wie die Erfahrung gezeigt hat, werden Softwareprobleme hundert- bis tausendmal teurer, wenn sie erst nach der Entwicklung entdeckt und behoben werden. Aus diesem Grund ist es wichtig, die Qualität eines Systems in Bezug auf seine Funktionalität, Zuverlässigkeit, Anwendungs- und Systemperformance kontinuierlich zu überprüfen.

Die Überprüfung der Systemfunktionalität – der Hauptteil der Testaktivitäten – beinhaltet das Anlegen von Tests für jedes Schlüsselszenario, welches einen Aspekt des Systemverhaltens beschreibt. Man kann die Systemfunktionalität überprüfen, indem man feststellt, welches Szenario an welcher Stelle keinen Erfolg hatte sowie welches Szenario mit dem zugehörigen Code noch nicht ausgeführt wurde.

Wenn man die Software iterativ entwickelt, wird an jedem Iterationsschritt getestet – es entseht also ein Prozess der ständigen Prüfung.

3.3.7
Softwareänderungen kontrollieren

Eine große Herausforderung bei der Entwicklung softwareintensiver Systeme besteht darin, dass viele Entwickler organisiert werden müssen, die in unterschiedlichen Teams und eventuell an unterschiedlichen Orten arbeiten und die auf verschiedene

- Iterationen,
- Releases,
- Produkte und
- Plattformen

Bezug nehmen. Ohne disziplinierte Kontrolle rutscht der Entwicklungsprozess in kürzester Zeit in ein Chaos ab.

Die Koordination sowohl von Aktivitäten als auch von Artefakten von Entwicklern und Teams erfordert die Einrichtung anerkannter, wiederholbarer Arbeitsabläufe für die Kontrolle von Softwareänderungen und anderer Entwicklungsartefakten.

Diese Koordination erlaubt eine bessere Zuwendung der Mittel, die auf den Prioritäten und Risiken des Projektes basieren, und sie regelt die Änderungsarbeiten zwischen den Iterationen. In Verbindung mit der iterativen Softwareentwicklung gewährleistet dieses Verfahren einen ständigen Überblick über die Veränderungen, die nun relativ leicht feststellbar sind. Anschließend kann auf auftretende Probleme reagiert werden.

Die Koordination von Iterationen und Releases erfordert die Einrichtung und Freigabe einer getesteten Baseline am Ende jeder Iteration. Die Verfolgung von Elementen eines jeden Releases und von Elementen über viele parallele Releases hinweg ist entscheidend für das Einschätzen und das aktive Regeln der Auswirkungen von Änderungen.

3.3.8
Fazit

Diese Best Practices sind die wesentliche Ursache dafür, dass Rational Software mittlerweile nicht mehr als Toolanbieter auf dem Markt gesehen wird, sondern vielmehr als Technologie-Provider.

Heutzutage reicht die simple Bereitstellung eines Werkzeuges für einen Teilbereich des Software-Engineering-Prozesses einfach nicht mehr aus, um sich auf dem Markt behaupten zu können.

3.4
Der Anforderungs-Workflow

Der Rational Unified Process definiert einen eigenen Workflow für das Anforderungsmanagement: den Anforderungs-Workflow, dargestellt in Abbildung 20. Er besteht im Wesentlichen aus den folgenden 6 Aktivitäten:

- Analyse des Problemumfeldes
- Verständnis der Bedürfnisse der Stakeholder
- Definition des Systems
- Managen des Systemumfangs

- Managen sich ändernder Anforderungen
- Verfeinerung der Systemdefinitionen

Allerdings werden diese Aktivitäten nicht sequenziell durchgeführt, sondern stehen in einem logischen Zusammenhang, wie aus Abbildung 20 ersichtlich wird.

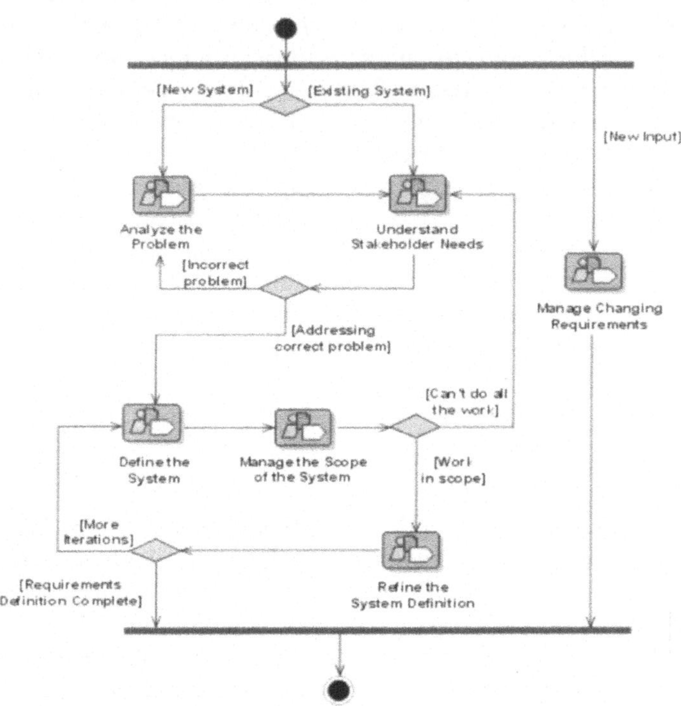

Abbildung 20: Der Anforderungs-Workflow im Rational Unified Process

Die Rauten in Abbildung 20 stellen Alternativen dar, die Pfeile deuten an, welche Aktivität als Nächstes ausgeführt[33] wird. Die Rechtecke verkörpern Teilworkflows, die im Folgenden näher spezifiziert werden.

---

[33] Die von einer Raute ausgehenden Pfeile sind mit Bedingungen versehen. Je nachdem, welche Bedingung eintritt, wird der entsprechende Weg (Pfeil) gegangen.

Die Aktivität „Manage Changing Requirements" wird parallel zu den übrigen Aktivitäten durchgeführt. Dadurch wird zum Ausdruck gebracht, dass ein Änderungsantrag jederzeit eintreffen kann und nicht in Abhängigkeit zu einer der anderen Aktivitäten dieses Workflows steht.

3.4.1
Die Problemanalyse

Für die weiteren Ausführungen gehen wir davon aus, dass ein neues System erstellt werden soll. Somit ist die erste zu betrachtende Teilaktivität die Problemanalyse, dargestellt in Abbildung 21:

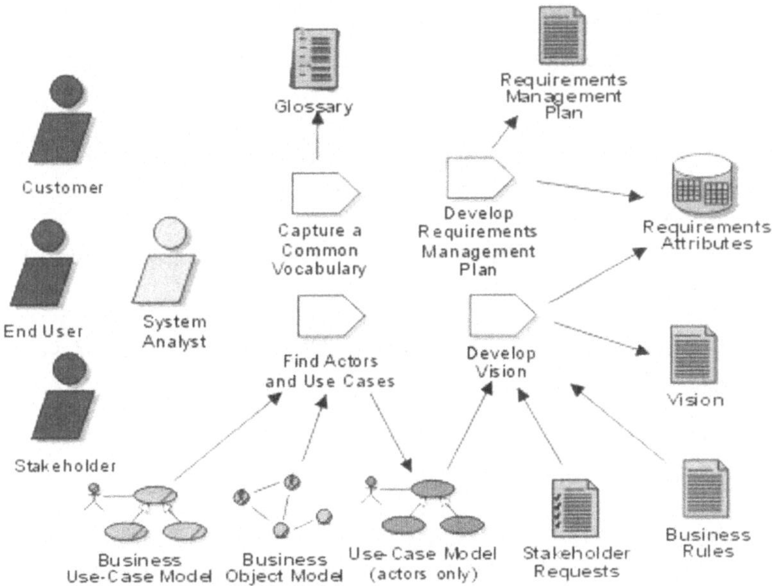

Abbildung 21: Die Problemanalyse im Rational Unified Process

3.4.1.1
Ziele der Problemanalyse

Bevor die einzelnen Inhalte der Problemanalyse im Rational Unified Process besprochen werden, sollen zunächst die Ziele definiert werden, die mit der Problemanalyse verbunden sind:

1. Eine Übereinkunft mit dem Kunden treffen, welches Problem mit der zu erstellenden Software gelöst werden soll.

2. Alle für das Projekt relevanten Stakeholder identifizieren.

3. Die Systemgrenzen festlegen.

4. Zusammenhänge definieren, die mit dem System verbunden sind.

3.4.1.2
Worker und Aktivitäten in der Problemanalyse

Innerhalb der Problemanalyse kommen die folgenden Worker zum Einsatz:

- Projekt-intern: Der Systemanalytiker

- Projekt-extern: Der Kunde, die Stakeholder und der Endanwender

Bisher wurde von dem Worker *Anforderungsmanager* gesprochen, im weiteren Verlauf dieses Buches wird diesem der Worker *Systemanalyst* gleichgesetzt.

Der Systemanalyst führt während der Problemanalyse die folgenden Aktivitäten durch:

- Die Erstellung eines gemeinsamen Wörterbuches (Glossars)

- Die Entwicklung eines Anforderungsmanagementplans

- Das Auffinden von Use-Cases und Actors

- Die Entwicklung einer Vision

Wie bereits in [Ver2000] erläutert, kann es durchaus Sinn machen, dass hier der Projektleiter den Systemanalysten unterstützt. Das gilt besonders dann, wenn eine der folgenden Bedingungen gegeben ist:

- Der Systemanalyst ist noch relativ unerfahren oder neu ins Unternehmen gekommen.

- Der zu analysierende Problembereich enthält eine Reihe von Unbekannten, so dass zu erwarten ist, dass sich erst im späteren Verlauf des Projektes die Anforderungen konkretisieren werden.

- Es sind überdurchschnittlich viele Stakeholder vorhanden, die ihre Anforderungen erfüllt haben wollen.

- Der Erfolg des Projektes ist für die eigene Abteilung oder sogar für das gesamte eigene Unternehmen zukunftsweisend.

- Der Projektleiter hat bereits in der Vergangenheit als System-analyst ein vergleichbares Problemfeld analysiert, kann also erhebliches Fachwissen beitragen und dadurch eventuell eine weitere Iteration „einsparen".

Treffen gar mehrere dieser Punkte auf ein Projekt zu, dann sollte der Projektleiter bei der individuellen Anpassung des Rational Unified Process auf dieses Projekt als Worker in diesem Workflow mit aufgenommen werden.

3.4.1.3
Artefakte in der Problemanalyse

Während der Problemanalyse werden vom Anforderungsmanager die folgenden Artefakte erstellt bzw., es wird mit deren Erstellung begonnen:

- Das Visionsdokument

- Ein Plan für das Management der Anforderungen

- Ein Projektglossar

- Die Attribute von Anforderungen

- Die Actors eines Use-Case-Modells

- Die Anforderungen der Stakeholder

- Im Vergleich zu [Ver2000] sind die folgenden drei Artefakte neu hinzugekommen[34]:
  - Business Rules
  - Business Object Model
  - Business Use-Case-Model

3.4.2
Verständnis der Bedürfnisse der Stakeholder

Der nächste Teilworkflow im Anforderungsmanagement ist das Verständnis der Bedürfnisse der Stakeholder, dargestellt in Abbildung 22:

---

[34] Also in der neuen Version des Rational Unified Process hinzugekom-men, der RUP wird zweimal im Jahr upgedated!

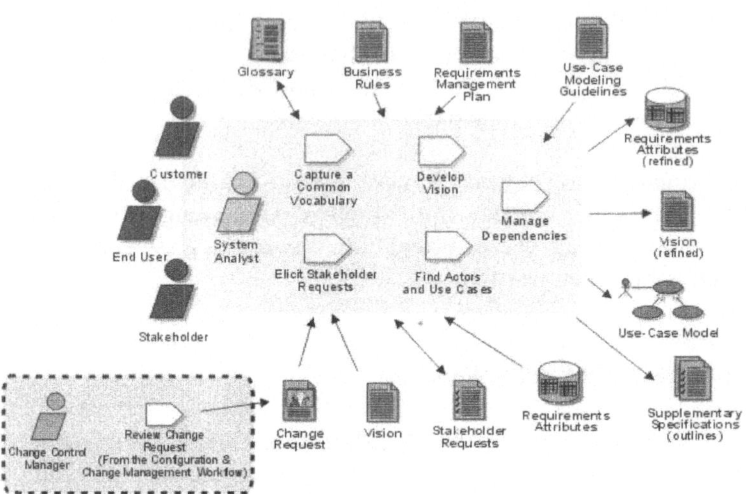

Abbildung 22: Verständnis der Bedürfnisse der Stakeholder

Wesentliches Ziel

Das wesentliche Ziel dieser Teilaktivität ist es, die bisherigen Ergebnisse aus der Problemanalyse mit den Bedürfnissen der Stakeholder zu präzisieren. Es müssen Widersprüche erkannt und eliminiert werden sowie bisher noch nicht aufgeführte Anforderungen ergänzt werden.

Wurde das Problem richtig erfasst?

Das bedeutet, dass diese Aktivität als Absicherung zu werten ist, ob die vorherige Aktivität der Analyse des Problembereiches auch die richtigen Aspekte adressiert hat. Dies wird aus Abbildung 20 ersichtlich, in der eine Alternative im Anforderungsmanagement-Workflow integriert ist, die im Anschluss an die Aktivität der Ermittlung der Bedürfnisse der Stakeholder überprüft, ob das Problem richtig erfasst wurde. Wenn dies nicht der Fall sein sollte, wird erneut in die im vorherigen Abschnitt beschriebene Aktivität „Analyse des Problemfeldes" zurückgegangen.

Der wesentliche Unterschied zu der vorherigen Aktivität liegt darin, dass nun ein Change Request (Änderungsantrag) vorliegen kann.

Der Change Control Manager ist für Änderungsanträge verantwortlich

Falls ein Änderungsantrag vorliegt, tritt ein neuer Worker in den Prozess mit ein, der *Change Control Manager*, dem die gesamte Verwaltung von Änderungsanträgen mit Hilfe des in Kapitel 5 näher beschriebenen Konfigurationsmanagements obliegt.

Die wesentlichen Artefakte aus der vorherigen Aktivität (die Anforderungsattribute, das allgemeine Projektglossar und die Vision) gehen hier als Input ein und kommen in einer überarbeiteten Version wieder heraus. Damit unterliegen sie auch der Konfigurationsverwaltung, um später einen Vergleich der sich ändernden Anforderungen vornehmen zu können.

Ein weiteres Artefakt, das in dieser Aktivität erstellt wird, ist das Use-Case-Modell. In der vorherigen Aktivität wurden zwar bereits erste Ansätze dazu ermittelt, doch in erster Linie wurden nur die Aktoren dieser Modelle zusammengetragen. Hier wird ein erstes vollständiges Use-Case-Modell erzeugt. Grundlage dazu sind die Richtlinien zur Erstellung von Use-Case-Modellen, die als Input-Artefakt in die Aktivität mit eingehen.

Die Bedürfnisse der Stakeholder können auch als eine Art „Wunschliste" beschrieben werden, die die Grundlage für

- das Use-Case-Modell,

- die Use-Cases selbst und

- die ergänzenden Spezifikationen

bilden. Auch diese Aktivität wird hauptsächlich in der Konzeptualisierungsphase und der Entwurfsphase vorgenommen. Dabei kommt die Technik der Workshops zum Sammeln von Anforderungen zum Einsatz. Diese Technik hat sich über Jahre hinweg etabliert. Sie ermöglicht die Erfassung von Anforderungen innerhalb eines wesentlich kürzeren Zeitraumes, als wenn Einzelinterviews durchgeführt werden.

Die zweite Alternative neben diesen Einzelinterviews zu einem Workshop wäre die schriftliche Befragung. Diese erfasst die Anforderungswünsche zwar in einem noch kürzeren Zeitraum, hat jedoch den Nachteil, dass hier Missverständnisse vorprogrammiert sind. Während bei einem Workshop oder einem Einzelinterview der Befragte sofort nachfragen kann, wenn er eine Frage nicht richtig verstanden hat, fehlt diese Möglichkeit bei einer schriftlichen Befragung.

In der Praxis hat sich ein Mix aus diesen drei Techniken der empirischen Sozialforschung etabliert. Besonders bei größeren Projekten ist folgende Vorgehensweise ratsam:

1. Direkt zu Beginn des Projektes wird vom Projektleiter, vom Systemanalysten und vom Auftraggeber ein Fragebogen konzipiert, der die wesentlichen Anforderungen an das zu erstellende System ermittelt. Dieser Fragebogen geht noch nicht auf Details ein.

2. Im zweiten Schritt werden die oben aufgeführten Workshops durchgeführt. Hierbei kommen bereits Use-Cases als erstes Ergebnis heraus. (Bei der Fragebogenaktion erhält man allenfalls die Aktoren.)

3. Das Einzelinterview geht dann auf die einzelnen Use-Cases ein und liefert als Ergebnis Aktivitätsdiagramme sowie textuelle Spezifikationen als Ergänzung.

Diese Vorgehensweise hat sich besonders deshalb etablieren können, da sie sowohl beim Auftraggeber als auch beim Auftragnehmer nur so viele Ressourcen bindet, wie notwendig sind. Das heißt: Jede Anforderungsermittlung kostet auf beiden Seiten Geld. Während jedoch beim Auftragnehmer die Ermittlung der Anforderungen in die Projektplanung fest einkalkuliert ist, wird beim Auftraggeber diese Phase bei der Projektplanung nur stiefmütterlich behandelt. Die Zeit, die die Mitarbeiter des Auftraggebers mit der Ermittlung der Anforderungen, also als Interviewte, verbringen, fehlt dem Auftraggeber natürlich im alltäglichen Geschäftsablauf. Die hier anfallenden Kosten sind nicht zu vernachlässigen.

Daher kann durch die oben beschriebene Mischung der drei Techniken der Aufwand besonders auf der Auftraggeberseite in einem vernünftigen Rahmen gehalten werden.

3.4.3
Definition des Systems

Der nächste Teilworkflow im Anforderungsmanagement ist die Systemdefinition, dargestellt in Abbildung 23. Auf Basis der Problemanalyse und mit dem Verständnis der Anforderungen der Stakeholder kann der Systemanalytiker dann mit der Definition des Systems beginnen. Voraussetzung ist jedoch, dass alle Anforderungen korrekt erfasst wurden. Ist das nicht der Fall, so muss mit der Aktivität „Analyse des Problemfeldes" erneut begonnen werden. Diese Schleife ist in Abbildung 20 dargestellt.

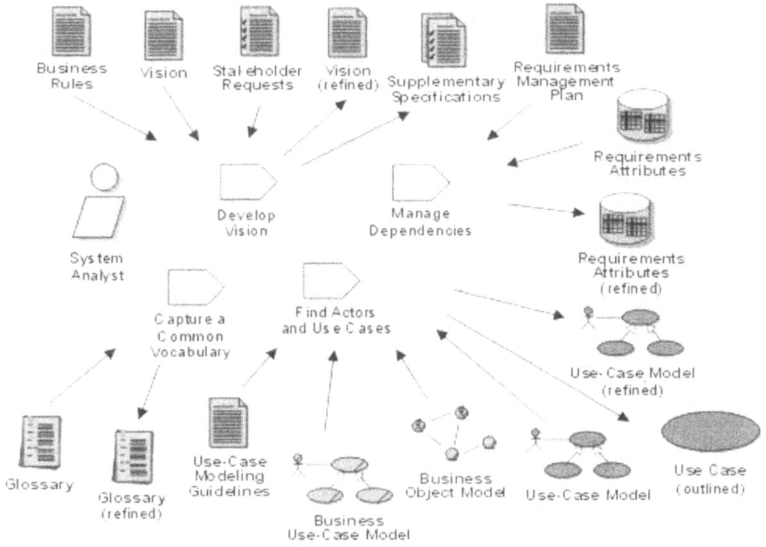

Abbildung 23: Die Systemdefinition im Rational Unified Process

Die Definition des Systems wird ausschließlich von dem Worker Systemanalytiker festgelegt. Im Wesentlichen werden dabei drei Teilaktivitäten durchgeführt:

Drei Teilaktivitäten

- Die Erneute Überarbeitung des Projektglossars[35]
- Die Ergänzung des Use-Case-Modells um zusätzliche Aktoren und Use-Cases[36]
- Das Managen der Abhängigkeiten

Ziel dieser Aktivität ist es, eine detailliertere und besser spezifizierte Vorstellung von dem System zu erhalten, das dann im Anschluss entwickelt werden soll.

Aus Abbildung 23 wird ersichtlich, dass die Output-Artefakte in erster Linie überarbeitete Input-Artefakte sind. Daraus wiederum kann abgeleitet werden, dass diese Aktivität Gegenstand der Konzeptualisierungsphase und der Entwurfsphase ist, in späteren Phasen ist eine derartige Änderung der Schlüsselartefakte nicht mehr sinnvoll, da bereits zu viel Aufwand investiert wurde.

---

[35] Dieses Artefakt wird im gesamten Projektverlauf weiter gepflegt, es ist eigentlich nie „fertig gestellt" und dient als „lebendes Nachschlagewerk".

[36] Besser gesagt, die iterative Verfeinerung des bisherigen Use-Case-Modells.

Auch wenn eingangs erwähnt wurde, dass der Systemanalytiker hier der einzige Worker ist, so ist es in dieser Aktivität seine Aufgabe, sich mit den übrigen Mitgliedern des Projektteams darüber klar zu werden, ob das System für das Projektteam noch handhabbar ist oder nicht. Dazu werden Workshops einberufen, um alle aufgestellten Anforderungen abzuhandeln.

Innerhalb dieser Workshops wird auch eine High-Level-Analyse der Anforderungen der Stakeholder durchgeführt. Einerseits, um festzustellen, dass jeder Mitarbeiter im Projektteam wirklich weiß, um was es geht, und andererseits, um eine Basis zu erhalten, damit die Anforderungen weiter formal in Diagrammen und Modellen dargestellt werden können. Dabei liegt der Schwerpunkt im Hinzufügen der ergänzenden Spezifikationen.

3.4.4
Management des Systemumfangs

Der nächste Teilworkflow besteht im Management des Systemumfangs, dargestellt in Abbildung 24. Hier tritt mit dem Architekten erstmals ein neuer Worker auf. Die wesentliche Aufgabe des Architekten besteht darin, die vorhandenen Use-Cases zu priorisieren. Dabei hilft ihm der Systemanalytiker mit den erforderlichen Input-Artefakten.

Am meisten betroffen von dieser Priorisierung ist der Iterationsplan, der sowohl die Anzahl der erforderlichen Iterationen als auch den Umfang der Iterationen beschreibt. Hier ist wieder der Projektmanager mit von der Entscheidung des Architekten betroffen, da dieser für die Erstellung und die anschließende Pflege bzw. Weiterentwicklung und Detaillierung des Iterationsplans verantwortlich ist.

Bedingt durch die Tatsache, dass in den frühen Iterationen versucht wird, die meisten bekannten Risiken bereits zu eliminieren, erhält die Entscheidung des Architekten eine zusätzliche Tragweite.

In Abbildung 20 ist im Anschluss an diese Aktivität eine Alternative vorgesehen, die untersucht, ob die Planung des Projektleiters mit dem übereinstimmt, was der Systemanalytiker erarbeitet hat. Hier hat also der Projektleiter bereits ein erstes Kontrollinstrument zur Hand, mit dem er feststellen kann, ob er mit seinem Projekt noch in der Zeit und innerhalb des Budgets liegt.

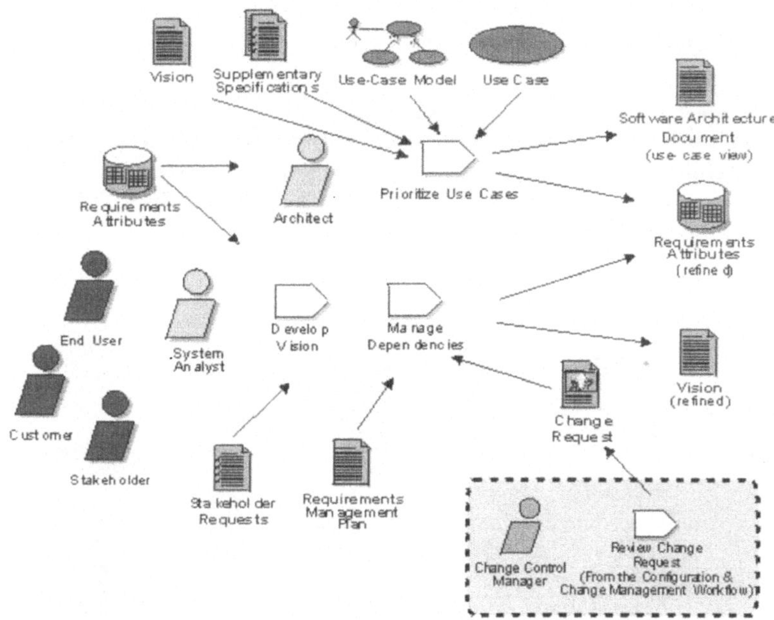

Abbildung 24: Management des Systemumfangs im Rational Unified Process

3.4.5
Verfeinern der Systemspezifikation

Der nächste Teilworkflow im Anforderungsmanagement ist die Verfeinerung der Systemspezifikation, dargestellt in Abbildung 25. Wie schon der Name der Aktivität zum Ausdruck bringt, findet hier eine Verfeinerung des Systems statt, wobei in erster Linie die Use-Cases des Systems gemeint sind. Demzufolge tritt hier nun auch ein neuer Worker ins Projekt mit ein: der Use-Case-Spezifizierer. Ihm obliegen die folgenden Tätigkeiten:

- Detaillierung des Use-Cases
- Detaillierung der Softwarerequirements

Aufgaben des Use-Case-Spezifizierer

Ergebnis dieser Aktivitäten sind die folgenden Artefakte:

- Spezifizierte Attribute der Anforderungen
- Detaillierte ergänzende Spezifikationen

Artefakte der Systemspezifikation

- Spezifizierte Softwarerequirements
- Vollständig spezifizierte Use-Cases

Ebenfalls Inhalt dieser Aktivität ist das erste Design einer Benutzerschnittstelle. Der entsprechende Worker, der diese Teilaktivität durchführt, ist der User-Interface-Designer. Er erstellt einen ersten Prototyp der Benutzerschnittstelle, der ebenfalls Input für den Use-Case-Spezifizierer ist.

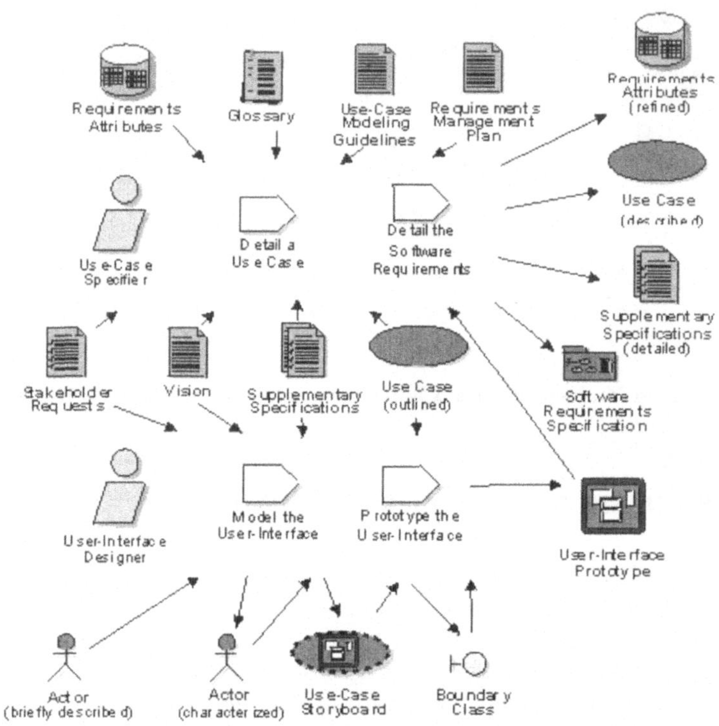

Abbildung 25: Verfeinerung der Systemspezifikation im Rational Unified Process

3.5
Das Management sich ändernder Anforderungen

Parallel und vor allem kontinuierlich

Die im bisherigen Verlauf dieses Kapitels dargestellten Teilworkflows laufen in einer zeitlichen Reihenfolge ab. Der im Folgenden beschriebene Teilworkflow hingegen findet parallel und vor allem kontinuierlich statt.

3.5.1
Der Teilworkflow

Änderungen bzw. sich ändernde Anforderungen finden zwar noch nicht direkt am Anfang statt, je weiter jedoch das Anforderungsmanagement fortgeschritten ist, umso häufiger treten Änderungswünsche auf. Abbildung 26 zeigt den Teilworkflow:

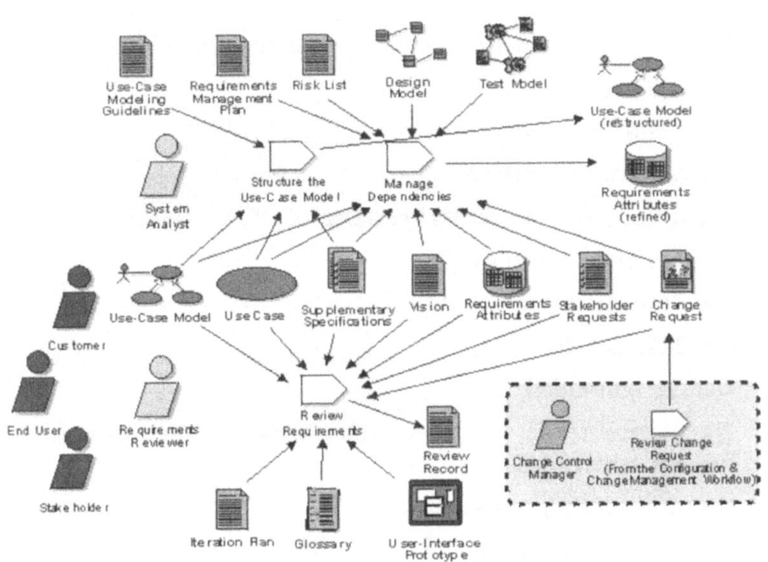

Abbildung 26: Das Management sich ändernder Anforderungen im Rational Unified Process

Auch in dieser Aktivität spielt der Worker *Change Control Manager* eine entscheidende Rolle, da sein Input eine Restrukturierung des Use-Case-Modells bewirken kann. Ein neuer Worker, der hier in den Prozess mit eingreift, ist der Anforderungsgutachter (Requirements Reviewer).

Seine Aufgabe besteht in erster Linie darin, die Auswirkungen des Änderungsantrages zu beurteilen und sicherzustellen, dass die durch den Änderungsantrag verursachten Änderungen nach wie vor den gesamten Anforderungen an das System entsprechen. Dazu steht er in direktem Kontakt mit den Stakeholdern, den Kunden und den Endbenutzern des Systems. Damit obliegt ihm eine enorme Verantwortung und gleichzeitig muss er über ein umfassendes Fachwissen verfügen.

Aus Abbildung 26 ist weiterhin ersichtlich, dass das Managen der sich ändernden Anforderungen eine Aktivität ist, die zahlreiche Artefakte betrifft. Im Einzelnen sind hier aufzuführen:

- Der Iterationsplan (wodurch wiederum der Projektmanager in diese Aktivität involviert wird)
- Der Prototyp für die Benutzerschnittstelle
- Das Projektglossar
- Das Use-Case-Modell sowie die darin enthaltenen Use-Cases
- Die ergänzenden Spezifikationen
- Das Visionsdokument
- Die Änderungsattribute
- Die Anforderungen der Stakeholder
- Der Änderungsantrag selbst
- Die Anforderungsattribute
- Das Testmodell
- Das Designmodell
- Die Risikoliste, da durch geänderte Anforderungen neue Risiken entstehen können
- Der Anforderungsmanagementplan
- Die Richtlinien zur Modellierung von Use-Cases

Diese Auflistung von Artefakten macht deutlich, welche Auswirkungen ein Änderungsantrag haben kann und wie wichtig es ist, den Anforderungsgutachter entsprechend auszubilden, damit er einen Änderungsantrag richtig einschätzen kann. Je weniger Artefakte von der Änderung betroffen sind, desto höher ist die Wahrscheinlichkeit, dass der Änderungsantrag genehmigt wird.

3.6
Toolmentoren

Unter Toolmentoren versteht man Hilfestellungen zu einem Werkzeug, die direkt in den Rational Unified Process integriert sind. Im Anforderungsmanagement kommt das Produkt RequisitePro zum Einsatz, die dafür notwendigen Toolmentoren sind in Abbildung 27 dargestellt.

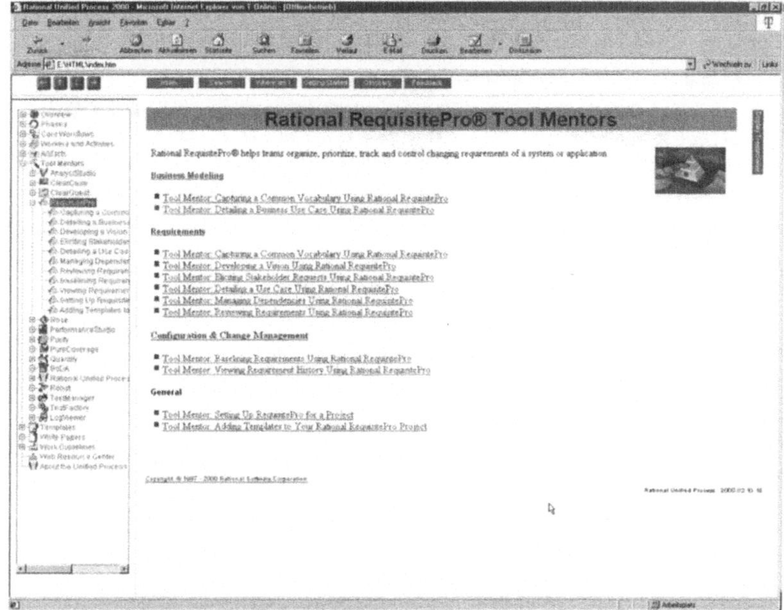

Abbildung 27: Verfügbare Toolmentoren für RequisitePro

Diese Toolmentoren haben den großen Vorteil, dass der Anforderungsmanager den Einsatz des Werkzeuges anhand des Prozesses erlernen und vornehmen kann und sich nicht mühsam in Einzelschritten die jeweiligen Produktkenntnisse aneignen muss.

Abbildung 28 zeigt den Toolmentor für RequisitePro zur Detaillierung von Use-Cases.

Im gesamten Rational Unified Process sind für die folgenden Werkzeuge Toolmentoren vorhanden:

- Rational AnalystStudio
- Rational ClearCase
- Rational ClearQuest
- Rational RequisitePro
- Rational Rose
- Rational PerformanceStudio
- Rational Purify
- Rational PureCoverage
- Rational Quantify
- Rational SoDA for Word
- Rational Unified Process

Vorteile von Toolmentoren

Im gesamten Rational Unified Process vorhandene Toolmentoren

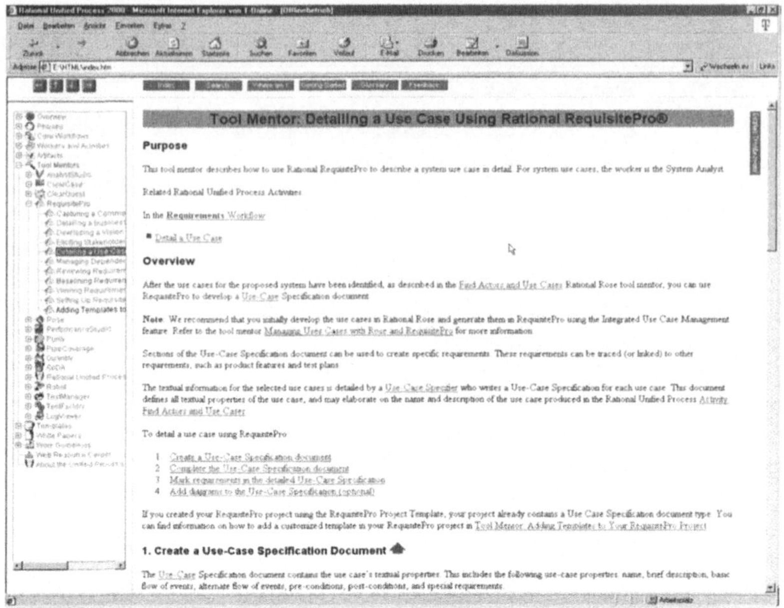

Abbildung 28: Toolmentor zur Detaillierung eines Use-Cases mit RequisitePro

- Rational TeamTest / TestStudio mit:
  - Robot
  - TestManager
  - TestFactory
  - LogViewer

3.7
Fazit

Der Rational Unified Process ist ein optimaler Prozess für die objektorientierte Softwareentwicklung. Der RUP besteht aus den folgenden fünf Core Workflows:

Core Workflows

- Geschäftsprozessmodellierungs-Workflow
- Anforderungsmanagement-Workflow
- Analyse- und Design-Workflow
- Implementierungs-Workflow
- Verteilungs-Workflow

und drei Core Supporting Workflows:

- Konfigurations- und Changemanagement-Workflow
- Projektmanagement-Workflow
- Umgebungs-Workflow

Die jeweiligen Workflows werden durch die folgenden Elemente beschrieben:

- Worker
- Artefakte
- Aktivitäten
- Phasen
- Konzepte
- Workflows
- Toolmentoren
- Richtlinien
- Templates
- Reports
- Checkpoints

Der in diesem Kapitel beschriebe Anforderungs-Workflow ist die Grundlage für ein professionelles Anforderungsmanagement. Besonders die Toolmentoren sind von entscheidender Bedeutung.

4 Anforderungsmanagement werkzeuggestützt durchführen

Knut Salomon

4.1 Generelle Betrachtung einer Werkzeugunterstützung

Nachdem in dem vorherigen Kapitel die methodische Vorgehensweise beim Anforderungsmanagement dargestellt wurde, soll jetzt noch die Frage nach einer eventuellen Werkzeugunterstützung beantwortet werden.

Die von den Autoren mit Bezug auf das Anforderungsmanagement bisher in diesem Buch gewählte Reihenfolge

1. Erläuterung der theoretischen Grundlagen,
2. Einführung in einen konkreten Prozess und
3. Betrachtung einer Werkzeugunterstützung

erscheint Ihnen sicherlich logisch. Erst nachdem die theoretischen und methodischen Grundlagen geschaffen sind, kann über einen eventuellen Einsatz eines Werkzeuges nachgedacht werden.

4.1.1 Die Realität

So viel vorerst zum logischen Vorgehen. Nun wenden wir uns der Realität zu, und um Ihnen diese näher zu bringen, erzähle ich Ihnen eine kleine Geschichte.

4.1.2
Eine Geschichte

Ein Unternehmen, das sich mit der Softwareentwicklung beschäftigte, erhielt von einem Kunden den Auftrag, eine auf den Kunden zugeschnittene Anwendung zu entwickeln. Nachdem die Anforderungen des Kunden für alle Beteiligten feststanden, wurde ein Projektleiter ernannt, ein Projektteam zur Implementierung dieser Anforderungen zusammengestellt und das Projekt gestartet.

Zu Beginn des Projektes lief alles problemlos

Zu Beginn des Projektes lief alles problemlos. Etwas später stellte sich allerdings heraus, dass es nicht möglich war, einfach ein paar Versionen des Quellcodes zurückzugehen, wenn die Entwickler bei der Umsetzung des Kundenauftrags die falsche Richtung eingeschlagen hatten. Teilweise überschrieben die Entwickler sogar beim Speichern ihrer Änderungen den Quellcode ihrer Kollegen. Nun kannte der Projektleiter ein Werkzeug zur Versionskontrolle, das genau für diese Probleme Lösungen versprach.

Da in diesem Stadium des Projektes keinerlei Zeitdruck herrschte, hatte der Projektleiter Zeit, sich einige vergleichbare Werkzeuge anzusehen. Schließlich entschied er sich für das des Marktführers. Die Entwickler erkannten schnell, dass damit ihre Sorgen kleiner wurden und begannen, das Werkzeug im Projekt mit Begeisterung zu verwenden.

Nachdem dem Kunden die ersten Prototypen der Anwendung vorgestellt wurden und dieser damit nicht zufrieden war, begannen die Entwickler, über die Art und Weise, wie Sie mit den Anforderungen des Kunden umgingen, nachzudenken. Es schien, als ob der Kunde sie nicht recht verstehe. Da allerdings das geschriebene Wort je nach Sichtweise unterschiedlich interpretiert werden konnte, versuchten die Entwickler, dem Problem der Missverständnisse durch den bewussten und konsequenten Einsatz der Visualisierung zu begegnen.

ER-Diagramme und UML

Dazu verwendeten sie ER-Diagramme (Entity-Relationship-Diagramme) und die UML zur Modellierung von Use-Cases. Da das Projekt mittlerweile durch die teilweise falsche Umsetzung der Kundenanforderungen in Verzug geraten war, machten die Entwickler dem Projektleiter den Vorschlag, je ein Werkzeug zur ER- und Use-Case-Modellierung zu beschaffen. Da der Projektleiter hoffte, mit dem Einsatz dieser Werkzeuge den Zeitverzug aufzuholen, gab er dem Drängen der Entwickler nach.

Nachdem die Werkzeuge angeschafft worden waren, waren die Entwickler zunächst eifrig damit beschäftigt, die neuen Werkzeuge zu verwenden. Nach einiger Zeit stellten sie jedoch fest, dass die ständige Pflege der Diagramme und der Use-Cases zu zeitaufwendig war und ließen hier die Zügel schleifen.

Letztlich war es viel einfacher und schneller, direkt die Datenbankobjekte in der Datenbank und die Klassen im Quellcode zu bearbeiten, so dass die Diagramme, die mit den Werkzeugen erstellt worden waren, bald nicht mehr dem aktuellen Stand entsprachen. Damit waren sie zur Dokumentation und als Grundlage zur Diskussion mit dem Kunden nicht mehr geeignet.

Auch das permanente Verwenden des Werkzeuges zur Versionskontrolle war mittlerweile zu einer Belastung der Entwickler geworden, da diese nun doch erheblich unter Zeitdruck gerieten und keine Idee hatten, wie sie den Auslieferungstermin der Anwendung einhalten sollten. Der Projektleiter verlangte nun, dass auf Teufel komm raus entwickelt werden sollte. Ein 12-Stunden-Tag wurde normal und selbst die Wochenenden waren nicht mehr tabu. Kurzum, die Entwickler implementierten, was das Zeug hielt. Jede andere Tätigkeit (zum Beispiel die Anwendung der teuer gekauften Werkzeuge) lehnten sie kategorisch ab.

Da der Kunde alles andere als erfreut war, als der Projektleiter ihm mitteilte, dass er den Auslieferungstermin für die gewünschte Anwendung nicht einhalten könne, wurde beschlossen, zumindest den derzeitigen Stand an den Endanwender auszuliefern, um schon mal mit der Einarbeitung in die Anwendung beginnen zu können. Schließlich waren nach Aussage des Projektteams alle unbedingt notwendigen Anforderungen implementiert und funktionstüchtig. Der Rest würde in den nächsten Tagen folgen.

Nachdem die Endanwender eine gewisse Zeit mit der tollen neuen Anwendung gearbeitet hatten und feststellten, dass Fehler, die sie bereits vor Wochen angemahnt hatten, nicht behoben waren, drohten sie damit, die neue Anwendung nicht länger zu verwenden.

Dies rief den Kunden auf den Plan, der nun beim Projektleiter die mangelhafte Qualität der Anwendung massiv anmahnte. Das gesamte Projektteam hatte mittlerweile keine Ahnung mehr, wie es auch nur halbwegs aus dem Ganzen mit heiler Haut herauskommen sollte. Letztlich sah der Kunde in einer Präsentation ein Werkzeug, mit dem die Qualität einer Anwendung automatisch getestet werden konnte. Diesen Tipp gab er dem Projektleiter, der daraufhin nach kurzer Überlegung den Rettungsanker, der sich ihm anbot, ergriff und das Werkzeug beschaffte.

Was soll ich sagen. Auch dieses Werkzeug wurde zu Beginn mit großem Enthusiasmus aufgenommen und kurze Zeit später für nicht brauchbar erachtet. Auch der Einsatz von teuren Beratern brachte nur einen temporären Erfolg.

Schließlich wurde die Anwendung mit erheblichem Zeitverzug fertig gestellt. Der Kunde musste auf einen Teil der Anforderungen verzichten und bezahlte letztlich wesentlich mehr für die Anwendung als ursprünglich angenommen. Auch das Softwareunternehmen hatte Federn lassen müssen. Neben einem dicken Verlust wollte keiner im Projektteam ein weiteres solches Projekt erleben und somit kündigte das gesamte Team. Den Kunden hatte das Softwareunternehmen natürlich auch verloren.

4.1.3
Was will uns der Autor mit dieser Geschichte sagen?

Nun werden Sie unter Umständen einwenden, dass ich in der Geschichte sehr schwarz gemalt habe und dass dies in Ihren Projekten komplett anders läuft.

Dann seien Sie froh. Sicherlich habe ich an der einen oder anderen Stelle etwas übertrieben, aber meine Erfahrung als „Feuerwehrmann" in IT-Projekten hat mich gelehrt, dass die Geschichte bzgl. des Einsatzes von Werkzeugen nicht allzu weit von der Wahrheit entfernt ist.

Was können wir also für Schlussfolgerungen aus der obigen Geschichte im Hinblick auf eine Werkzeugunterstützung Im Allgemeinen und auf eine solche für das Anforderungsmanagement Im Speziellen ziehen?

Es scheint, als ob das Projektteam zwar der grundlegenden Projektmethodik Analyse, Design und Implementierung gefolgt ist, aber zum Beispiel keinerlei Tests eingeplant hatte, den Kunden nicht genügend mit in das Projekt involvierte und erst Recht kein Anforderungsmanagement durchführte. Kurzum: Es fehlte ein übergreifender, allen bekannter und aus Best Practices bestehender, moderner und iterativer Prozess – wie dem Rational Unified Process.

Ein weiterer „Erfahrungswert" ist, dass nahezu alle Projektmitarbeiter zwar im Grundsatz nach der gleichen Vorgehensweise arbeiten. Aber eben nur im Grundsatz und nicht im Detail. Dies deutet ebenfalls auf das Fehlen einer gemeinsamen Methode hin, die allen in Fleisch und Blut übergegangen ist.

Im Hinblick auf die Werkzeugunterstützung bedeutet dies in der Regel, dass zwar der Sinn und Zweck der Werkzeuge klar ist, deren Nutzen allerdings nicht korrekt erkannt wird. Denn wäre das der Fall, gäbe es keine Diskussion mehr über das Verwenden der Werkzeuge in zeitkritischen Situationen. Man würde sie schlicht und einfach verwenden. Vielmehr noch, zeitkritische Situationen können durch den geplanten, gekonnten und konsequenten Einsatz von Werkzeugen teilweise vermieden werden.

Als Beispiel kann hier das „Unterlaufen" der ER- und Use-Case-Werkzeuge in der Geschichte dienen. Wäre deren realer Nutzen den Entwicklern bekannt gewesen, hätten diese nicht eine Sekunde daran gedacht, die Datenbankobjekte direkt in der Datenbank und die Klassen direkt im Quellcode zu ändern. Hätte der Projektleiter diese Werkzeuge bereits frühzeitig eingesetzt, wäre die Abstimmung der Anforderungen mit dem Kunden besser gelaufen und somit die Richtung der Entwicklung von vornherein besser gewesen. Das heißt, der Zeitverzug wäre wahrscheinlich ausgeblieben.

Zusammenfassend kann festgehalten werden, dass in der Realität die Reihenfolge bei der Werkzeugunterstützung wie folgt aussieht:

1. Erkennen einer Problemstellung

2. Einführung eines Werkzeuges zur Problemlösung

3. Feststellen, dass das Werkzeug alleine nicht viel bringt

4. Nach längerer Zeit aufkommende Erkenntnis, dass die Probleme eher methodischer als technischer Art sind

Dieser Ansatz steht im krassen Gegensatz zu dem logisch erscheinenden Ansatz des Buches (siehe Abschnitt 4.1).

4.1.4
Werkzeuge, nein Danke?

Heißt das nun für Sie, evtl. auf alle Ihre Werkzeuge zu verzichten? Auf keinen Fall!

Um in der heutigen schnelllebigen Welt der IT auf Dauer als Unternehmen erfolgreich zu sein, benötigen wir schnelle und qualitativ hochwertige Prozesse. Dies gilt auch für den Softwareentwicklungsprozess.

Das heißt auch, dass ohne die Verwendung von Werkzeugen die geforderte Geschwindigkeit und Qualität in größeren Projekten kaum zu erreichen sein wird.

Demzufolge sind wir auf die Hilfe von Werkzeugen angewiesen. Aber diese müssen in den Gesamtkontext eines modernen Prozesses eingebettet und aufeinander abgestimmt sein. Jeweils das Werkzeug mit der größten Funktionsfülle oder immer das Neueste am Markt zu beschaffen, reicht eben nicht aus.

Worauf muss nun speziell beim Anforderungsmanagement in diesem Zusammenhang geachtet werden? Die Antworten finden sie auf den folgenden Seiten.

4.2
Werkzeugunterstützung für das Anforderungsmanagement

Bevor wir uns einem konkreten Beispiel für die Werkzeugunterstützung beim Anforderungsmanagement zuwenden, werden wir vorher noch einige Randparameter beleuchten. Diese sind im Einzelnen:

Randparameter

- Darstellungsformen von Anforderungen,

- Typen von Anforderungen,

- Zusatzinformationen zu Anforderungen und

- das Verwenden eines gemeinsamen Repositories.

4.2.1
Darstellungsformen von Anforderungen

Anforderungen können in unterschiedlichster Form dargestellt und gespeichert werden. Die häufigsten sind:

Unterschiedliche Ausprägungen

- Ausformulierte Texte (zum Beispiel Microsoft Word-Dokumente)

- Stichwortsammlungen (zum Beispiel Microsoft Word-Dokumente)

- Zeichnungen (zum Beispiel Microsoft Visio, Corel Draw)

- Diagramme (zum Beispiel Microsoft Visio, UML-Diagramme, ER-Diagramme, Microsoft Powerpoint-Präsentationen)

- HTML- oder XML-Dokumente

- Tabellen (zum Beispiel Excel-Tabellen)

Aber auch etwas ausgefallenere Erscheinungsformen treten auf:

Ausgefallenere Erscheinungsformen

- Videofilme

- Software

- Mind Map

Zurzeit sind wohl die textuelle Darstellung in Form von Word-Dokumenten und die Darstellung in Form von Diagrammen (ER-Diagramme und UML-Diagramme) am häufigsten anzutreffen. Allerdings wird künftig auch die Darstellungsform als HTML- oder XML-Dokumente immer weitere Verbreitung finden.

Bezogen auf eine Werkzeugunterstützung für das Anforderungsmanagement bedeutet dies, dass eine gute Unterstützung, oder noch besser eine Integration in die entsprechenden Werkzeuge (zum Beispiel Microsoft Word und Rational Rose), vorhanden sein sollte. Unter Berücksichtung der künftigen Entwicklung ist eine XML-Unterstützung wünschenswert.

4.2.2
Typen von Anforderungen

Es gibt unterschiedliche Typen von Anforderungen. Einige Beispiele sind:

- Business-Anforderung
- Designanforderung
- Benutzeranforderung
- Testanforderung

In Abhängigkeit von der Art der Anforderung werden oftmals unterschiedliche Darstellungsformen verwendet. So liegen Designanforderungen oft in Form von UML-Diagrammen, Testanforderungen hingegen regelmäßig als Textdokumente vor.

Ein Werkzeug zum Anforderungsmanagement muss also in der Lage sein, unterschiedliche Anforderungstypen bearbeiten zu können.

4.2.3
Zusatzinformationen zu Anforderungen

Auch die notwendigen Zusatzinformationen, die so genannten Attribute, hängen stark vom Typ der Anforderung ab. Beispielsweise ist für eine Designanforderung sicherlich der Realisierungsaufwand durch den Entwickler eine interessante Information. Bei Testanforderungen ist das Testergebnis als zusätzliches Attribut der Anforderung von allerhöchstem Interesse.

Für ein Werkzeug zur Unterstützung beim Anforderungsmanagement bedeutet dies, dass eine freie Definition von Attributen möglich sein sollte.

4.2.4
Das gemeinsame Repository

Wie wir nun wissen, können Anforderungen in unterschiedlichsten Darstellungsformen vorliegen, zu verschiedenen Anforderungstypen gehören und mit unterschiedlichen Zusatzinformationen versehen sein.

Was bedeutet dies für die physikalische Speicherstruktur von Anforderungen? Benötigen wir ein zentrales und gemeinsames Repository, also einen Speicherort mit einer einheitlichen Speicherstruktur, für alle Anforderungen?

Die optimale Speicherstruktur? Eben solch ein zentrales Repository könnte die optimale Speicherstruktur für ein Werkzeug zum Anforderungsmanagement sein, wären mit einem solchen Repository nicht ein paar Schwierigkeiten verbunden.

In der Vergangenheit gab es viele Versuche, ein unternehmensweites und zentrales Repository für alle Informationen zu Softwareprojekten in Unternehmen einzuführen. Die mir bekannten Versuche sind alle gescheitert. Dafür gibt es die unterschiedlichsten Gründe, aber auch einige Gemeinsamkeiten sind erkennbar.

Zum Ersten war die Performance der geschaffenen Repositories für einige Informationstypen sehr gut und für andere sehr schlecht. Der Grund dafür war, dass die Datenstruktur des Repositories für einige Bereiche optimiert war und gerade diese Optimierung in anderen Bereichen zu einer Beeinträchtigung der Performance führte.

Nur mit Mühe Zum Zweiten konnten die Repositories nicht mit den sich permanent ändernden Darstellungsformen und Arten von zu speichernden Informationen Schritt halten. Dies führte dazu, dass gewisse Informationen nur mit Mühe im Repository gespeichert und verwaltet werden konnten.

HTML- und XML-Dokumente Speziell im Bereich der Anforderungen existiert aber eine Vielzahl von unterschiedlichen Darstellungsformen (siehe auch Kapitel 4.2.1) und für jede gibt es eine andere optimale Speicherstruktur, um die bestmögliche Performance zu erzielen. Des Weiteren kommen regelmäßig neue Darstellungsformen hinzu. Denken Sie in diesem Zusammenhang nur an den Ausblick auf die HTML- und XML-Dokumente (siehe auch Kapitel 4.2.1).

4 Anforderungsmanagement werkzeuggestützt durchführen

Problematisch sind auch die zum Teil sehr unterschiedlichen Zusatzinformationen, die zu einer Anforderung gespeichert werden sollen. Beispielsweise könnte es sich im Bereich der Designanforderungen dabei um die visuelle Darstellung eines Prozesses handeln oder im Bereich von Testanforderungen um das konkrete Testskript, das zur Automatisierung der Tests verwendet wird.

Somit erscheint ein gemeinsames Repository aus Sicht eines Anforderungsmanagementwerkzeuges nicht angebracht.

Auf der anderen Seite ist das Zusammenspiel aller Informationen zu einer Anforderung extrem wichtig, ja sogar eine notwendige Bedingung für ein erfolgreiches Anforderungsmanagement. Ohne solch ein Zusammenspiel wären spezielle Problemstellungen des Anforderungsmanagements nicht lösbar. Beispielhaft sind:

- Historie von Anforderungen

- Tracking von Anforderungen (zum Beispiel, um festzustellen, ob die Anforderung bereits bearbeitet worden ist oder wie viel Zeit zur Bearbeitung der Anforderung benötigt wurde)

- Aufbau von Anforderungsstrukturen (zum Beispiel ist eine Testanforderung in der Regel von einer funktionalen Anforderung abhängig)

- Impact-Analyse (das heißt, wie hoch wird der Aufwand sein, wenn sich eine Anforderung verändert, und welche weiteren Anforderungen sind davon betroffen)

- Zeitabschätzung für die verbleibende Projektdauer

Heißt dies nun, dass ein gemeinsames Repository doch notwendig ist? In gewisser Weise, ja.

Für ein Werkzeug, das effektiv das Anforderungsmanagement unterstützt, bedeutet dies, dass es beide Möglichkeiten bieten sollte. Auf der einen Seite kein gemeinsames Repository für Zusatzinformationen, um jeweils die bestmögliche Performance zur Speicherung der Zusatzinformationen ausnutzen zu können. Auf der anderen Seite sehr wohl ein gemeinsames Repository für die übergreifenden Tätigkeiten (zum Beispiel Historie) des Anforderungsmanagements. Abbildung 29 verdeutlicht dies.

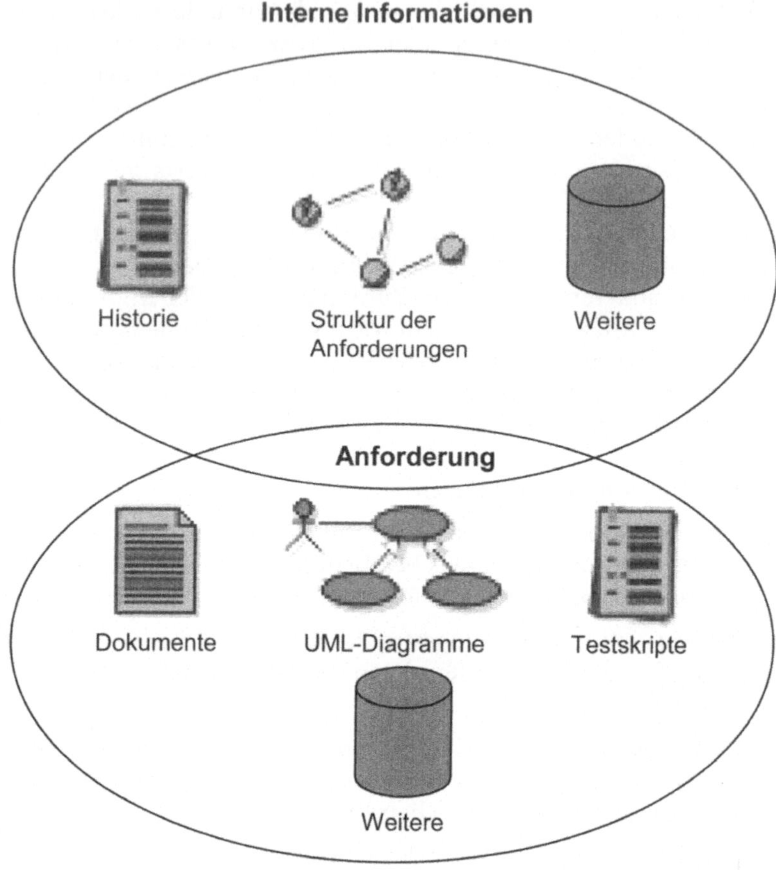

Abbildung 29: Das Zusammenspiel unterschiedlicher Speicherorte beim Anforderungsmanagement

Ein konkretes Beispiel

Nachdem Sie nun einiges über den Werkzeugeinsatz während der Softwareentwicklung Im Allgemeinen und den zur Unterstützung des Anforderungsmanagements Im Speziellen erfahren haben, ist es nun an der Zeit, Ihnen konkret ein Beispiel vorzustellen.

4.3
Die Rational Suite AnalystStudio

Das AnalystStudio von Rational Software richtet sich speziell an die Projektmitarbeiter, die sich mit der Planung und dem Design des IT-Systems auseinander setzen. Die größte Anzahl an Anforderungen an das zu erstellende IT-System wird genau von dieser Gruppe von Personen ermittelt und detaillierter spezifiziert.

Das Rational Suite AnalystStudio enthält die folgenden Produkte:

- Rational RequisitePro® zur Unterstützung des Anforderungsmanagements
- Rational Rose® zur visuellen Modellierung mittels UML
- Rational ClearQuest™ als Fehlerverfolgungssystem und zur Unterstützung beim Change Request Management (Verwaltung von Änderungswünschen)
- Rational ClearCase LT als System zum Konfigurationsmanagement
- Rational TestManager zur Verwaltung und Steuerung aller geplanten Testaktivitäten
- Rational SoDA® zur automatischen Erstellung einer Projektdokumentation
- Rational Unified Process™ als ein mittlerweile als Industriestandard anerkanntes Vorgehensmodell für die Durchführung von Projekten zur Anwendungsentwicklung (siehe auch Kapitel 3)

Produkte des Rational Suite AnalystStudio

Mit dem Rational Suite AnalystStudio sind Sie in der Lage, während des gesamten Projektes Ihre Anforderungen zu erfassen, zu bearbeiten und zu verwalten.

Beginnen werden Sie sicherlich mit der Identifizierung und Erfassung von Anforderungen. Zurzeit werden Anforderungen hauptsächlich auf zwei Arten erfasst und gepflegt. Und zwar in Form von UML-Diagrammen und als Microsoft Word-Dokumente.

Im Rational Suite AnalystStudio ist Rational Rose als das führende UML-Modellierungswerkzeug und eine direkte Schnittstelle von Microsoft Word zu Rational RequisitePro enthalten. Somit sind genau die beiden zurzeit wichtigsten Vertreter zur Anforderungsdefinition und -pflege in das Rational Suite AnalystStudio integriert. Dies erleichtert die Einarbeitung erheblich, da keine neuen Techniken erlernt werden müssen.

Im Projektverlauf wird es notwendig sein, evtl. neue Anforderungen zu erfassen, Anforderungen zu ändern oder auch zu löschen. Dies alles geschieht optimalerweise in den Originaldokumenten, also in den UML-Diagrammen und den Microsoft Word-Dokumenten. Dabei ist es wichtig, dass alle Anforderungen, Diagramme, Dokumente etc. in irgendeiner Form versioniert werden.

Möglichkeit, während des gesamten Projektes Anforderungen zu erfassen, zu bearbeiten und zu verwalten

Rational ClearCase LT

Zum Beispiel ist es wichtig, dass eine Änderungshistorie jederzeit und aktuell verfügbar ist. Diese Aufgabe übernehmen im Rational Suite AnalystStudio bezogen auf die konkrete Anforderung Rational RequisitePro und bezogen auf Diagramme, Dokumente etc. Rational ClearCase LT.

Auch wird es im Projektverlauf notwendig sein, Attribute der Anforderungen zu bearbeiten, Anforderungsstrukturen aufzubauen und zu verändern, Impact-Analysen durchzuführen und den Verlauf bestimmter Attribute zu überwachen (Tracking). Dies geschieht im Rational Suite AnalystStudio sehr einfach mit Rational RequisitePro.

Rational SoDA Mittels Rational SoDA können Sie auf der Grundlage von Vorlagen jederzeit im Projekt Microsoft Word-Dokumente dynamisch erstellen, das heißt, Sie haben alle Informationen immer auf dem aktuellsten Stand. So ist es zum Beispiel recht einfach möglich, aus den entsprechenden Speicherorten ein Microsoft Word-Dokument dynamisch zu erstellen, das Ihnen alle Anforderungen aus Rational RequisitePro mit den dazugehörigen Fehlern und deren Status aus Rational ClearQuest in Form einer Tabelle darstellt.

Rational TestManager Auch die wichtige Verbindung zur Planung von konkreten Tests anhand von Testanforderungen ist im Rational Suite AnalystStudio mit Hilfe des Rational TestManager schnell und einfach möglich. So verlieren Sie auch hier nicht so leicht den Überblick.

Letztlich kann es sein, dass im Laufe eines Projektes Änderungswünsche vom Kunden vorliegen. Diese Wünsche können in einer neuen oder geänderten Anforderung münden, müssen aber nicht. Ein konsequentes Verwalten solcher Änderungswünsche ist somit im Projekt ebenfalls notwendig. Schließlich wollen Sie die Änderungswünsche Ihrer Kunden sicherlich nicht „vergessen". Genau dabei ist Ihnen im Rational Suite AnalystStudio Rational ClearQuest behilflich.

Auch technisch nutzt das Rational Suite AnalystStudio die Vorteile von getrennten und für den jeweiligen Zweck optimierten Speicherstrukturen sowie auch ein gemeinsames Repository (s. 4.2.4) zur Verwaltung aller Informationen. Zum Beispiel bleiben alle Microsoft Word-Dokumente als solche erhalten und im Falle von UML-Diagrammen wird die Speicherstruktur von Rational Rose verwendet. Zur Impact-Analyse wird dann allerdings auf das gemeinsame Repository aller Anforderungen (in einer Rational RequisitePro-Speicherstruktur) zugegriffen. Dabei laufen alle evtl. notwendigen Synchronisierungen im Hintergrund automatisch ab.

Zusammenfassend lässt sich sagen, dass im Rational Suite AnalystStudio alle Komponenten enthalten sind, die für ein umfassendes Anforderungsmanagement, vom Projektbeginn bis zu seinem Ende, notwendig sind.

Zum Abschluss dieses Kapitels möchte ich Sie an meine Geschichte erinnern, die Sie in Kapitel 4.1.2 gelesen haben. Eine der entscheidenden Schlussfolgerungen war die Notwendigkeit einer methodischen Nutzung aller Werkzeuge. Eben diese äußerst wichtige Voraussetzung für den erfolgreichen Einsatz von Werkzeugen ist mit der Integration des Rational Unified Process in das Rational Suite AnalystStudio gegeben.

Dies geht sogar soweit, dass aus dem Rational Unified Process heraus, welcher in Form von HTML-Dokumenten vorliegt, die Werkzeuge an den entsprechenden Stellen direkt verwendet werden können. Auch eine große Anzahl an Vorlagen ist bereits in dem Rational Unified Process enthalten.

Nun sind Sie sicher schon gespannt darauf, etwas genauer zu erfahren, wie Sie mit dem Rational Suite AnalystStudio Ihr Anforderungsmanagement in Ihren Projekten gestalten können. Zu diesem Zweck werden wir uns auf das zentrale Werkzeug für das Anforderungsmanagement mit dem Namen Rational RequisitePro konzentrieren.

In den nächsten Kapiteln bringe ich Ihnen die Benutzung und die Schnittstellen des Werkzeuges näher. Alle Werkzeuge des Rational Suite AnalystStudios zu besprechen, sprengt aber den Rahmen des Buches.

4.4
Der Einsatz von Rational RequisitePro

4.4.1
Die Struktur von Rational RequisitePro

Rational RequisitePro bietet Ihnen zwei Arbeitsbereiche (Workplaces):

- den Word Workplace zum Bearbeiten von Anforderungen in Microsoft Word-Dokumenten und

- den Views Workplace zum direkten Bearbeiten von Anforderungen in der Rational RequisitePro-Datenbank.

Abbildung 30 verdeutlicht den Zusammenhang.

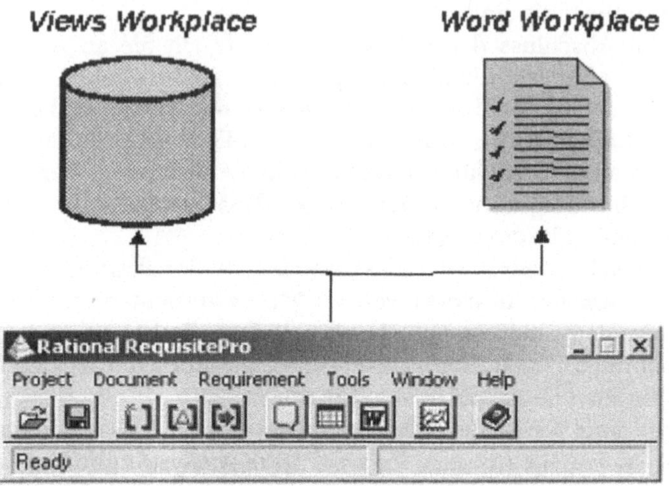

Abbildung 30: Workplaces in Rational RequisitePro

Wie Sie mit den Workplaces nun konkret Ihre Anforderungen verwalten können, erfahren Sie in Kapitel 4.4.4.

4.4.2
Die Struktur eines Rational RequisitePro-Projektes

Auch Rational RequisitePro arbeitet mit so genannten Projekten. Damit ist der Speicherort aller Informationen gemeint, die Sie zur Durchführung des Anforderungsmanagements mit Rational RequisitePro benötigen.

Ein solches Projekt enthält:

Diverse Projektinhalte

- Anforderungen, die auf Anforderungstypen basieren
- Attribute, die Anforderungen genauer beschreiben
- Dokumente, die auf Dokumenttypen basieren

Klingt alles ziemlich einfach. Dass die Struktur allerdings etwas komplexer ist, soll Abbildung 31 verdeutlichen.

4 Anforderungsmanagement werkzeuggestützt durchführen

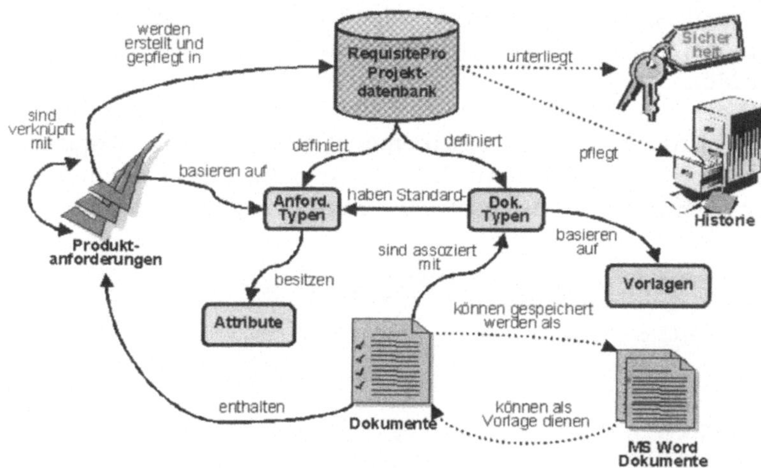

Abbildung 31: Projektstruktur in Rational RequisitePro

Mit Hilfe der im Rational RequisitePro-Projekt gespeicherten Informationen können Sie zum Beispiel die Historie von Anforderungen nachvollziehen. Auch der Aufbau von Anforderungsstrukturen und damit die Durchführung von Impact-Analysen sind mit diesen Daten leicht machbar.

Historie von Anforderungen nachvollziehen

Es ist möglich, ein Rational RequisitePro-Projekt auf verschiedenen Datenbankplattformen zu speichern. In der Version 2001 werden folgende Datenbankmanagementsysteme unterstützt:

- Microsoft Access
- Oracle
- Microsoft SQL Server

Unterstützte Datenbankmanagementsysteme

Diese Möglichkeiten verdeutlicht Abbildung 32.

4.4.3
Ein Rational RequisitePro-Projekt definieren

Als erster Arbeitsschritt muss in Rational RequisitePro ein Projekt angelegt oder geöffnet werden. Da wir ganz am Anfang stehen, haben wir noch kein Rational RequisitePro-Projekt und werden deshalb ein neues Projekt definieren. Sie haben dabei die Möglichkeit, aus mehreren Projektvorlagen zu wählen. Sie können auch aus einem Ihrer bestehenden Rational RequisitePro-Projekte eine Projektvorlage für künftige Projekte anlegen.

Erster Arbeitsschritt

Als Beispiel für diese Buch wähle ich ein im Lieferumfang des Rational Suite AnalystStudio enthaltenes Beispiel. Dies gibt Ihnen die Möglichkeit, das Beispiel „life" nachzuvollziehen.

Nachdem der Name, der Speicherort, die gewünschte Datenbankplattform und eine Beschreibung für das Rational Requisite-Pro-Projekt eingegeben wurde (siehe Abbildung 32), kann nun mit der eigentlichen Vorbereitung des Projektes begonnen werden.

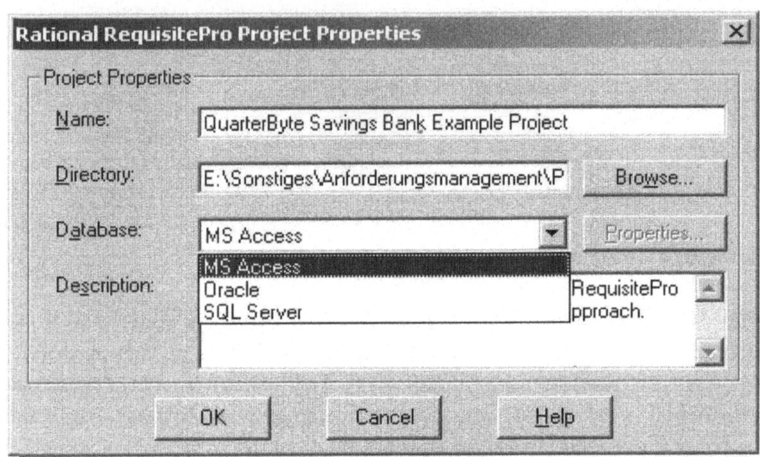

Abbildung 32: Anlegen eines Rational RequisitePro-Projektes

Zunächst ist die Definition von Anforderungstypen notwendig. In unserem Beispiel werden wir

- den *Product Requirement Type* für allgemeine Produktanforderungen,

- den *Software Requirement Type* für die konkreten Anforderungen an die eigentliche Anwendung und

- den *Testing Requirement Type* für Testanforderungen

definieren (siehe Abbildung 33).

Neben diesen drei Anforderungstypen sind noch eine ganze Reihe anderer von Bedeutung (zum Beispiel: Use-Case Requirement Type oder Business Requirement Type). An dieser Stelle sollen die drei definierten Anforderungstypen genügen, da sie den „Evolutionszyklus" von Anforderungen sehr gut widerspiegeln: Aus den allgemeinen Produktanforderungen werden die konkreten Anforderungen an die Anwendung und letztlich auch die Testanforderungen entwickelt bzw. abgeleitet.

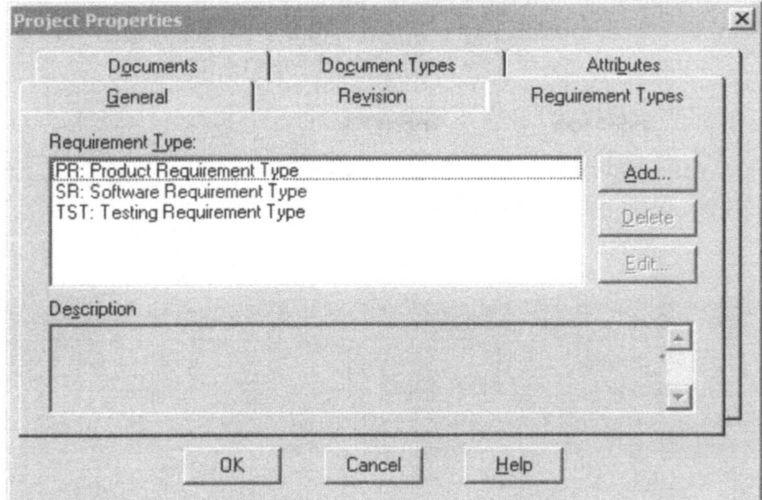

Abbildung 33: Anforderungstypen

Die Abkürzungen PR, SR und TST[37] in Abbildung 33 sind so genannte Tags. Dies sind Kürzel, die zur Identifizierung des Typs einer Anforderung dienen und einen großen praktischen Nutzen haben. Näheres dazu finden Sie in Kapitel 4.4.4.1.

Kürzel, die zur Identifizierung des Typs einer Anforderung dienen

Zu jedem Anforderungstyp werden nun entsprechende Attribute definiert. Für jeden der drei Anforderungstypen sind dies:

- *Priority* zur Einstufung der Wichtigkeit der Anforderung. Somit sind Sie in der Lage, die Bearbeitungsreihenfolge der Anforderungen zu steuern und evtl. in zeitkritischen Momenten den Blick für das „Wesentliche" nicht zu verlieren. Wir beschränken uns hier auf die Prioritäten *high, medium* und *low*.

Priority

- Status, um jeweils den aktuellen Bearbeitungszustand erfassen zu können. Dies hilft Ihnen, den Überblick über Ihr Projekt aus Sicht der Anforderungen zu bewahren. In dem Beispiel verwenden wir *Proposed, Approved, Incorporated* und *Validated*.

Status

- *Cost*, um die Kosten, die für die Umsetzung der Anforderung angefallen sind, erfassen zu können. So behalten Sie auch hier den Überblick.

Cost

---

[37] Siehe Akronyme im Anhang.

■ *Assigned To*, um die Anforderungen einem Projektmitarbeiter konkret zuordnen zu können. Nichts ist schlimmer für ein Projekt, als wenn sich keiner der Projektmitarbeiter für etwas konkret zuständig fühlt.

Für Anforderungen des Typs *Testing Requirement* sind noch weitere Attribute sinnvoll (siehe Abbildung 34).

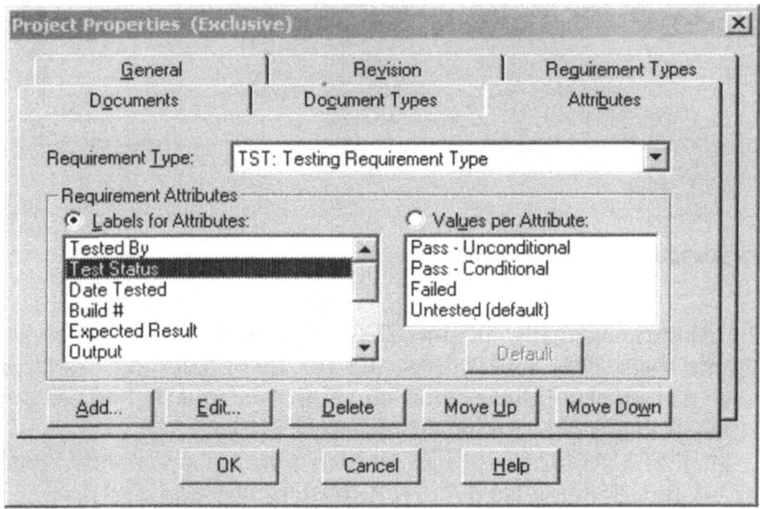

Abbildung 34: Attribute von Testanforderungen

Hier spielt Rational RequisitePro erstmals seine Möglichkeiten voll aus. Wie Sie in Abbildung 34 sehen, können die Datentypen von Attributen frei vergeben werden. Dabei sind

■ Listen,

■ alphanumerische Texte,

■ Zahlen,

■ Datums- und Zeitangaben,

■ URL-Links und

■ die direkte Integration in Rational ClearQuest

als Datentypen erlaubt. Im Falle von Listen ist auch die Definition von möglichen Werten notwendig und sinnvoll (vgl. die möglichen Werte *high*, *medium* und *low* für das Attribut *Priority*).

Als letzter Schritt bei der Definition eines Rational RequisitePro-Projektes bleibt nun noch die Definition von Dokumenttypen. Da wir drei Anforderungstypen mit ausgesprochen unterschiedlichen Ausprägungen haben, werden wir auch entsprechende Dokument-typen (siehe Abbildung 35) benötigen:

- *Product Requirement Document Type* zur Beschreibung aller allgemeinen Produktanforderungen

- *Software Requirement Document Type* zur Beschreibung aller konkreten Anforderungen an die Anwendung

- *Testing Requirement Document Type* zur Beschreibung aller Testanforderungen

- *Text Only* für jedes weitere Dokument, das keine Anforderun-gen, aber sonstige wichtige Informationen für das Projekt ent-hält.

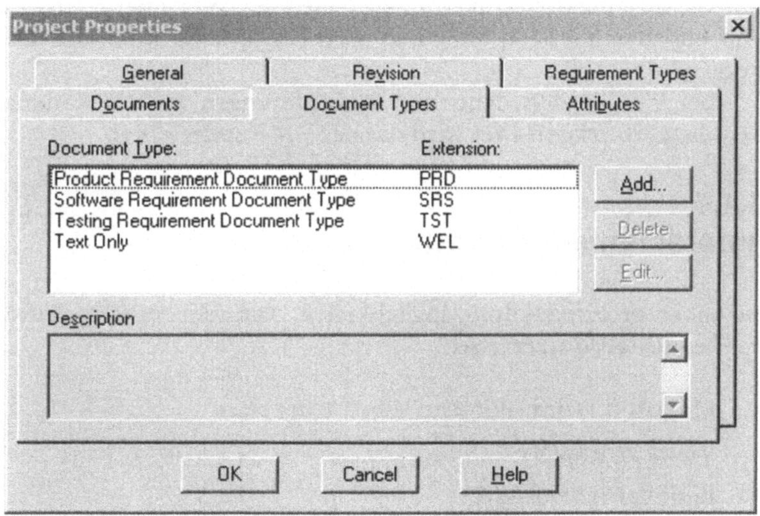

Abbildung 35: Dokumenttypen

Speziell zu beachten dabei ist, dass Sie hier Ihre eigenen Microsoft Word-Vorlagen zur Grundlage dieser Dokumenttypen machen können und sollten. Damit stellen Sie sicher, dass in Ihren Pro-jekten jedes Dokument standardisiert und vom gleichen „Look & Feel" ist.

Nun haben wir bereits ein relativ hartes Stück Arbeit hinter uns gebracht. Hätten Sie gedacht, dass die Definition eines Rational RequisitePro-Projektes so komplex und schwierig werden würde? Sicherlich nicht, und ehrlich gesagt, war die Umsetzung in Rational RequisitePro auch nicht schwierig. Schwierig war die theoretische und methodische Vorarbeit:

- Die Definition von Anforderungstypen und deren Attribute
- Die Definition des Workflows
- Die Erstellung der Microsoft Word-Vorlagen

Dies verdeutlicht abermals, wie wichtig eine fundierte Grundlage für den Einsatz eines Werkzeuges und wie wertvoll in diesem Zusammenhang der Rational Unified Process mit seinen Workflows, Artefakten und Vorlagen ist.

An dieser Stelle erlaube ich mir den Hinweis, dass ich bereits einige Projekte, die die Einführung eines Anforderungsmanagements zum Ziel hatten, daran habe scheitern sehen, dass keine vernüftige methodische Vorarbeit vor dem Einsatz eines Werkzeuges gemacht wurde. Auch die besten Werkzeuge haben sehr oft keinerlei Chance und enden schließlich als „shelf ware", also ungenutzt auf dem Regal.

Aber wie werden denn nun Anforderungen mittels Rational RequisitePro erfasst? Dies wird das nächste Kapitel klären.

4.4.4
Anforderungen erfassen

Sie haben prinzipiell drei Möglichkeiten, Anforderungen in Rational RequisitePro zu erfassen:

- Microsoft Word (mit dem Word Workplace)
- Views Workplace
- Rational Synchronizer

Mit allen drei Alternativen werden wir uns im Folgenden beschäftigen. Beginnen werden wir dabei mit Microsoft Word.

4.4.4.1
Anforderungen in Microsoft Word erfassen

Hierbei handelt es sich sicherlich um die gängigste Methode, um Anforderungen in ein Rational RequisitePro-Projekt zu übertragen. Was heißt in diesem Zusammenhang „übertragen"? Bisher hat er (der Autor) doch immer von „erfassen" gesprochen!

Richtig, es ist in der Tat so, dass Sie die Anforderungen in Microsoft Word-Dokumenten erfassen und diese dann in das Rational RequisitePro-Projekt übertragen. Am Rande sei erwähnt, dass dies im Grunde auch für das Bearbeiten von Anforderungen, die in einem Microsoft Word-Dokument enthalten sind, gilt.

Wie bereits mehrfach erwähnt, wird zurzeit üblicherweise Microsoft Word verwendet, um alle möglichen Arten von Dokumenten mit einer großen Anzahl an Anforderungen zu schreiben. Und genau hier liegt das Problem. Auf der einen Seite haben Sie Ihre Microsoft Word-Dokumente und auf der anderen Seite wollen Sie Anforderungsmanagement mit Rational RequisitePro betreiben. Wie werden die Anforderungen aus den Microsoft Word-Dokumenten in das Rational RequisitePro-Projekt übertragen? Ganz einfach, mit der Word Workplace in Rational RequisitePro.

Dahinter verbirgt sich eine nahtlose Integration von Rational RequisitePro in Microsoft Word und umgekehrt. Dies bedeutet, dass Sie in Ihren Microsoft Word-Dokumenten wie bisher Ihre Anforderungen erfassen, bearbeiten und löschen. Durch die Integration von Rational RequisitePro in Microsoft Word können Sie während des Erfassens Ihre Anforderungen in das Rational RequisitePro-Projekt übertragen. Nachdem Sie dies gemacht haben, unterliegen diese Anforderungen der Kontrolle von Rational RequisitePro und können somit einem effizienten Anforderungsmanagement unterzogen werden. In der Version 2001 unterstützt Rational RequisitePro Microsoft Word 97 und 2000.

Die Integration beider Produkte ineinander erkennen Sie bereits an der Menüstruktur von Microsoft Word (siehe Abbildung 36).

Übertragen und erfassen

Word Workplace in Rational RequisitePro

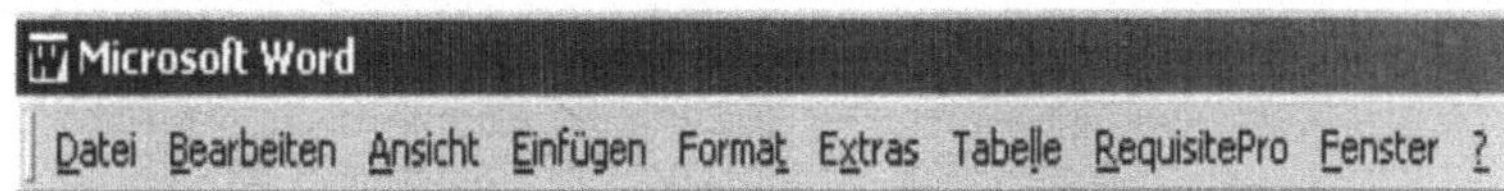

Abbildung 36: Integration von Rational RequisitePro in Microsoft Word

Microsoft Word wird dabei aus Rational RequisitePro geöffnet. Auch einige andere Microsoft Word-Aktionen sollten Sie über das entsprechende *RequisitePro*-Menü (siehe Abbildung 37) ausführen und bewusst nicht über das *Datei*-Menü, um die Integration der beiden Produkte optimal zu nutzen.

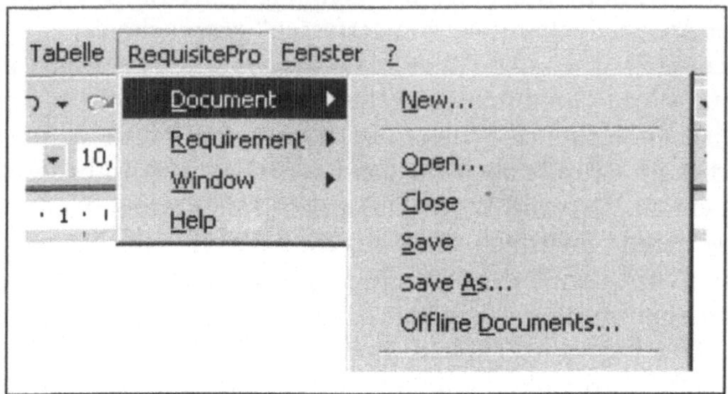

Abbildung 37: *RequisitePro*-Menü in Microsoft Word

Als Erstes werden wir nun ein neues Dokument in unserem Rational RequisitePro-Projekt anlegen. Es soll ein Dokument vom Typ *Product Requirement Document Type* sein. Als Grundlage für das Dokument wird die von uns während der Projektdefinition (siehe auch Kapitel 4.4.3) vorgegebene Microsoft Word-Vorlage verwendet (siehe Abbildung 38).

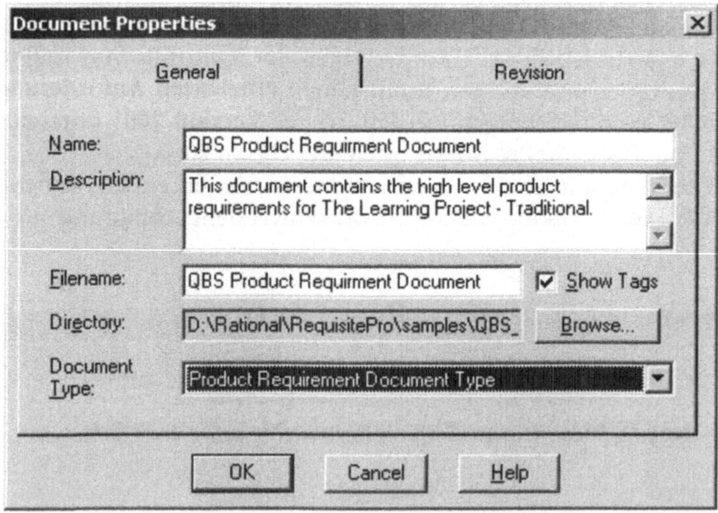

Abbildung 38: Neues Dokument in Rational RequisitePro anlegen

Nun können wir in aller Ruhe unsere Anforderungen in Microsoft Word erfassen. Um diese schließlich in das Rational RequisitePro-Projekt zu übertragen, müssen wir

1. Den Textbereich, der die Anforderung enthält, markieren.

2. Die Anforderung in Rational RequisitePro „erstellen" (durch Auswahl des entsprechenden Menüpunktes).

3. Alle notwendigen Attribute erfassen.

4. Das Microsoft Word-Dokument speichern.

Die folgenden Abbildungen verdeutlichen die Schritte.

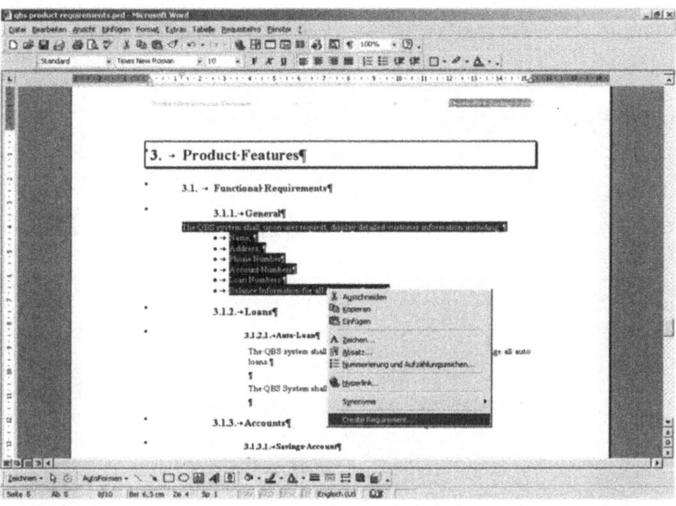

Abbildung 39: Erstellen einer neuen Rational RequisitePro-Anforderung

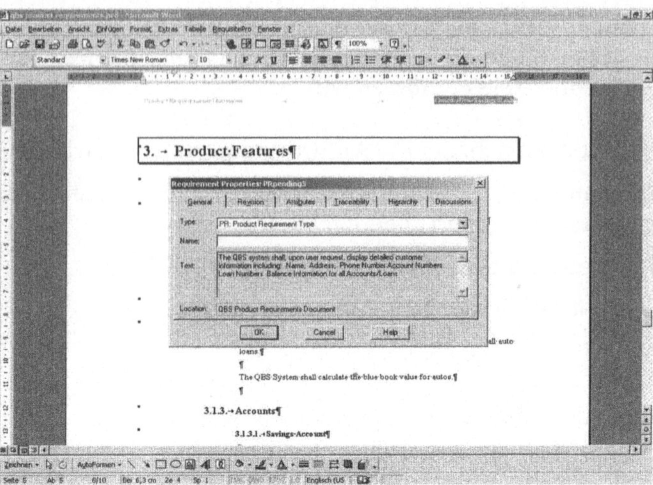

Zweiter Schritt **Abbildung 40: Anforderungstyp für eine neue Anforderung festlegen**

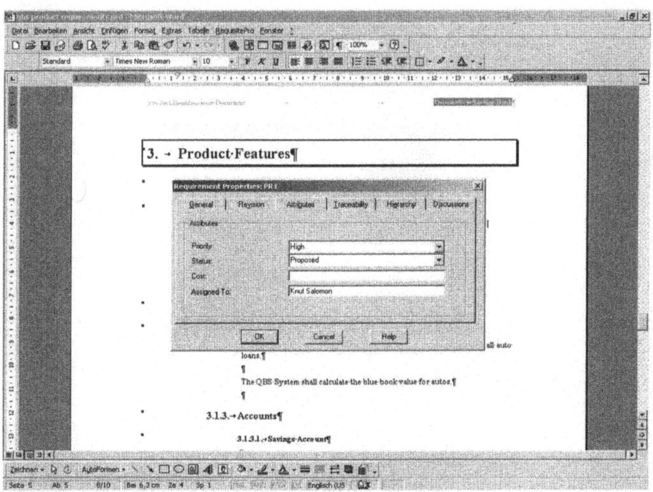

Dritter Schritt **Abbildung 41: Attribute in Rational RequisitePro erfassen**

In Abbildung 41 erkennen Sie wiederum die gute Integration von Rational RequisitePro in Microsoft Word. Alle vorher (siehe Kapitel 4.4.3) definierten Anforderungstypen und Attribute finden Sie hier wieder.

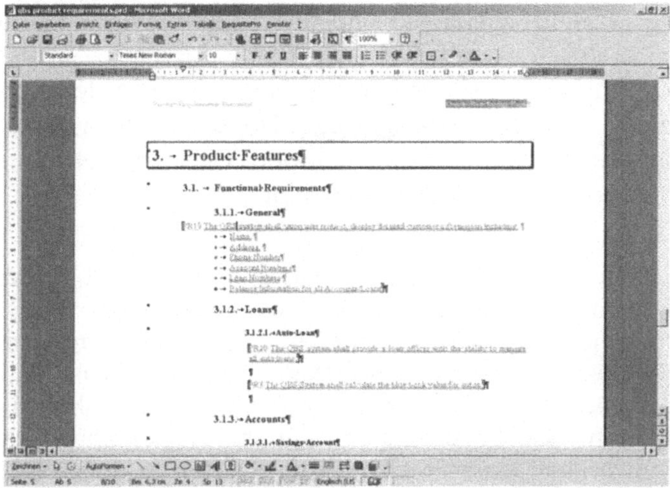

Abbildung 42: Endergebnis

In Abbildung 42 erkennen Sie die *Tags*. Diese haben immer die Struktur:

<Präfix><Anforderungsnummer>

Zum Beispiel bedeutet *PR19*, dass es sich um die Anforderung vom Typ *Product Requirement Type* (Präfix *PR*) handelt, die als 19 erfasst wurde.

Dazu ein kleiner Tipp. Tags sind als versteckter Text in Microsoft Word formatiert und sollten dies auch bleiben. Wenn Sie dies ändern, werden Sie feststellen, dass die Schnittstelle von Rational RequisitePro zu Microsoft Word nachhaltig gestört sein wird. Es hat sich als äußert positiv herausgestellt, die Tags dennoch mit auszudrucken. Da jedes Tag in seinem Rational RequisitePro-Projekt eindeutig ist, kann es sehr gut als Kommunikationsmittel innerhalb Ihres Projektteams oder auch mit dem Kunden eingesetzt werden:

„Hör mal, ich muss mit Dir mal über Anforderung PR19 reden. Da ist mir etwas noch nicht ganz klar …"

Das ist wesentlich klarer und eindeutiger als diese Formulierung:

"Hör mal, ich muss mit Dir mal über die Anforderung auf Seite 8, Absatz 1, Satz 2 reden. Du weißt schon, es geht dabei um die Kundeninformationen. Da ist mir etwas noch nicht ganz klar ..."

Neben der Möglichkeit, Anforderungen in den Word Workplace direkt beim Erfassen in das Rational RequisitePro-Projekt zu übertragen, können Sie auch automatisch Anforderungen aus bestehenden Microsoft Word-Dokumenten in das Rational RequisitePro-Projekt importieren lassen. Dies kann hilfreich sein, wenn Sie mit der Benutzung von Rational RequisitePro nicht direkt am Anfang Ihres Projektes, sondern erst zu einem späteren Zeitpunkt beginnen und bereits einige Microsoft Word-Dokument mit Anforderungen existieren.

Übrigens, evtl. im Anforderungstext enthaltene Bilder werden problemlos als Teil der Anforderung in das Rational RequisitePro-Projekt übertragen. Was genau Sie als Anforderung betrachten (zum Beispiel ein Wort, einen Satz, einen Absatz), legen Sie fest. Hier gibt Ihnen Rational RequisitePro keine großartigen Regeln vor.

Nun haben Sie die Methode zum Erfassen von Anforderungen kennen gelernt, die üblich und einfach ist. Als Nächstes wenden wir uns einer anderen Arbeitsweise zu.

4.4.4.2
Anforderungen in der Views Workplace erfassen

Zunächst wenden wir uns der Frage zu, was der Views Workplace eigentlich ist. Wichtig zu wissen ist, dass Sie mit diesem Arbeitsbereich direkt auf die Rational RequisitePro-Projektdatenbank zugreifen. Dies ist bei der Word Workplace nicht der Fall. Hier arbeiten Sie zunächst mit Microsoft Word und müssen die Anforderungen bewusst in einem weiteren Arbeitsschritt in die Rational RequisitePro-Projektdatenbank übertragen (siehe auch Kapitel 4.4.4.1). Wenn Sie nun aber mit dem Views Workplace direkt auf die Rational RequisitePro-Projektdatenbank zugreifen, heißt dies auch, dass der Speicherort der eigentlichen Anforderung und aller dieser zugeordneten Attribute zusammenfällt. Auch dies ist beim Verwenden des Word Workplace nicht der Fall. Dort wird die eigentliche Anforderung im Microsoft Word-Dokument und die

Attribute werden in der Rational RequisitePro-Projektdatenbank
gespeichert.

Das notwendige Arbeitsmittel im Views Workplace sind so genannte Views (nun wissen Sie auch schon, wie der Name für diesen
Arbeitsbereich zustande gekommen ist). Dies sind bestimmte
Sichten auf die Daten in der Rational RequisitePro-Projektdatenbank. Man muss sogar sagen, dass ohne einen View kein Arbeiten
im Views Workplace möglich ist.

Zu Beginn sieht der Views Workplace so aus wie in Abbildung 43.

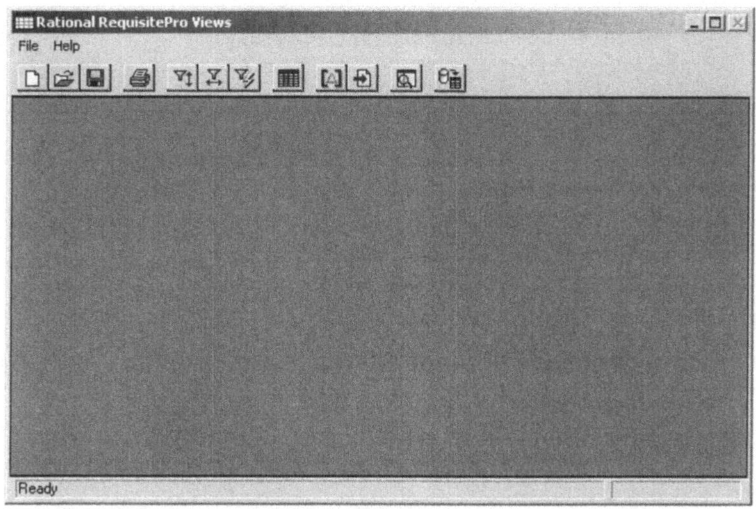

Abbildung 43: Views Workplace in Rational RequisitePro

Um im Views Workplace Anforderungen zu erfassen, werden wir
zunächst eine so genannte *Attribute Matrix* erstellen. Die Attribute
Matrix hat ihren Namen zurecht. Sie zeigt alle Anforderungen und
deren Attribute eines Anforderungstyps an. In Abbildung 44 sehen
Sie zum Beispiel alle Anforderungen (inkl. aller Attribute) des Typs
Product Requirement Type.

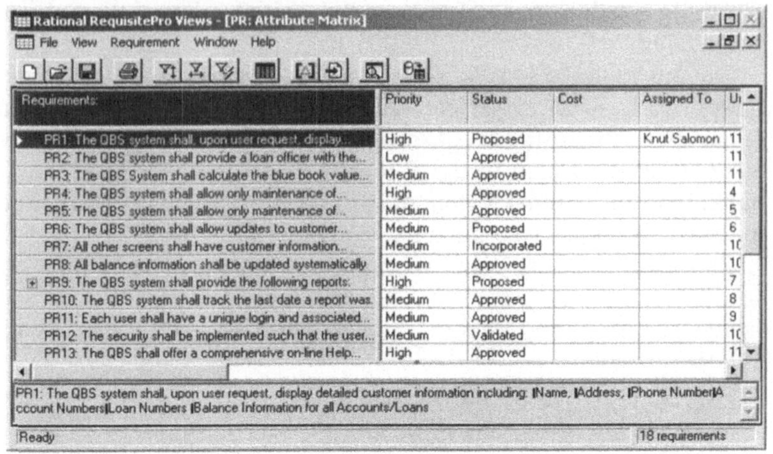

Abbildung 44: Attribute Matrix

Erfassung neuer
Anforderungen

Eine neue Anforderung erfassen wir, indem wir

- den Anforderungstext und
- alle notwendigen Attribute erfassen.

Die folgenden Abbildungen verdeutlichen die einzelnen Schritte:

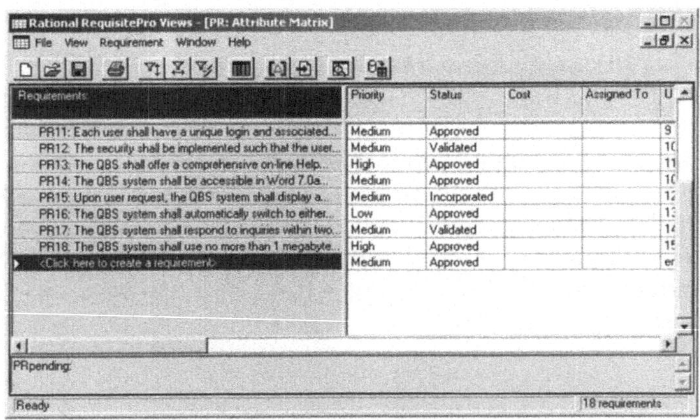

Schritt 1   **Abbildung 45: Neue Anforderungen werden im Views Workplace immer am Ende platziert**

4 Anforderungsmanagement werkzeuggestützt durchführen

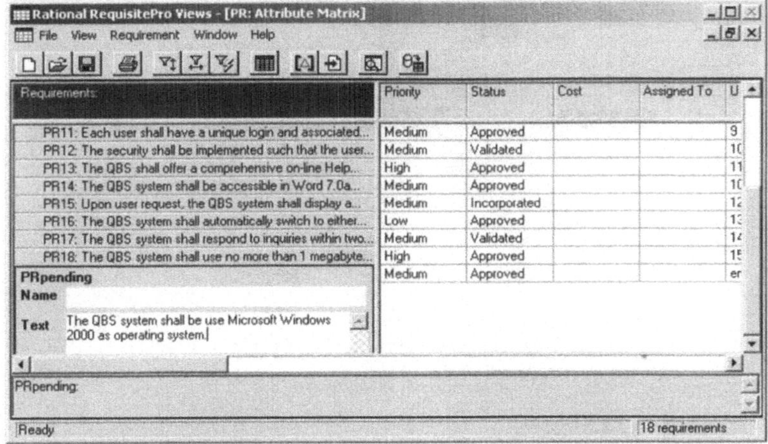

Abbildung 46: Erfassen einer Anforderung im Views Workplace

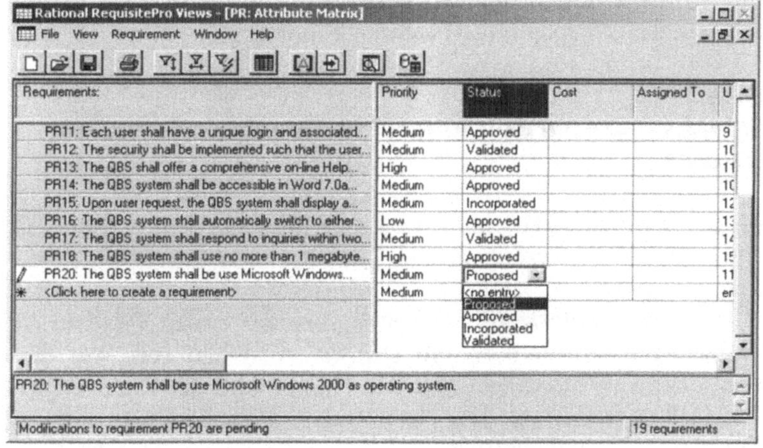

Abbildung 47: Ändern von Attributen im Views Workplace

Auch hier sind wieder deutlich die Tags zu erkennen.

Den entscheidenden Unterschied sehen Sie in Abbildung 48. Die Anforderung ist in der Rational RequisitePro-Projektdatenbank gespeichert und nicht in einem Microsoft Word-Dokument.

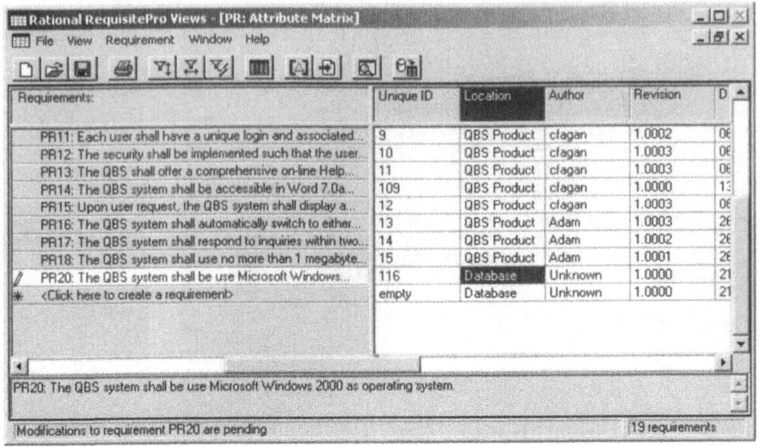

Schritt 4

Abbildung 48: Speicherort von Anforderungen

Abschließend bleibt noch zu sagen, dass grundsätzlich Anforderungen nicht nur in der Attribute Matrix, sondern auch in allen anderen View-Typen erfasst werden können.

4.4.4.3
Anforderungen mit dem Rational Synchronizer automatisch erstellen

Rational Synchronizer

Als letzte Möglichkeit, Anforderungen in einem Rational RequisitePro-Projekt zu erzeugen, kann der Rational Synchronizer verwendet werden.

In diesem hinterlegen Sie Regeln, wie aus einem Typ von Anforderungen automatisch ein anderer entstehen soll. Auf diese Weise kann recht einfach aus dem Namen und der Kurzbeschreibung eines Use-Case eine entsprechende Softwareanforderung automatisch erstellt werden.

Dies kann sinnvoll sein, um sicherzustellen, dass für alle Anforderungen eines bestimmten Typs mindestens eine Anforderung eines anderen Typs vorhanden ist. In unserem Beispiel mit den Use-Cases ist es sicherlich so, dass für jedes Use-Case eine oder mehrere Softwareanforderungen existieren müssen.

In der Regel müssen aber die mit Hilfe des Rational Synchronizer automatisch erzeugten Anforderungen nachbearbeitet (zum Beispiel konkretisiert) werden. So schön das automatische Erzeugen von Anforderungen sein kann, eine echte Arbeitserleichterung ist es normalerweise nicht. Es dient aber dazu, die Vollständigkeit von abhängigen Anforderungen sicherzustellen.

Da der Rational Synchronizer üblicherweise keine große Rolle bei dem eigentlichen Erfassen von Anforderungen spielt, Sie aber evtl. dennoch weitere Informationen über diesen benötigen, sei hier auf die Online-Dokumentation zu dem Rational Synchronizer und den technischen Vertrieb von Rational verwiesen.

4.4.5
Anforderungen bearbeiten

Wenn wir drei Möglichkeiten haben, Anforderungen in Rational RequisitePro zu erfassen, haben wir dann auch drei Möglichkeiten, Anforderungen in Rational RequisitePro zu bearbeiten? Richtig:

- Im Word Workplace (mittels Microsoft Word)   *Drei Möglichkeiten*
- Im Views Workplace
- Mit dem Rational Synchronizer

Wir werden uns wieder mit allen drei Alternativen beschäftigen und wieder beginnen wir mit Microsoft Word.

4.4.5.1
Anforderungen in Microsoft Word bearbeiten

Hier muss zwischen der Bearbeitung von Anforderungstexten und der Bearbeitung von Attributen unterschieden werden.

Solange Sie keinen Anforderungstext in Microsoft Word verän-   *Wichtig zu beachten!*
dern, geschieht beim Speichern des Dokumentes überhaupt nichts. Bitte vergessen Sie nicht, das Speichern über das entsprechende RequisitePro-Menü auszuführen (siehe Abbildung 37 in Kapitel 4.4.4.1).

Ändern Sie allerdings den Text einer Anforderung, erkennt Rational RequisitePro beim Speichern des Dokumentes, dass Sie einen wesentlichen Bestandteil der Anforderung verändert haben und fordert Sie auf, einen Grund für die vorgenommene Änderung anzugeben (siehe Abbildung 49). Dies wiederholt Rational RequisitePro für jede Anforderung, deren Text Sie vor dem Speichern des Microsoft Word-Dokumentes verändert haben.

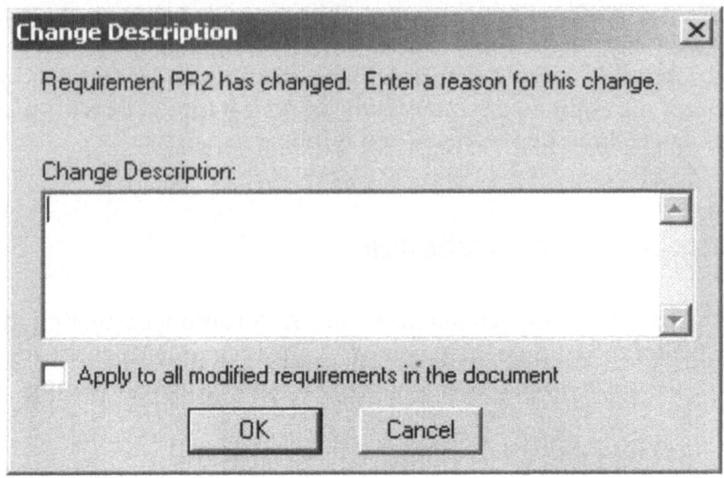

Abbildung 49: Warum wurde der Text einer Anforderung verändert?

Sollten Sie allerdings Attribute einer Anforderung verändert haben, wird die Frage nicht gestellt, da Rational RequisitePro davon ausgeht, dass dies nicht versehentlich geschehen sein kann. Immerhin müssen Sie hierzu einen speziellen Menüpunkt auswählen und nicht einfach nur beginnen, auf der Tastatur herum zu tippen.

Pflege einer Anforderungshistorie Weshalb greift Rational RequisitePro hier in die Bearbeitung der Anforderungen ein? Der Grund ist die Pflege einer Anforderungshistorie. Weitere Informationen hierzu finden Sie in Kapitel 4.4.9.

Auch das Löschen einer Anforderung gilt als deren Bearbeitung. Dies sollte in Microsoft Word ebenfalls durch Auswahl des entsprechenden Menüpunktes im *RequisitePro*-Menü (siehe Abbildung 37 in 4.4.4.1) erfolgen. In dem Dokument nur den Anforderungstext inkl. des *Tag* zu löschen, reicht nicht aus und führt nur zu Irritationen in der Zusammenarbeit zwischen Microsoft Word und Rational RequisitePro.

Zwei unterschiedlichen Löscharten Interessanterweise haben Sie im Word Workplace die Möglichkeit, zwischen zwei unterschiedlichen Löscharten zu wählen:

- Delete (Un<u>m</u>ark)
- Delete (Remo<u>v</u>e)

Kontrolle durch Rational RequisitePro Beide Löscharten können über das *RequisitePro*-Menü (siehe Abbildung 37 in Kapitel 4.4.4.1) erreicht werden. Mit der Löschart *Delete (Un<u>m</u>ark)* wird nur die Verbindung der Anforderung zum Rational RequisitePro-Projekt gelöscht. Der Anforderungstext im

4 Anforderungsmanagement werkzeuggestützt durchführen

Microsoft Word-Dokument bleibt erhalten. Jedoch unterliegt die Anforderung nicht mehr länger der Kontrolle durch Rational RequisitePro. Verwenden Sie aber die Löschart *Delete (Remove)*, wird die Anforderung sowohl in dem Rational RequisitePro-Projekt als auch in dem Microsoft Word-Dokument entfernt.

Falls Sie Ihre Anforderungen nun nicht im Word Workplace, sondern im Views Workplace erfasst haben, können Sie diese auch nur dort ändern. Deshalb wenden wir uns nun der Vorgehensweise beim Bearbeiten von Anforderungen in diesem Arbeitsbereich zu.

4.4.5.2
Anforderungen im Views Workplace bearbeiten

Im Views Workplace ist es am einfachsten, wenn Sie Ihre Anforderungen in einer *Attribute Matrix* bearbeiten. Hier können Sie direkt den Text und die Attribute einer Anforderung in einem Arbeitsgang bearbeiten. Abbildung 50 verdeutlicht dies.

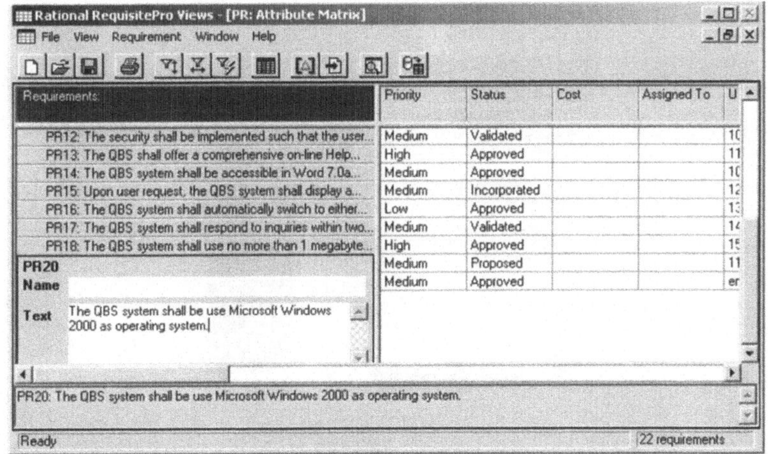

Abbildung 50: Bearbeiten von Anforderungen im Views Workplace

Im Views Workplace existiert eine einfache Art und Weise, um Attribute von mehreren Anforderungen gleichzeitig zu bearbeiten:

1. Markieren aller zu bearbeitenden Attribute.

2. Setzen des neuen Wertes.

Die folgenden Abbildungen verdeutlichen dies.

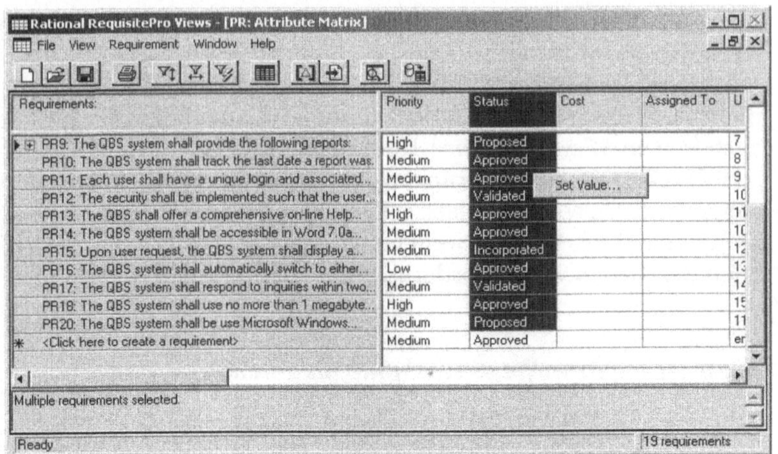

Erster Schritt **Abbildung 51: Markieren mehrerer Attribute**

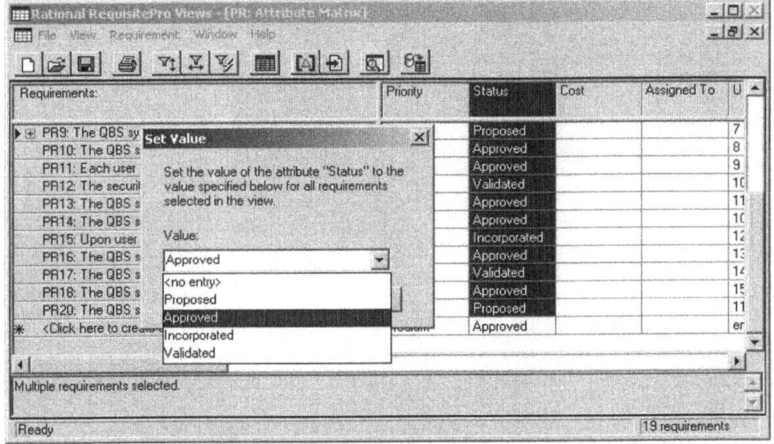

Zweiter Schritt **Abbildung 52: Schnelles Bearbeiten von mehreren Attributen**

  ■ *4 Anforderungsmanagement werkzeuggestützt durchführen*

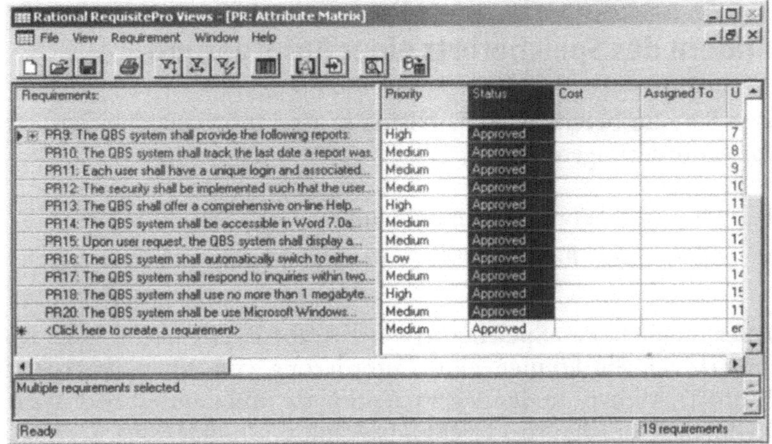

Abbildung 53: Endergebnis

Auch im Views Workplace wird bei jeder Änderung, die an einer Anforderung oder einer ihrer Attribute vorgenommen wird, eine genaue Änderungshistorie gepflegt. Weitere Informationen hierzu finden Sie in Kapitel 4.4.9.

Das Löschen im Views Workplace bewirkt immer ein komplettes Entfernen der Anforderung aus der Rational RequisitePro-Projektdatenbank.

4.4.5.3
Anforderungen mit dem Rational Synchronizer automatisch bearbeiten

Der Rational Synchronizer kann verwendet werden, um Änderungen an Anforderungen auf andere Anforderungen direkt zu übertragen. Zum Beispiel kann die Änderung der Beschriftung eines Use-Case mit Hilfe des Rational Synchronizer direkt in einer automatischen Änderung der entsprechenden Anforderung an die Anwendung münden.

Änderungen an Anforderungen auf andere Anforderungen direkt übertragen

Für weitere Informationen sei an dieser Stelle nochmals auf die Online-Dokumentation zu dem Rational Synchronizer und den technischen Vertrieb von Rational verwiesen.

4.4.6
Ändern des Speicherorts einer Anforderung

Wie Sie nun bereits wissen, existieren zwei mögliche Speicherorte für Anforderungen:

- Microsoft Word-Dokumente und

- die Rational RequisitePro-Projektdatenbank.

Ist es möglich, den Speicherort einer Anforderung nachträglich zu ändern? Ja, Sie können eine Anforderung von einem Microsoft Word-Dokument in den Views Workplace und damit direkt in die Rational RequisitePro-Projektdatenbank und umgekehrt überführen.

Dazu verwenden Sie einfach die Microsoft-Zwischenablage, das heißt, Sie können entweder Anforderungen auf diesem Wege kopieren oder ausschneiden und damit komplett übertragen.

Die Möglichkeit, Anforderungen von einem Speicherort in den anderen überführen zu können, kann sehr wichtig werden. Sollte in Ihrem Projekt eine Anforderung aus dem Microsoft Word-Dokument entfernt werden (da sie nicht mehr relevant ist), Sie aber auf der anderen Seite gerne noch die Historie der Anforderung behalten wollen, haben Sie durch eine Änderung des Speicherortes die Möglichkeit, dies zu bewerkstelligen.

4.4.7
Aufbau von Anforderungsstrukturen

Stehen Anforderungen in Abhängigkeit zueinander, so entwickelt sich daraus eine Anforderungsstruktur. In Rational RequisitePro ist es möglich, zwei verschiedene Arten von Anforderungsstrukturen aufzubauen:

- die sehr strikte hierarchische Anforderungsstruktur und

- die lose Anforderungsstruktur.

Zunächst wenden wir uns der hierarchischen Anforderungsstruktur zu. In Abbildung 54 sehen Sie eine solche in einem Microsoft Word-Dokument. Damit wird eine sehr strenge Abhängigkeit zwischen Anforderungen ausgedrückt.

3.1.4.2. Reports¶

PR9 The QBS system shall provide the following reports:¶

PR9.1 Report: Complete customer history per account.¶

PR9.2 Report: Customer demographic report.¶

PR9.3 Report: Customer listing with options to sort by: name, company, interest rate, and origination date.¶

Abbildung 54: Hierarchische Anforderungsstruktur

In Abbildung 54 ist die Anforderung *PR9* die so genannte „Elternanforderung" und die Anforderungen *PR9.1*, *PR9.2* und *PR9.3* die so genannten „Kindanforderungen". Man könnte auch mit den Begriffen „Oberbegriff" und „Detaillierung" arbeiten. Die Elternanforderung bildet den Oberbegriff, der dann durch eine oder mehre Detaillierungen - den Kindanforderungen - näher beschrieben wird.

Sehr enge hierarchische Beziehung

Die sehr enge hierarchische Beziehung zwischen der Elternanforderung und den Kindanforderungen wird auch durch die *Tags* angedeutet. So ist die Anforderung *PR9.1* die erste Kindanforderung der Elternanforderung *PR9*, *PR9.2* die zweite, usw.

Eine Elternanforderung ist erst dann erfüllt, wenn alle ihre Kindanforderungen erfüllt sind. Ist auch nur eine von diesen nicht erfüllt, ist auch die Elternanforderung nicht erfüllt.

Von Eltern und Kindern

Um eine hierarchische Abhängigkeit zwischen zwei Anforderungen herzustellen, verwenden Sie das Eigenschaftenfenster (siehe Abbildung 55) der Kindanforderung. Sie können eine solche Abhängigkeit immer nur aus der Sicht von einer Kindanforderung aufbauen bzw. ändern, das heißt, bei der Kindanforderung geben Sie die Elternanforderung an. Der umgekehrte Weg ist für den Aufbau oder das Ändern von Anforderungsstrukturen nicht gangbar; zur Analyse allerdings sehr wohl.

Da es sich bei der hierarchischen Anforderungsstruktur um die Abbildung von strikten und engen Abhängigkeiten zwischen Anforderungen handelt, gibt es ein paar Einschränkungen. Es können keine hierarchischen Abhängigkeiten zwischen Anforderungen

Keine hierarchischen Abhängigkeiten zwischen Anforderungen

- unterschiedlichen Typs,
- in unterschiedlichen Microsoft Word-Dokumenten und
- mit unterschiedlichen Speicherorten (Microsoft Word-Dokumenten und Rational RequisitePro-Projektdatenbank)

abgebildet werden.

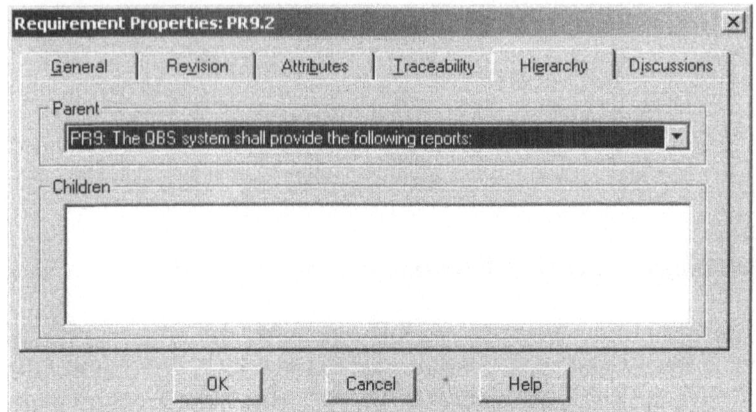

Abbildung 55: Aufbau von hierarchischen Abhängigkeiten

Eine lose Anforderungsstruktur wird zum Beispiel verwendet, um die Abhängigkeit zwischen einer Anforderung an die Anwendung und einer Testanforderung wiederzugeben. Hier ist auch die Möglichkeit der mehrfachen Abhängigkeit gegeben. So kann eine Anforderung an die Anwendung mittels mehrerer Testanforderungen überprüft werden.

Lose Anforderungs-
struktur
Im Gegensatz zu der hierarchischen Anforderungsstruktur, wird in der losen Anforderungsstruktur nicht von Eltern- oder Kindanforderungen gesprochen.

Aufbauen und Bearbeiten können Sie die lose Anforderungsstruktur ähnlich wie bei einer hierarchischen. Sie verwenden wiederum das Eigenschaftenfenster (siehe Abbildung 56) der Anforderung.

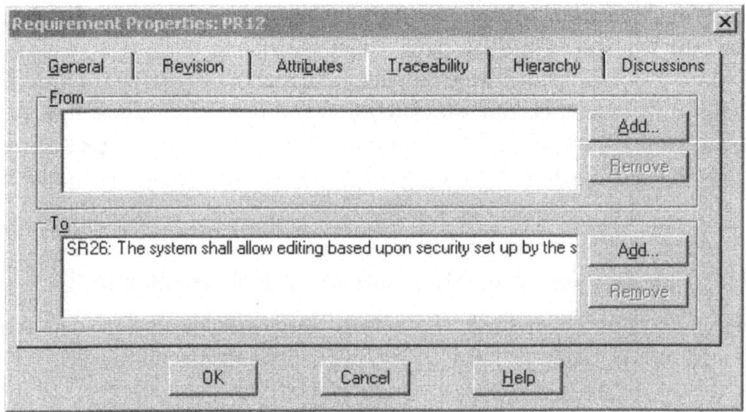

Abbildung 56: Aufbau von losen Abhängigkeiten

 ■ *4 Anforderungsmanagement werkzeuggestützt durchführen*

Wie Sie sehen, können Sie hier Abhängigkeiten in beide Richtungen (*From* und *To*) angeben. So kann eine Anforderung an die Anwendung als Basis (*From*) eine Produktanforderung haben und gleichzeitig Grundlage (*To*) für eine Testanforderung sein.

Abhängigkeiten in beiden Richtungen

Einschränkungen bzgl. der Verknüpfung von Anforderungen zu einer losen Anforderungsstruktur bestehen im Gegensatz zu einer hierarchischen Anforderungsstruktur nicht.

In einem Microsoft Word-Dokument existiert keine Möglichkeit, die komplette lose Anforderungsstruktur zu überblicken. Hier helfen Ihnen die Tags überhaupt nicht weiter, da diese unverändert bleiben. Um sich einen Überblick über die lose Anforderungsstruktur zu verschaffen, müssen Sie den Views Workplace verwenden. Dieser bietet Ihnen dazu zwei spezielle Arten von Views:

Zwei spezielle Arten von Views

- Traceability Matrix
- Traceability Tree

In der *Traceability Matrix* werden die Abhängigkeiten zwischen den Anforderungen von zwei unterschiedlichen Anforderungstypen dargestellt. Dies gibt Ihnen recht schnell einen Überblick über die Vollständigkeit Ihrer Zuordnungen (siehe Abbildung 57).

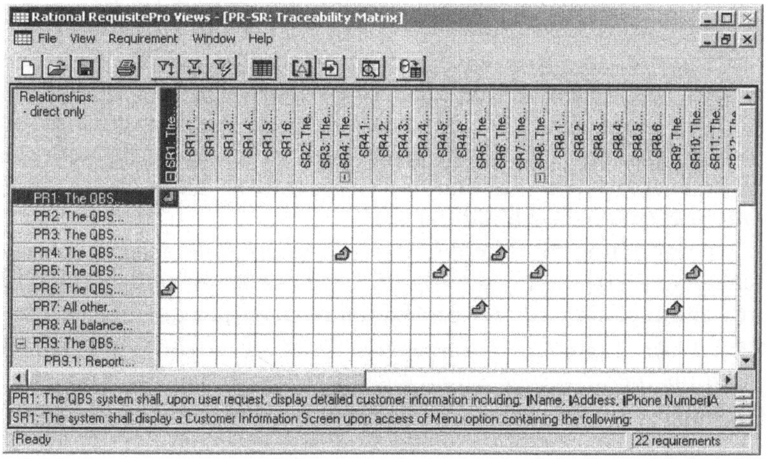

Abbildung 57: Traceability Matrix

Die *Traceability Matrix* kann auch verwendet werden, um sehr schnell und einfach die Abhängigkeiten zwischen den Anforderungen zu setzen (siehe Abbildung 58).

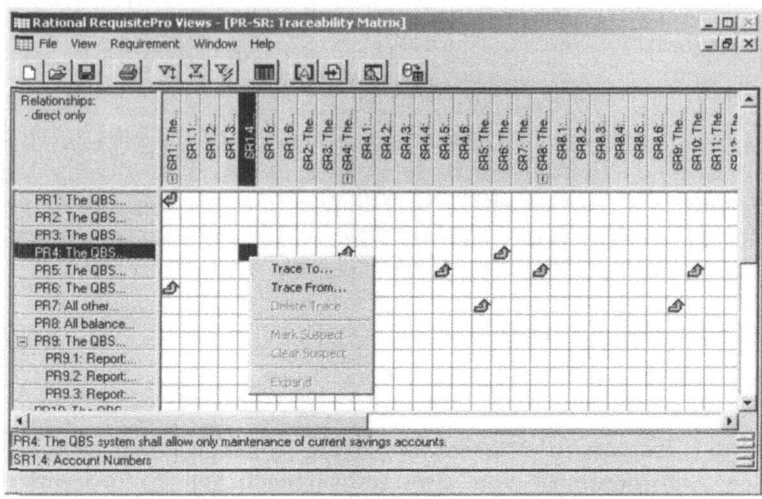

Abbildung 58: Setzen von Abhängigkeiten zwischen Anforderungen in der Traceability Matrix

In einer *Traceability Matrix* erkennen Sie nur die losen Abhängigkeiten zwischen Anforderungen. In einem *Traceability Tree* sind sowohl hierarchische wie auch lose Abhängigkeiten mit einem Blick zu erkennen. Eine Beschränkung auf die Darstellung von Abhängigkeiten zwischen Anforderungen von zwei verschiedenen Anforderungstypen existiert im Gegensatz zu einer *Traceability Matrix* nicht (siehe Abbildung 59).

In Abbildung 59 erkennen Sie die losen Abhängigkeiten zwischen der Produktanforderung *PR4* und den Anforderungen an die Anwendung *SR4* und *SR6*. *SR4* ist dann wiederum die Ausgangsbasis für die Testanforderungen *TST9*, *TST10*, *TST12* und *TST13*. Auch die hierarchische Abhängigkeit zwischen den Produktanforderungen *PR9* und *PR9.1*, *PR9.2* und *PR9.3* sind leicht zu finden.

4 Anforderungsmanagement werkzeuggestützt durchführen

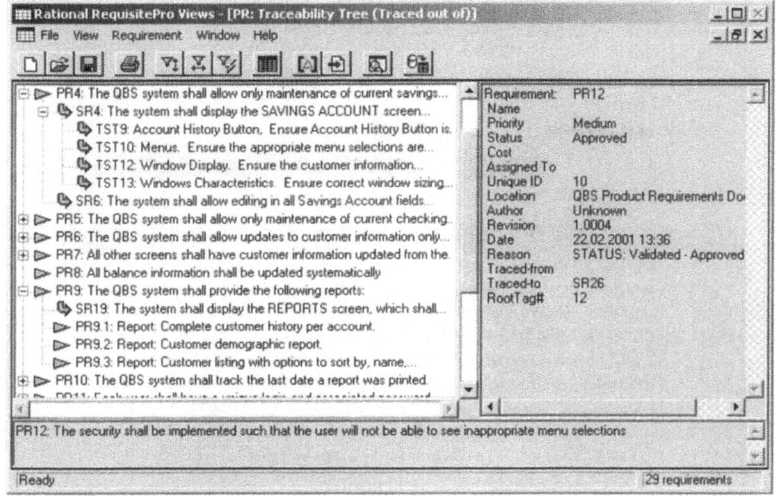

Abbildung 59: Traceability Tree

4.4.8
Navigation durch eine Vielzahl von Anforderungen

Nachdem Sie nun in den vergangenen Kapiteln gelesen haben, dass es unterschiedliche Wege gibt, Anforderungen zu erfassen und zu bearbeiten, ist nun die Frage nach einer schnellen Navigation durch viele Anforderungen zu stellen. Sie kennen sicherlich alle das Problem, dass Sie in Pflichtenheften oder funktionalen Spezifikationen einen konkreten Sachverhalt genau dann nicht schnell finden können, wenn Sie ihn dringend brauchen. Auch hier bietet Ihnen Rational RequisitePro diverse Möglichkeiten.

Eine davon ist die direkte Suche nach einer Anforderung in der Rational RequisitePro-Projektdatenbank. Abbildung 60 verdeutlicht dies.

Navigation durch viele Anforderungen

Sobald Sie hier eine Anforderung ausgewählt haben, öffnet Rational RequisitePro das entsprechende Microsoft Word-Dokument und lokalisiert dort die gewünschte Anforderung. Dies geschieht natürlich nur, wenn es sich auch um eine Anforderung mit dem Speicherort Microsoft Word-Dokument handelt. Ansonsten öffnet Rational RequisitePro das Eigenschaftenfenster der Anforderung.

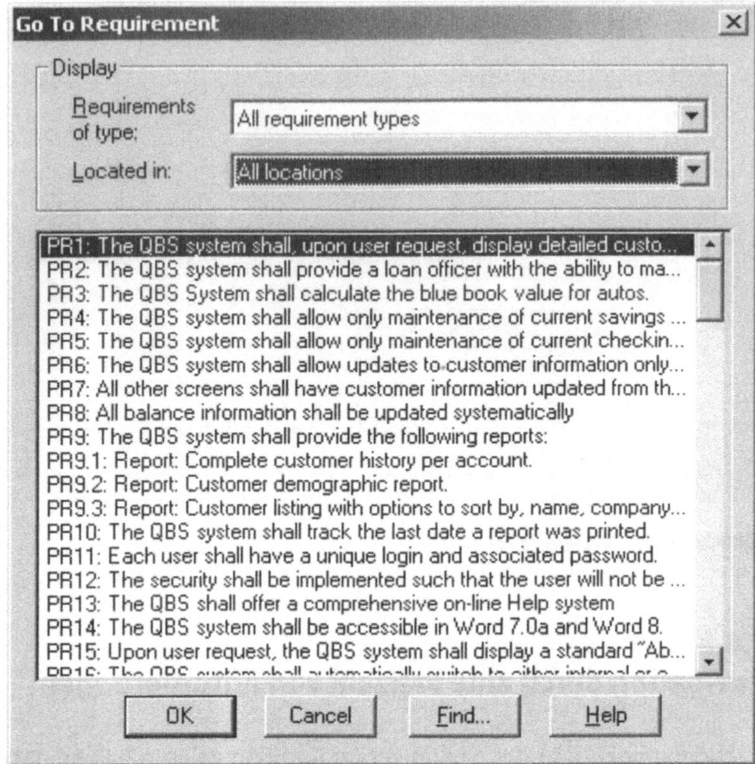

Abbildung 60: Suche nach Anforderungen

Eigenschaftenfenster

Auch eine direkte Suche nach einem Text oder einem Textausschnitt in einer Anforderung ist möglich.

Die Suche nach speziellen Attributen ist ebenfalls kein Problem. Um zum Beispiel alle Anforderungen zu finden, die von *Knut Salomon* bearbeitet werden sollen, können Sie einen so genannten Filter definieren, der Ihnen nur die gewünschten Anforderungen ermittelt und anzeigt. In Abbildung 61 sehen Sie ein mögliches Ergebnis dieser Suche.

Filter

In einem Filter kann nach bestimmten Werten in jedem Attribut gesucht werden. Dies macht das Filtern zu einer mächtigen und nützlichen Unterstützung bei der Navigation zu einer bestimmten Anforderung.

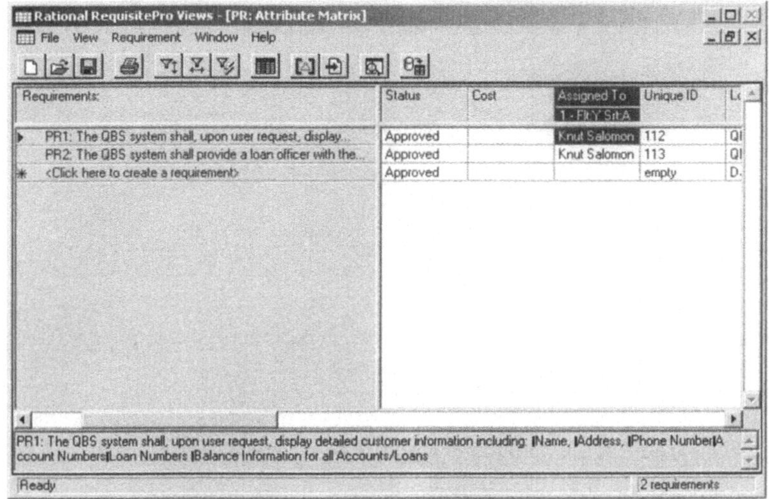

Abbildung 61: Ergebnis einer Suche mit einem Filter

4.4.9
Historie von Anforderungen

Nun wenden wir uns speziellen Fragen des Anforderungsmanagements zu. Beginnen wollen wir mit der Historie von Anforderungen.

- Wie hat sich der Status der Anforderung bisher verändert?

- Wie hat sich der Anforderungstext bisher verändert?

- Wie viele Änderungen hat der Kunde an dem Text einer Anforderung bisher vorgenommen?

Solche Fragen können mit Hilfe der Anforderungshistorie von Rational RequisitePro beantwortet werden.

Nach jeder Änderung einer Anforderung vergibt Rational RequisitePro eine neue interne *Revisionsnummer* für diese Anforderung. Der alte Zustand der geänderten Anforderung wird in der Historie gesichert. Ein Beispiel sehen Sie in Abbildung 62 und Abbildung 63.

Solche Fragen können mit Hilfe der Anforderungshistorie von Rational RequisitePro beantwortet werden

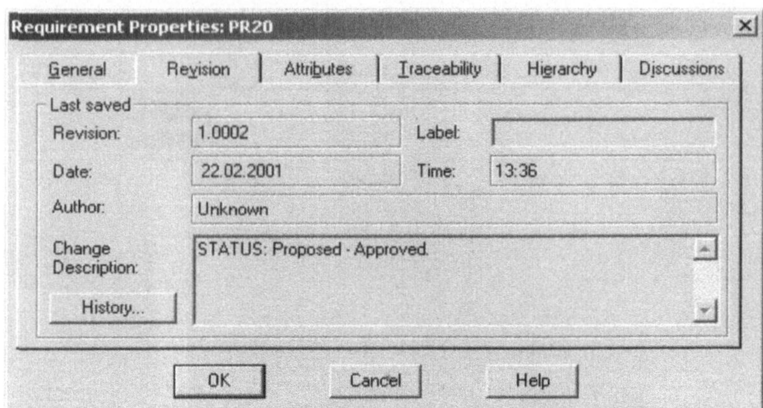

Abbildung 62: Informationen über die letzte Revision einer Anforderung

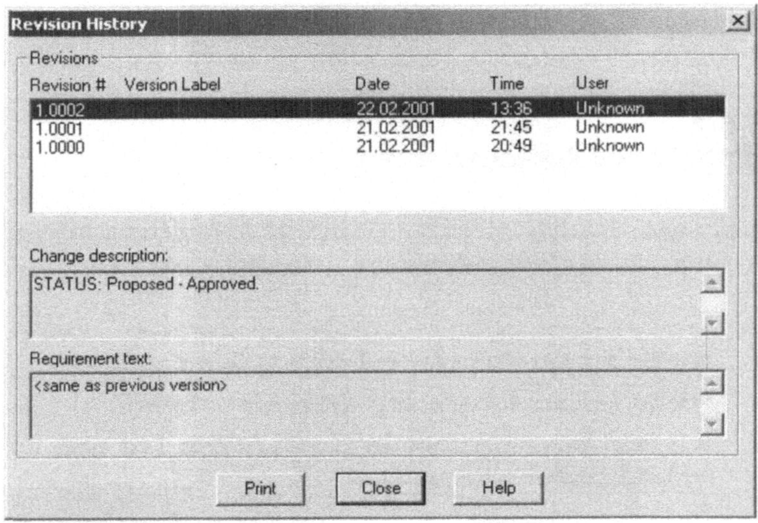

Abbildung 63: Anforderungshistorie

4.4.10
Tracking von Anforderungen

Übliche Fragen

- Wie ist zurzeit der Status einer Anforderung?

- Wer bearbeitet die Anforderung momentan?

- Sind alle Anforderungen der höchsten Priorität bereits bearbeitet?

4 Anforderungsmanagement werkzeuggestützt durchführen

Die Beantwortung dieser Fragen können Sie nur dann vornehmen,
wenn Sie Anforderungen „tracken" (ich hoffe, Sie verzeihen mir
diesen kleinen Ausflug ins Neudeutsche). Das heißt, Sie „spüren"
einer Anforderung nach, indem Sie sich den aktuellen Stand der
Anforderung ansehen.

Um die richtigen Ergebnisse bei diesem „Nachspüren" zu erzielen, benötigen Sie eine gewisse Disziplin in Ihrem Projektteam.
Wenn Ihre Projektmitarbeiter die Statusänderungen einer Anforderung in Rational RequisitePro nicht pflegen, werden Sie auch
keine korrekte Antwort auf Ihre Frage nach dem Status erhalten.

Statusänderung pflegen

Dies ist allerdings notwendig, um ein erfolgreiches Anforderungsmanagement durchführen zu können. Das Geheimnis liegt
hier nicht in der Verwendung von Rational RequisitePro, sondern
in der Disziplin aller Beteiligten. Ein Beispiel für eine Statusabfrage
sehen in Abbildung 64. Dabei wurde ein entsprechender Filter
definiert, um die Abfrage an die Rational RequisitePro-Projektdatenbank zu konkretisieren.

Entsprechende Filter definieren

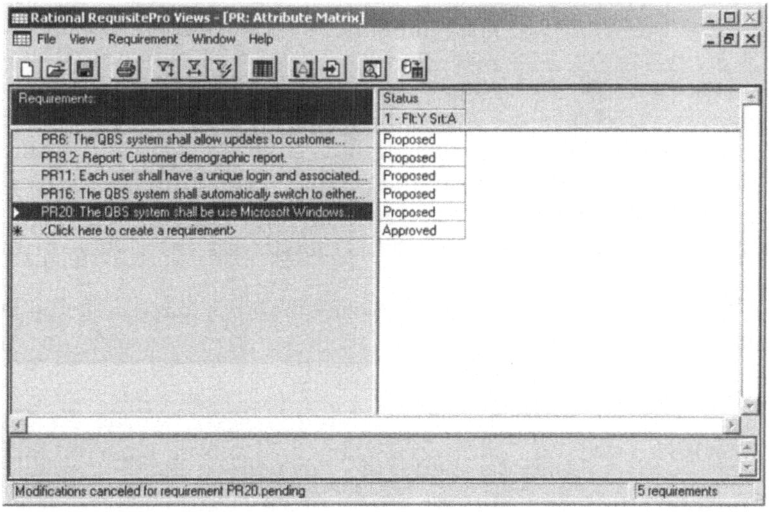

Abbildung 64: Tracking von Anforderungen

Aus Abbildung 64 ersehen Sie direkt, über welche Produktanforderungen Sie nochmals mit Ihrem Kunden reden sollten, da er diese
noch nicht bestätigt hat (der Status wäre dann A*pproved*).

4.4.11
Tracing von Anforderungen

- Ist für jede Anforderung an die Anwendung mindest eine Testanforderung definiert?

- Welche Auswirkung hat die Änderung einer Produktanforderung?

- Welche Anforderungen sind denn schon positiv getestet worden?

Die Beantwortung solcher Fragen wird in der Regel im Laufe eines Projektes ausgesprochen wichtig. Auch hier verfolgen Sie die „Spur" (trace) einer Anforderung über unterschiedliche Anforderungstypen hinweg. Genau dies ist der Unterschied zum *Tracking* von Anforderungen, bei dem Sie sich auf die Veränderungen von Anforderung eines Anforderungstyps konzentrieren (siehe auch Kapitel 4.4.10).

Tracking von Anforderungen

Es ist zum Beispiel notwendig, dass zu jeder Produktanforderung mindestens eine Anforderung an die Anwendung existiert. Ansonsten wird die Umsetzung der Produktanforderung wohl kaum ihren Weg in die Anwendung finden. Dies wird Ihr Kunde normalerweise nicht sehr witzig finden. Und zu jeder Anforderung an die Anwendung sollte zumindest eine Testanforderung existieren. Wie wollen Sie sonst die Qualität Ihrer Anwendung sicherstellen? Auch eine evtl. fehlende Qualität wird Ihr Kunde nicht akzeptieren.

Fehlende Qualität wird Ihr Kunde nicht komisch finden

In Abbildung 65 sehen Sie das Ergebnis eines Filters, der Ihnen alle Produktanforderungen zeigt, zu denen keine Anforderungen an die Anwendung existieren.

Sie erkennen nun sehr einfach, ob nur vergessen wurde, die Abhängigkeit zwischen den Anforderungen zu setzen, oder ob noch keine konkrete Anforderung an die Anwendung für die jeweilige Produktanforderung existiert. Im letzteren Falle haben Sie einen Eindruck davon, wie weit Ihr Projektteam mit der Spezifikation der Anwendung ist, und Sie können so leichter eine Schätzung abgeben, wie lange Ihr Projektteam für die restliche Spezifikation noch brauchen wird.

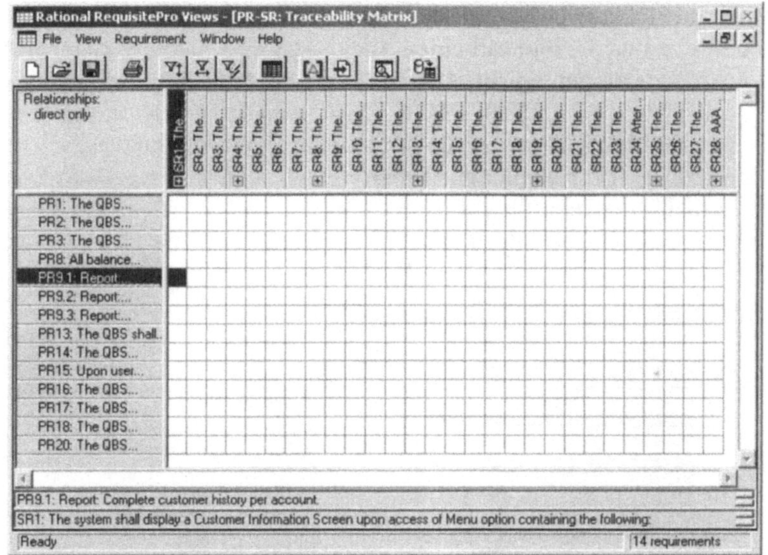

Abbildung 65: Traceability Matrix

Welche Auswirkung hat nun das Ändern einer Produktanforderung auf mein Projekt? Dies ist üblicherweise eine schwer zu beantwortende Frage. Mit Rational RequisitePro sind Sie in der Lage, hier Licht ins Dunkel zu bringen. Sie verwenden wieder einen Filter, dessen Ergebnisse Ihnen Anhaltspunkte für die Beantwortung der Frage liefern (siehe Abbildung 66).

Welche Auswirkung hat das Ändern einer Produktanforderung?

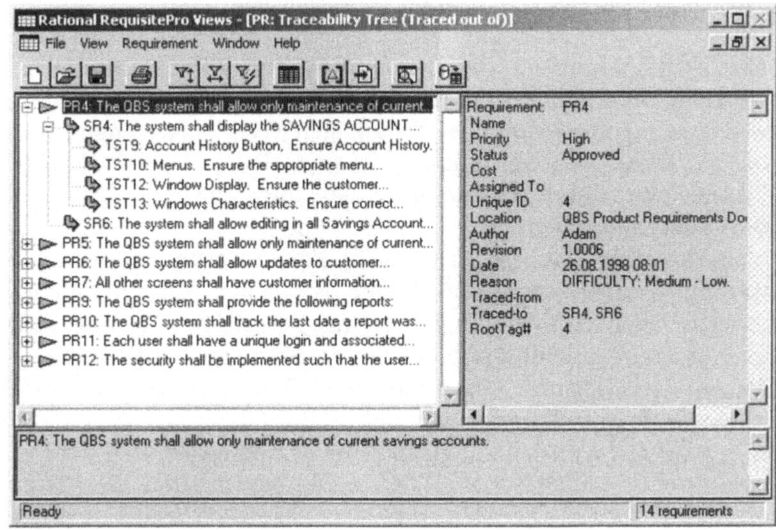

Abbildung 66: Traceability Tree

Falls Ihr Kunde etwas an der Produktanforderung *PR4* ändern möchte, sehen Sie hier auf einen Blick, dass dies Auswirkungen auf die Anforderungen an die Anwendung *SR4* und *SR6* sowie auf die Testanforderungen *TST9*, *TST10*, *TST12* und *TST13* haben kann.

In Abbildung 67 sehen Sie eine weitere, äußerst hilfreiche Unterstützung Ihrer täglichen Arbeit durch Rational RequisitePro. Sicherlich erkennen Sie die kleinen, roten und schrägen Linien in den Anforderungen *SR4*, *TST9*, *TST10*, *TST12* und *TST13*.

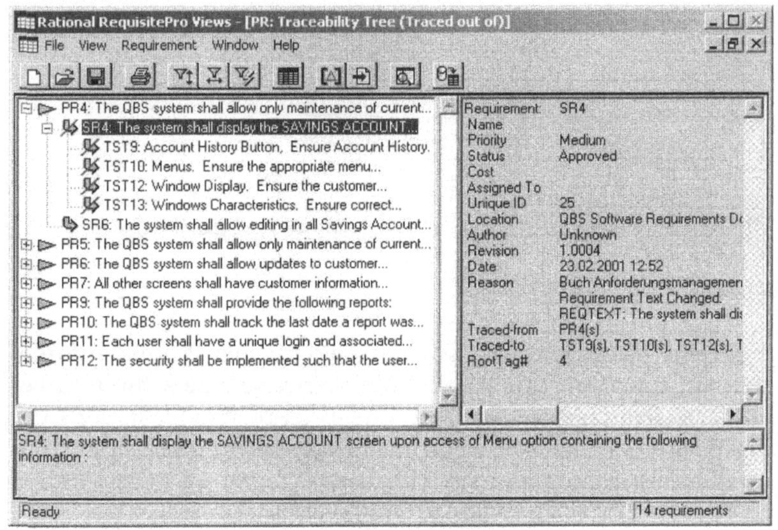

Abbildung 67: Suspicious Links in einem Traceability Tree

Dies deutet darauf hin, dass jemand die Anforderung an die Anwendung *SR4* geändert hat. Die rote Linie zeigt Ihnen an, dass die von dieser Anforderung lose abhängigen Testanforderungen *TST9* bis *TST13* aus Sicht von Rational RequisitePro „suspekt" sind (gekennzeichnet durch so genannte *Suspicious Links*) und daher Ihre Beachtung verdienen.

Eventuell müssen auch diese Testanforderungen bearbeitet werden. Wie oft vergessen Sie die wirklichen Zusammenhänge zwischen den Anforderungen in Ihren Projekten? Zumal diese auch noch in ganz unterschiedlichen Dokumenten enthalten sind. Mit diesen *Suspicious Links* hilft Ihnen Rational RequisitePro bei dieser Problemstellung enorm weiter. Ein Filtern nur über *Suspicious Links* ist natürlich möglich (siehe Abbildung 68).

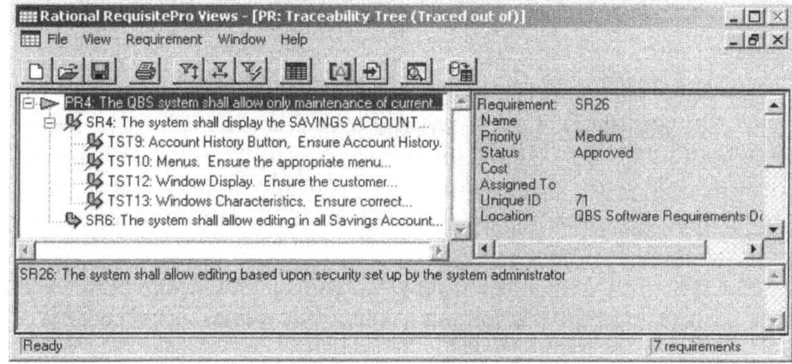

Abbildung 68: Ergebnis eines Filters nach Suspicious Links

In diesem Kapitel haben Sie weitere Beispiele für die Verwendung von Filtern erhalten. Diese sind aus dem alltäglichen Umgang mit Rational RequisitePro nicht wegzudenken.

Abschließend werfen wir noch einen kurzen Blick auf eine spezielle Art, wie Sie zum Beispiel Ihren Kunden in das Anforderungsmanagement des Projektes einbinden können. Dazu verwenden Sie das Web-Interface von Rational RequisitePro.

4.4.12
Rational RequisitePro Web

Mit dem Web-Interface von Rational RequisitePro können Sie über einen Web-Browser direkten Zugriff auf das Rational RequisitePro-Projekt erhalten.

Web Interface von Rational RequisitePro

Die einzige Einschränkung, die zurzeit existiert, besteht darin, dass es mit dem Web-Interface nicht möglich ist, den Word Workplace von Rational RequisitePro zu verwenden.

Der Einsatz des Web-Interface ist sinnvoll, wenn:

- manche Personen nur temporär an dem Projekt mitarbeiten,

- die Geschäftsleitung sich selbst jederzeit einen kurzen Überblick über den Status des Projektes verschaffen möchte,

- der Kunde jederzeit im Bilde sein möchte oder

- einer Ihrer Mitarbeiter während eines Kundentermins schnell einmal einen Blick auf den Status der Anforderungen des Kunden werfen möchte.

Dies sind nur einige Beispiele.

4.5
Fazit

Ohne die Unterstützung von Werkzeugen ist ein effizientes Anforderungsmanagement nicht machbar. Allerdings muss bei der Einführung von Werkzeugen auf eine optimale Integration in bestehende Prozesse und der Werkzeuge untereinander geachtet werden.

Mit dem Rational Suite AnalystStudio existiert auf dem Markt eine Sammlung von Werkzeugen, die Ihnen genau dies bietet.

5 Künftige Entwicklungen

Rainer Heinold

5.1
Die Rolle des Internets

5.1.1
Einführung in die Thematik

Das Internet, und damit die so genannte New Economy, hat im Zeitalter der Informationstechnik eine neue Generation eingeläutet, die erhebliche Auswirkungen auf die Softwareentwicklung hatte. Doch es war durchaus nicht alles Gold, was glänzte.

Dies belegen die katastrophalen Kursentwicklungen an der Nasdaq und dem Neuen Markt. So haben die Anleger mittlerweile eine völlig andere Einstellung entwickelt. Die alleinige Idee eines Unternehmens reicht schon lange nicht mehr aus, es muss auch der entsprechende (positive) Umsatz dahinter stehen.

Auch das Massensterben der zahlreichen dot.com-Firmen in den USA (und zum Teil auch hierzulande) sind ein eindeutiges Indiz, dass viele Internetunternehmen alleine aus Phantasien und leeren Versprechungen bestanden.

Aber auch der positive Einfluss des Internets war enorm. So haben sich ganze Geschäftsprozesse erheblich optimieren lassen, das Antwortzeitverhalten ist deutlich schneller geworden und die Kundenzufriedenheit in gleichem Maße gesteigert worden. Auch der interne Know-how-Aufbau konnte merklich vorangetrieben werden.

Doch wie kam es zu diesem Wandel? Die folgenden Unterabschnitte sollen dies aufzeigen.

Neue Generation

Massensterben der dot.com-Firmen

5.1.1.1
Geschäftsprozessoptimierung

Die Tatsache, dass Unternehmen in der Lage waren, direkt mit ihren Kunden über das Internet zu kommunizieren, bewirkte eine erhebliche Verschlankung bisher aufgeblähter Geschäftsprozesse. So konnten besonders im administrativen Umfeld einige Arbeitsschritte eingespart werden.

Doch auch die Kosten des Geschäftsprozesses konnten deutlich nach unten geschraubt werden. Zwar musste ein nicht zu unterschätzendes Budget zur softwaretechnischen Implementierung des Prozesses investiert werden, doch die daraus resultierenden Einsparungen (insbesondere im Bereich der administrativen und nicht wertschöpfenden Personalkosten) waren deutlich größer.

Letztendlich hat sich auch die Qualität des Geschäftsprozesses erheblich verbessert. So waren einzelne Teilergebnisse wesentlich nachvollziehbarer und das Monitoring des gesamten Geschäftsprozesses wurde ermöglicht.

5.1.1.2
Schnellere Antwortzeiten

Das Internet ermöglicht erheblich schnellere Antwortzeiten, als dies bisher der Fall war. Dies fängt an bei der Bereitstellung von Informationen und geht bis hin zur Beantwortung konkreter Kundenanfragen. Je nach Aufbau des Webauftrittes sind hier kaum noch Grenzen gesetzt. Ein gutes Beispiel ist der Webauftritt von Lufthansa.

Eine weitere Optimierung des Antwortzeitverhaltens bieten dynamische personalisierte Webseiten. Hier ist zwar der notwendige Aufwand für die Softwareentwicklung nicht zu unterschätzen, doch der Vorteil liegt auf der Hand: Einmal eingegebene Daten werden automatisch gespeichert und beim nächsten Besuch der Webseite bzw. bei der nächsten Informationsanforderung muss der Benutzer diese nicht erneut eingeben.

5.1.1.3
Erhöhung der Kundenzufriedenheit

Durch die optimierten Geschäftsprozesse sowie das deutlich schnellere Antwortzeitverhalten erhöhte sich in gleichem Maße auch die Kundenzufriedenheit. Nicht nur dass der Kunde bei Informationsbedarf direkt auf die Webseite des entsprechenden Unternehmens zugreifen kann, auch die Anforderung zusätzlicher

Informationen wird über das Internet erheblich vereinfacht und beschleunigt.

Von wesentlicher Bedeutung ist dabei jedoch, dass auch das entsprechende Personal bereitsteht, um die eintreffenden Anfragen direkt zu beantworten. Ansonsten wird genau das Gegenteil erreicht: Der Kunde hat eine Anfrage gesendet, erhält keine Antwort und ist nun unzufriedener als zuvor.

5.1.1.4
Interner Know-how-Aufbau

Knowledge Management ist ohne das Internet bzw. das Intranet gar nicht denkbar. Die Nutzung dieses Mediums ist die wesentliche Voraussetzung für die Verbreitung, Verteilung und Bereitstellung von internem Wissen. Auch hier waren und sind zunächst Investitionen zu tätigen, jedoch ist der Nutzen sehr schnell offensichtlich und somit auch der Return on Investment schnell erreicht.

Somit ist hier eine neue Branche im Bereich der Softwaretechnologie entstanden, die sich derzeit recht erfolgreich auf dem Markt betätigt: Anbieter von Knowledge-Management-Systemen [MüVe2000]. Etwas mehr zu kämpfen hat hier der Bereich der Content-Management-Systeme, die am Markt noch nicht so etabliert sind.

5.1.1.5
Fazit

Betrachtet man die EDV-Landschaft vor 10 Jahren und heute, so war damals eine der wichtigsten Entwicklungen die Vernetzung von Einzelsystemen zu komplexen Netzwerken. Dies ist im heutigen Internetzeitalter nicht anders, aber die Komplexität ist nochmals deutlich angestiegen.

Ging es damals um Netze in Unternehmen oder Unternehmenseinheiten, so geht es heute um das globale Netzwerkgeflecht des Internets. Immer noch besteht das Ziel darin, Informationen an jedem beliebigen Punkt des Netzes möglichst einfach verfügbar zu machen. So gesehen ist alles beim Alten geblieben. Nichtsdestotrotz wirken sich das Internet und seine Möglichkeiten sowohl auf unsere Gesellschaft als auch auf die Vorgehensweise bei der Softwareentwicklung in erheblichem Maße aus.

5.1.2
Woher kommen Anforderungen im Internetzeitalter?

Im vorherigen Kapitel ist kurz auf die positiven Auswirkungen des Internets eingegangen worden. Dabei wurde jedoch ebenfalls aufgezeigt, dass hier im Wesentlichen die Softwareentwicklung für Internetapplikationen von Bedeutung ist. Daher soll in diesem Abschnitt betrachtet werden, woher die Anforderungen an eine Internetapplikation kommen.

Anforderungen an eine Internetapplikation

Die Antwort ist denkbar einfach: Wie bisher auch, kommen diese aus allen möglichen Quellen, die mit dem Projekt und seinem Produkt irgendwie in Berührung kommen und ein Interesse daran haben:

- Endanwender

- Marketing

- Vertrieb

- Support

- Entwicklung

- usw.

Aber gerade mit dem Feedback des Endanwenders war es oft so eine Sache. Kam dieses zu unstrukturiert, wurde es meistens verworfen – oder es ging durch zu viele filternde Stationen (Vertriebsteam, Support oder Ähnliches), so dass viele Informationen verloren gingen.

Anforderungen des Endbenutzers strukturiert und ungefiltert

Hier bietet das Internet mit seinen Technologien die Chance, Anforderungen des Endbenutzers *strukturiert* und *ungefiltert* zu bekommen. Gerade hier liegt noch enorm viel Potenzial brach.

Ideal ist es, wenn interne und externe Interessenten über dieselbe Schnittstelle Anforderungen in den Änderungsprozess einbringen. Viel zu oft wird ein unnötiger Overhead produziert, indem zwei Verfahren für *intern* und *extern* aufgesetzt werden. Letzten Endes läuft doch alles wieder in einen gemeinsamen Topf.

5.1.3
Wie werden Anforderungen im Internetzeitalter bearbeitet?

Das Internet bietet ein noch nicht genutztes Potenzial, künftig das Anforderungsmanagement effektiver zu gestalten. Doch wie werden die gestellten Anforderungen im Internetzeitalter bearbeitet?

Wie bei so vielen anderen Visionen, ist die Menschheit auch vom papierlosen Büro noch weit entfernt. Und so werden auch heute noch Tonnen von Papier mit Anforderungslisten bedruckt, verteilt, kommentiert – und landen schließlich als „veraltet" oder „ungültig" im Reißwolf.

Nur geringfügig effizienter ist die moderne Variante der Papierflut, nämlich die E-Mail-Schwemme. Dabei werden Megabits an Bandbreite vergeudet, um elektronische Dokumente an Verteilerlisten zu versenden, die dann ohnehin nicht gelesen werden. Gerade hier lauert die latente Gefahr der „Nichtbeachtung", schließlich ist eine E-Mail schnell mal weggeklickt.

In beiden Fällen ist das Grundproblem aber dasselbe: Die Anforderungen und das Umfeld eines Projektes ändern sich ständig, zumal einzelne Dokumente (egal, ob gedruckt oder elektronisch) Querabhängigkeiten zu anderen Anforderungen nur schwer widerspiegeln können.

Erschwerend kommt noch hinzu, dass Benutzer, die Anforderungsdaten bereitstellen, ziemlich schnell frustriert sind und ihren Einsatz auf ein Minimum zurückstellen, wenn ihre Wünsche und Vorstellungen ignoriert werden.

Auch hier liegt für die Unternehmen und die einzelnen Projekte viel ungenutztes Potenzial brach. Welche Vorteile bietet ein toolgestütztes Anforderungsmanagementsystem mit Webschnittstelle? Darauf soll im Folgenden eingegangen werden:

■ *Jeder Zugriff erfolgt auf aktuelle Informationen*

Sind alle Informationen im Web verfügbar, so hat jeder Nutzer des Systems, unabhängig von Raum und Zeit, stets den aktuellsten Stand zur Verfügung. Kommentare können so gezielter angebracht und Daten gezielter verändert werden. Gerade Letzteres ist von besonders großer Bedeutung, da jede Änderung sofort für jeden verfügbar ist. Bei den bisherigen Vorgehensweisen war dies eines der größten Probleme des Anforderungs- und Änderungsmanagements – die Konsistenz der entsprechenden Daten.

- *Aufzeigen von Abhängigkeiten über alle Arten von Anforderungen*

Über diverse grafische Darstellungsmöglichkeiten können dem Benutzer Abhängigkeiten zwischen den einzelnen Anforderungen aufgezeigt werden. Nach wie vor gilt die Regel, dass eine Grafik wesentlich einleuchtender und übersichtlicher ist als ein Textdokument, das diese Abhängigkeiten beschreibt.

Dies führt dazu, dass bei Änderungen nichts mehr übersehen wird. Auch das Risiko von sich gegenseitig ausschließenden Anforderungen wird reduziert, da ein solches System die gespeicherten Anforderungen mit ihren Merkmalen in beliebigen Sichten aufzeigen kann.

- *Direkte Nutzung der Daten im Änderungsmanagement*

Da ein solches System neben der Verwaltung der Anforderungsdokumente in der Regel auch eine darunter liegende Datenbank besitzt, ist es ein Leichtes, für die Realisierung freigegebene Anforderungen in das Änderungsmanagementsystem (oder andere in der Entwicklung eingesetzte Tools) zu übernehmen bzw. die Daten dort verfügbar zu machen.

Besonders diese Verfügbarkeit wird immer wichtiger, da eine echte Nachvollziehbarkeit des Prozesses in der Entwicklung nur möglich ist, wenn bei jeder Aktion klar ist, welche Anforderung der *Auslöser* für die Tätigkeit war. Müssen derartige Daten dagegen in mehreren Systemen manuell und redundant gepflegt werden, sind Fehler nahezu vorprogrammiert.

- *Nutzung der Daten im weiteren Projektverlauf*

So richtig wertvoll wird die Hinterlegung von Anforderungsdaten im Internet dann, wenn diese Daten nicht nur im Anforderungs- bzw. Änderungsmanagement genutzt werden sollen. Es bietet sich geradezu an, auch während der weiteren Phasen des Softwareentwicklungsprozesses jederzeit auf dieses Datenmaterial zugreifen zu können. Hierfür ist es erforderlich, dass die jeweiligen zum Einsatz kommenden Werkzeuge einen gemeinsamen Zugriff auf die Datenbasis haben. Besonders von Bedeutung ist dies für ein CASE-Werkzeug sowie entsprechende Testtools.

Eine ideale Umsetzung dieser Lösung wird derzeit von Rational Software mit der Rational Suite angeboten. Durch die enge Integration der Werkzeuge untereinander wird die Nutzung aller Daten im gesamten Projektverlauf werkzeugübergreifend sichergestellt.

Das Internet bietet also ein erhebliches Potenzial für das Anforderungs- und Änderungsmanagement. Besonders bei größeren Projekten, in denen eine verteilte Entwicklung über mehrere Standorte oder gar Kontinente betrieben wird, kommen diese Vorteile zum Tragen. Abbildung 69 fasst die Vorteile zusammen:

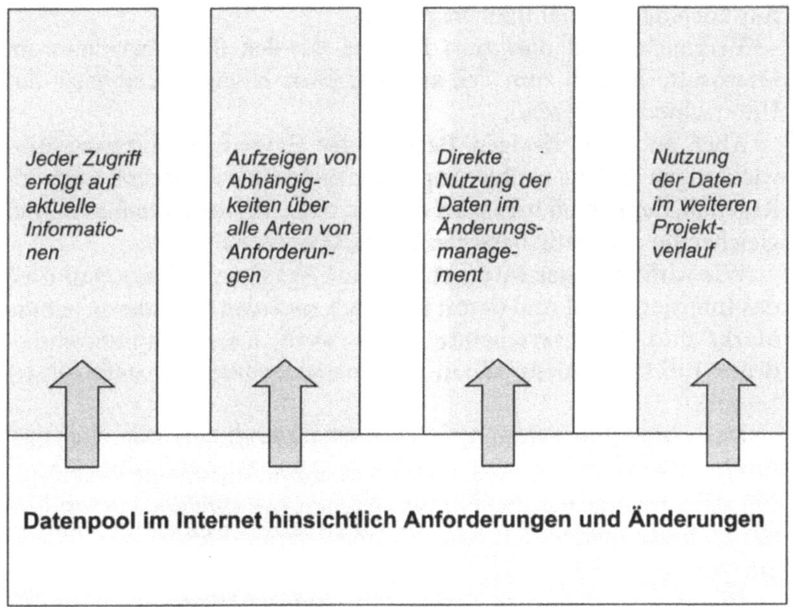

Abbildung 69: Die Vorteile der Nutzung des Internets im Anforderungsmanagement

Dabei lässt sich feststellen, dass alle in Abbildung 69 dargestellten Vorteile eng miteinander verknüpft bzw. von einander abhängig sind. So lässt sich zum Beispiel die Nutzung der Daten im Änderungsmanagement nur dann realisieren, wenn die Daten auch aktuell verfügbar sind.

Nutzen aus diesen
Vorteilen entsteht nur,
wenn die entsprechen-
den Werkzeuge zum
Einsatz kommen

Ferner bleibt festzuhalten, dass ein echter Nutzen aus diesen Vorteilen nur dann entsteht, wenn hier die entsprechenden Werkzeuge zum Einsatz kommen, die diesen Datenpool auch bereitstellen.

5.1.4
Schneller und immer schneller...

... drehen sich die Releasezyklen. So sind bei E-Business-Applikationen wöchentliche Releases keine Seltenheit mehr; ebenso haben viele Webauftritte nach 6 Monaten mit ihren Vorgängern nur noch den Domainnamen gemein.

Vergleicht man dies zum Beispiel mit den Releasezyklen von Microsoft, die sich zum Teil auf zwei Jahre hinziehen, so wird der Unterschied gravierend.

Bereich der Embedded-
Software-
Entwicklungen

Aber auch im riesigen Bereich der Embedded-Software-Entwicklungen ist eine Halbierung (oder mehr) der Releasephasen der Regelfall, denn auch hier wird der Ruf nach immer schnelleren und gleichzeitig qualitativ besseren Entwicklungszyklen laut.

Wie wirkt sich das Internet hier aus? Auf Grund seiner Natur ist das Internet global und damit natürlich auch der sich entwickelnde Markt und der herrschende Wettbewerb. Dieser Wettbewerbsdruck führt zu einem hohen Innovationszwang innerhalb dieses Sektors.

Das erste Unternehmen, welches eine brandneue Idee über das Internet realisiert hat oder verbreiten kann, hat den größten Nutzen davon. Oder kennen Sie den Namen des zweiten Piloten, der alleine und nonstop den Atlantik überquerte? (Den ersten kennen Sie sicher!)

Paradoxon

Dieses sich steigernde Tempo führt aber zu einem gewissen Paradoxon: Immer mehr Anforderungen sind von einer nicht im selben Maße steigenden Entwicklerzahl zu bewältigen. Hinzu kommt, dass in gleichem Maße auch die Anforderungen an die Qualität der zu erstellenden Software steigen. Abbildung 70 stellt dieses Paradoxon dar:

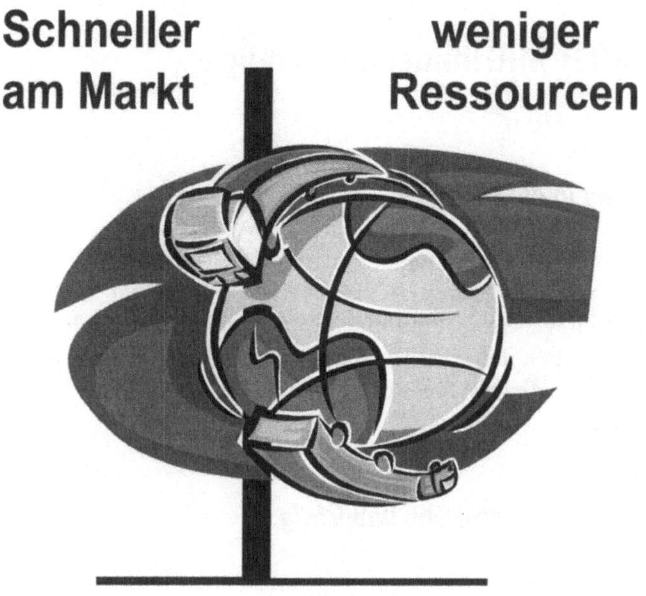

Abbildung 70: Das Softwareparadoxon

Natürlich ist das Internet in vielen Bereichen nicht die einzige Ursache, aber es begünstigt diese Entwicklung. Speziell in der jüngeren Vergangenheit hielt das Internet in viele Bereiche Einzug, zum Beispiel in die Telematik oder die Medizintechnik.

Telematik oder Medizintechnik

Der Ressourcenmangel erzwingt geradezu, dass die *wichtigen* vor den *dringenden* Anforderungen realisiert werden müssen. Für die Projekte gilt es, das Schicksal des Wanderers in der Steppe zu vermeiden, der zwar die Wespe vor seinem Gesicht verscheuchte, aber dabei die tödliche Giftschlange zu seinen Füßen übersah…

Tödliche Giftschlange

Es hat sich gezeigt, dass ein webgestütztes und für alle Projektmitglieder einsehbares Anforderungsmanagement dabei hilft, den Fokus auf den wirklich wichtigen Anforderungen zu halten.

5.1.5
Flexibilität wird immer notwendiger

5.1.5.1
Einführung in die Thematik

Flexibilität wird heutzutage von jedem Mitglied eines Software-projektes verlangt. Doch flexibel zu sein bedeutet im Umkehr-schluss auch, dass die Planbarkeit darunter leidet. Daher soll bereits an dieser Stelle erwähnt werden, dass hier immer abgewogen werden muss für ein gesundes Verhältnis zwischen den beiden Eigenschaften.

5.1.5.2
Trennung von wichtig und unwichtig

Gerade die in Abschnitt 5.1.4 angesprochene Trennung zwischen *wichtig* und *dringend* zeigt aber auch die andere Seite des Umbruchs. Da die Rahmenbedingungen eines Projektes einem ständigen Wandel ausgesetzt sind, müssen Anforderungen über die gesamte Projektlaufzeit immer wieder kritisch geprüft werden.

Ist ein Alleinstellungsmerkmal plötzlich überholt, weil es von einem Mitbewerber bereits geliefert wird, so ist es immer noch *dringend*, aber nicht mehr *wichtig*, da eine Realisierung nicht mehr den erhofften Nutzen bringt.

Nun wäre das Thema relativ leicht, wenn nur das Anforderungsmanagement davon betroffen wäre. Wie wirkt sich dieser beschleunigte Wandel der Anforderungen aber auf die Beteiligten am Projekt aus? Dabei sind in erster Linie die folgenden Worker zu betrachten:

- Projektmanager
- Softwareentwickler
- Qualitätssicherer
- Konfigurationsmanager

Aber auch ganze Gremien sind von den Flexibilitätsanforderungen betroffen, in erster Linie sind hier aufzuführen:

- Das Change Control Board
- Das Firmenmanagement

In den folgenden Unterabschnitten werden die Auswirkungen näher beleuchtet.

5.1.5.3
Auswirkungen auf Projektleiter

Was ist die wohl wichtigste Frage für einen Projektmanager? Die Formulierung fällt nicht schwer:

> Wird das Projekt zeit- und budgetgerecht in erwarteter Qualität abgeschlossen?

Zur Beantwortung dieser Frage ist es nötig, stets darüber Bescheid zu wissen, welche der geplanten Anforderungen bereits realisiert und welche noch offen sind. Darüber hinaus muss die noch umzusetzende Arbeitslast homogen im Team verteilt werden.

Nimmt man die Rahmenbedingungen, so ist es einfach abzuleiten, was das Projektmanagement benötigt. Es muss ein geschlossener Kreislauf existieren. Neue bzw. sich ändernde Anforderungen gehen in das Änderungsmanagement ein. Dieses wiederum ist in die tägliche Arbeit der Entwicklung eingebunden und sammelt so die status- und entscheidungsrelevanten Daten quasi nebenher ein.

Was ist wohl die größte denkbare Herausforderung für einen Projektleiter? Ein Projekt zu leiten, bei dem für diese Aufgaben keine Toolunterstützung vorhanden und auch nicht geplant ist.

Ein Projektleiter, von dem so etwas verlangt wird, sollte sich zwei Fragen stellen:

- Macht es Sinn, ein solches Projekt überhaupt zu beginnen?
- Bin ich eigentlich im richtigen Unternehmen beschäftigt?

5.1.5.4
Auswirkungen auf Softwareentwickler

Obwohl sie viel zu selten in das Anforderungsmanagement eingebunden werden, bekommen die Softwareentwickler Änderungen in den Anforderungen besonders deutlich zu spüren. Viele Anforderungen, besonders die funktionalen Anforderungen, führen zu einer zusätzlichen oder erhöhten *Entwicklungsaktivität*.

Manchmal wirken sich Änderungen nur indirekt über die Querabhängigkeiten der Anforderungen auf die Aktivitäten des einzelnen Entwicklers aus. Aber unabhängig, ob direkt oder indirekt, in der Regel wird es von den Betroffenen als Einschränkung bzw. Mehraufwand empfunden.

Wichtig ist in jedem Fall, dass die Entwickler Einblick in das Anforderungsmanagement bekommen, um einerseits den Grund für die Änderungen zu verstehen, zum anderen aber auch alle relevanten Informationen über die neuen oder geänderten Anforderungen zu erhalten.

Ein derartiger Einblick für Softwareentwickler wird zum Beispiel dann gewährleistet, wenn die Anforderungs- bzw. Änderungsdaten durch entsprechende Schnittstellen auch für die Softwareentwicklungswerkzeuge (CASE-Tools) bereitgestellt werden. Eine derartige Schnittstelle existiert zum Beispiel zwischen den Werkzeugen RequisitePro und Rational Rose.

5.1.5.5
Auswirkungen auf Qualitätssicherer

Jeder funktionalen Anforderung steht mindestens eine Testanforderung gegenüber.[38] Daraus folgt, dass bei einer Änderung einer funktionalen Anforderung mindestens auch eine Testanforderung darauf geprüft werden muss, ob sie ebenfalls verändert werden muss.

Gleiches gilt natürlich auch für nichtfunktionale Anforderungen, wobei hier nicht jede zwangsläufig zu einer Testanforderung führt. Die möglichen Änderungen umfassen dabei das gesamte Spektrum. Eventuell muss nur ein Testskript geändert werden, eventuell muss aber der gesamte Testplan verworfen und völlig neu erstellt werden.

Wichtig ist in jedem Fall eine funktionierende Kommunikation mit den anderen Beteiligten. Das bedeutet, dass Anforderungsmanager, Softwareentwickler und Tester auf einer gemeinsamen Datenbasis kommunizieren müssen.

Auch hier ist eine Schnittstelle zwischen den Werkzeugen, die von diesen drei Workern zum Einsatz gebracht werden, eine erhebliche Vereinfachung.

5.1.5.6
Auswirkungen auf das Change Control Board

In den Prozessabläufen vieler Unternehmen ist das Change Control Board das entscheidende Lenkungsgremium für die Aktivitäten in den Projekten. Sowohl im Vorfeld einer Entwicklungsitera-

---

[38] Eine Testanforderungen beschreibt meist einen Testcase, der die korrekte Umsetzung der funktionalen Anforderung überprüft.

tion als auch zum Abschluss wird der Soll-Ist-Stand geprüft und werden Entscheidungen über Freigaben getroffen.

Natürlich macht die Einführung eines derartigen Gremiums erst ab einer gewissen Projektgröße Sinn. Da in diesem Buch in erster Linie jedoch von Großprojekten die Rede ist, soll hier darauf eingegangen werden.

Sich ständig ändernde Anforderungen bedeuten für dieses Gremium häufigere Meetings, unter Umständen mehrmals wöchentlich. Um diese möglichst effizient zu gestalten, brauchen die Mitglieder Zugang zu den aktuellsten Statusberichten, sowohl aus dem Anforderungs- als auch aus dem Änderungsmanagement[39].

Hier bietet sich der Einsatz eines entsprechenden Werkzeuges, wie zum Beispiel Rational ClearQuest, an. Dieses ist nicht nur zum Changemanagement und Defect Tracking einsetzbar, sondern erlaubt dem Change Control Board grafische Auswertungen sowie die Generierung von sekundenaktuellen Statusberichten, anhand derer der jeweilige Ist-Stand überprüft werden kann.

In der Regel setzt sich das Change Control Board nicht aus Mitarbeitern zusammen, die zu 100% für diese Arbeiten abgestellt werden, sondern nur zu einem gewissen Prozentsatz. Somit leiden unter häufigen Änderungen auch andere Projekte, für die nun nicht mehr so viel Zeit bleibt, wie eigentlich vorgesehen, da das Change Control Board immer häufiger zusammentrifft.

Daher gilt es hier in erster Linie, die jeweiligen Meetingzeiten drastisch zu reduzieren. Durch den Einsatz der entsprechenden Techniken und Werkzeuge kann dies gewährleistet werden.

5.1.5.7
Auswirkungen auf das Konfigurationsmanagement

Softwareentwicklung ist ein prinzipiell dynamischer Prozess von zunehmender Komplexität. Auf der Ebene der Entwicklungsteams nimmt diese Komplexität viele Formen an, wie zum Beispiel ein laufend wachsender Codeumfang, Entwicklungsteams an verschiedenen Standorten, mehr Projekte mit gemeinsamen Softwarekomponenten sowie eine größere Anzahl von Portierungen und Produktreleases.

Dazu kommt ein stetig wachsender Druck, die Entwicklungsproduktivität zu verbessern und die Time-to-Market-Anforderungen zu reduzieren. Dennoch verlassen sich viele Unternehmen

---

[39] Dies betrifft sowohl Änderungen, die von extern auf das Projekt einwirken, als auch interne Änderungen. So ist zum Beispiel eine Fehlermeldung ebenfalls eine Art Änderung, die Einfluss auf die Arbeit des Change Control Boards hat.

weiterhin auf manuelle, größtenteils statische Tools, um diesen grundsätzlich veränderlichen Prozess zu verwalten.

Besonders wichtig im Bereich Konfigurationsmanagement sind laut Ovum und IDC die folgenden Eigenschaften:

- Erhöhung der Team-Produktivität

- Verbesserung der individuellen Produktivität

- Schnellere Marktlancierung höherwertiger Softwareprodukte

- Vereinfachung der Softwarewartung

- Garantie der Exaktheit eines Build und Versionskontrolle jedes einzelnen Softwareelementes

- Automatisierung von zeitraubenden, fehleranfälligen Softwareentwicklungsaufgaben

- Optimierte Auslastung von Hardwareressourcen

- Verbesserung der Projektkoordination

- Implementierung gut aufeinander abgestimmter Entwicklungstechniken

- Reduzierung von Tool- und Verwaltungsanforderungen

- Verbesserung der Softwaresicherheit inkl. kontrolliertem Wiederaufsetzen nach einem Systemabsturz

- Reduzierung von Schulungs- und Einführungskosten

- Effizientere Unterstützung heterogener Entwicklungsumgebungen

Wieso wirken sich ändernde Anforderungen auf das Konfigurationsmanagement (KM) aus, wo es doch eine Eigenschaft des KM-Systems ist, alles aufzunehmen und wieder reproduzieren zu können?

Nehmen wir dazu ein Beispiel für eine nichtfunktionale Anforderung: Für eine Software war vorgesehen, diese im deutschsprachigen Raum zu vertreiben. Auf Grund des Erfolges sollen mehrere internationale Versionen entwickelt werden. Daraus folgt, dass das KM-System ab sofort die Lokalisierungsarbeiten unterstützen muss.

Gelingt dies nicht, so kann das Projekt am KM-Infarkt sterben. Wie alle anderen Beteiligten müssen sich auch KM-Verantwortliche darüber im Klaren sein, dass eine ständige kritische Prüfung der eingesetzten Verfahren und Werkzeuge notwendig ist.

5.1.5.8
Auswirkungen auf das Firmenmanagement

Obwohl nicht direkt betroffen, spielt die Unternehmensleitung eine mitentscheidende Rolle. Wie bereits mehrfach gezeigt, ist es in heutigen Umgebungen unumgänglich, für eine Vielzahl von Aufgaben eine entsprechende Toolunterstützung zu bekommen.

Toolunterstützung unumgänglich

Egal, ob es sich um eine Freewarelösung oder ein kommerzielles Toolset handelt – der überwiegende Teil der Kosten (ca. 90%) entsteht erst in der Einführungsphase und im späteren Betrieb und nicht – wie oft fälschlicherweise angenommen – in der eigentlichen Toolinvestition.

Oftmals ist die in der Anschaffung billigere Variante im Endeffekt die teurere Lösung, da die gestellten Anforderungen nur unzureichend oder nur nach der Implementierung teurer, goldener Henkel erfüllt werden. Hier ist eindeutig ein Vorausdenken über den Tag hinaus notwendig.

5.1.6
Hand-in-Hand: Anforderungs- und Risikomanagement

5.1.6.1
Einführung in die Thematik

Das Risikomanagement und seine Methoden ist sicherlich keine neue Disziplin. Trotzdem entdecken viele Softwareprojekte erst jetzt die Vorteile und damit den Nutzen, der aus einem funktionierenden Risikomanagement kommen kann. Vielleicht liegt dies an der Immaterilität der Software, der „leichten" Änderbarkeit bei Fehlern oder Ungenauigkeiten.

Keine neue Disziplin

Ein anderer Grund ist die immer höher werdende Abhängigkeit von Software. An manchen Projekten hängt im wahrsten Sinn des Wortes die bloße Existenz des Unternehmens. Dies gilt besonders für solche Unternehmen, die einen Großteil ihrer Geschäftsprozesse durch Software im Internet abbilden.

Aber auch die Kunden, welche die Software direkt oder als Teil des Produktes mit einkaufen, bekommen Fehlentwicklungen immer unmittelbarer zu spüren. Angefangen von nicht umgesetzten Bestellaufträgen, weil zum Beispiel die Daten bei der Übertragung verloren gingen, bis hin zu mehrfach abgebuchten Zahlungen, weil die entsprechende Software Fehler hat.

Somit lassen sich zwei Arten von Risikomanagement unterscheiden, die beide für Softwareprojekte relevant sein können: ein *internes* und ein *externes* Risikomanagement. Im Folgenden soll auf diese beiden Arten des Risikomanagements näher eingegangen werden.

5.1.6.2
Internes Risikomanagement

Die Aufgabe des internen Risikomanagements besteht darin, jede einzelne Anforderung auf ihr Risikopotenzial für das Gesamtprojekt hin zu untersuchen. Dazu müssen folgende Fragen beantwortet und die Ergebnisse dokumentiert werden:

- Welches Risiko steckt in der Anforderung?

- Wie wirkt es sich aus, wenn ein Risiko zu einem realen Problem wird?

- Wie wahrscheinlich ist es, dass aus einem Risiko ein reales Problem wird?

- Ab wann kann dieses Risiko eintreten?

- Wie kann eine mögliche Gegenmaßnahme aussehen?

- Bis wann muss eine Gegenmaßnahme verfügbar sein?

Es bietet sich an, eine solche Risikoanalyse als eigenes Dokument in das Anforderungsmanagement aufzunehmen. Dadurch ergibt sich auch die Möglichkeit, die Querbeziehungen zwischen Anforderungen und Risiko aufzuzeigen. Nur so lassen sich auch die wichtigsten Risiken erkennen, nämlich solche, die mit vielen Anforderungen in direkter Beziehung stehen.

Grobe Raster sind für die Kategorisierung vorzuziehen. In der folgenden Tabelle ist ein Beispiel für die jeweiligen Auswirkungen angegeben:

Auswirkung	Beschreibung
Showstopper	Tritt das Risiko ein, so ist ein Release unmöglich. Es entsteht ein sehr hoher Ressourcenbedarf für die Behebung. Das Eintreten dieses Risikos wirkt sich auf alle Projektteile aus.
Hoch	Das Eintreten eines solchen Risikos verzögert das Release mit hoher Wahrscheinlichkeit; auch hier ist ein sehr hoher Ressourcenbedarf für die Behebung festzustellen. Dies wirkt sich auf mehrere Projektteile aus.

Auswirkung	Beschreibung
Mittel	Das Eintreten eines derartigen Risikos hat nur geringe Auswirkung auf das Gesamtrelease und bewirkt einen erhöhten Ressourcenbedarf; beim Eintritt ist mindestens ein Projektteil stark betroffen.
Niedrig	Ein niedriges Risiko hat beim Eintreten keine Auswirkung auf das Release. Die erforderlichen Ressourcen zur Behebung stehen im Rahmen des Projektes zur Verfügung

Tabelle 4: Wichtig ist das Erstellen einer Tabelle, in der alle Auswirkungen von Risiken erfasst und kategorisiert werden

Welche Risiken sind als erste zu adressieren? Dieses lässt sich aus der Spalte Auswirkungen ablesen, aber nicht allgemein gültig beantworten. Es hängt davon ab, welche Auswirkung die negativste für das Projekt ist.

Oft wird der Kosten- und Ressourcenaspekt angeführt, um hier eine Entscheidung zu treffen. Doch zum Beispiel waren bei der Jahr-2000-Umstellung nicht die Kosten oder die Ressourcen ausschlaggebend, sondern das Überschreiten des geplanten Fertigstellungstermins.

5.1.6.3
Externes Risikomanagement

Genauso kritisch sollten Anforderungen im Hinblick auf externe Risiken untersucht werden. Dazu ein Beispiel: Würde ein Flugzeugproduzent im Hinblick auf seine Steuerungssoftware eine Fehlerfreiheit von 99,99 % definieren, so bedeutet dies eine Fehlfunktion bei jedem 10.000. Einsatz.

Aber auch bei weniger existenzgefährdenden Szenarien lassen sich ohne weiteres Fälle aufzeigen, die Auswirkungen auf den Endanwender haben:

Abhängig von den Gegebenheiten

- Was bedeutet der Einsatz eines bestimmten Verschlüsselungsverfahrens bei Kreditkartentransaktionen?

- Wie wirkt sich ein Fehler im Bordcomputer eines PKW aus?

- Was passiert bei verspäteter Ordererteilung bei einem Online-Brokerage-System?

Im ersten Fall kann es bedeuten, dass die Daten der Kreditkarten ausgespäht werden können und dem Besitzer ein monetärer Schaden entsteht[40]. Im zweiten Fall bleibt das Auto vielleicht stehen und muss in die Werkstatt, der Käufer wird es sich vielleicht überlegen, ob er einen neuen Wagen von einem anderen Hersteller bevorzugen würde.[41]

Im dritten Fall geht dem Kunden ein gutes Geschäft durch die Lappen. Hier entsteht eigentlich kein direkter Schaden, der Broker kann nur schwer haftbar gemacht werden. Somit ist es auch hier wahrscheinlich, dass der Kunde den Anbieter wechselt.

Die Gesundheit ist dabei zu keinem Zeitpunkt gefährdet, wohl aber die Finanzen des Kunden, vom Ärger ganz zu schweigen.

Grundsätzlich ist der Analyseablauf dem internen Risikomanagement sehr verwandt, jedoch müssen die daran Beteiligten ihren Blickwinkel völlig verändern. Typische Fragen sind dann:

- Welches Risiko steckt in der Anforderung bei Realisierung und Nichtrealisierung?

- Wie wirkt es sich aus, wenn aus dem Risiko ein realer Fall wird?

- Wie wahrscheinlich ist es, dass aus einem Risiko ein realer Fall wird?

- Unter welchen Voraussetzungen kann dies eintreten?

- Wie kann eine mögliche Gegenmaßnahme aussehen?

Auch hier ist in einer entsprechenden Tabelle die Spalte mit den Auswirkungen diejenige, anhand derer die zu adressierenden Risiken abgelesen werden können. Und auch hier sollten Anforderungen und Risiken miteinander verknüpft werden, damit auch die Herkunftsquellen der Risiken leichter ausgemacht werden können.

Das V-Modell 97, auf [www.cocoo.de] als PDF verfügbar, legt hierauf einen besonderen Schwerpunkt.[42] So wird in diesem Modell eine eigene Aktivität Risikomanagement (PM 7) spezifiziert. Ziel dieser Aktivität ist das rechtzeitige Erkennen möglicher Risiken im

---

[40] Dieser Schaden könnte jedoch an die Bank weitergereicht werden, da durch deren Verschulden dieser Schaden ursächlich entstanden ist.

[41] Auch hier entsteht nur ein monetärer Schaden, zunächst für den Käufer (sofern die Garantie abgelaufen ist), dann aber dem Hersteller, weil der Käufer einen anderen Anbieter bevorzugt.

[42] Dies liegt hauptsächlich daran, dass das V-Modell besonders in den Bereichen Militär, Raum- und Luftfahrt zum Einsatz kommt. Risiken, die hier eintreten, bedeuten Gefahr für Menschenleben.

Projekt, die präventive Einleitung geeigneter Maßnahmen und die Überwachung der Wirksamkeit der eingeleiteten Maßnahmen.

Risikomanagement ist im V-Modell präventiv und periodisch in regelmäßigen, möglichst kurzen Zeitabständen durchzuführen und hat in folgenden Schritten in dokumentierter Form zu erfolgen:

- Maßnahmen, die zur Behebung von früher erkannten Risiken eingeleitet wurden, sind regelmäßig hinsichtlich ihres Erfolgs zu bewerten und gegebenenfalls zu korrigieren.

- Mögliche neue Risiken sind zu identifizieren, ihre Eintritts-wahrscheinlichkeiten sind abzuschätzen.

- Die voraussichtlichen Schäden sind – soweit möglich – quantitativ aufzuzeigen.

- Gegebenenfalls ist eine Priorisierung der Abwehrmaßnahmen der erkannten Risiken vorzunehmen.

- Festlegung und Einleitung von Maßnahmen zur Minderung bzw. Vermeidung erkannter Risiken sind durchzuführen.

Dokumentierte Schritte

5.1.6.4
Was kommt nach dem Risikomanagement?

Der Aufwand zur Erfassung und Analyse der jeweiligen internen und externen Risiken darf nicht unterschätzt werden. Dies liegt vor allem daran, dass viele Risiken zu Beginn der Anforderungsanalyse noch gar nicht abschätzbar und erst im Laufe des Projektes qualifizierbar sind.

Hoher Aufwand

Ferner ist es mit der alleinigen Entdeckung eines Risikos noch lange nicht getan, so kommt hier das bereits oben angesprochene Change Control Board zum Zuge.

Anhand der Anforderungs- und Risikolisten müssen letztendlich die Anforderungen gefunden werden, die im Rahmen des Projektes oder der Iteration umgesetzt werden müssen oder können, um in einer möglichst frühen Phase der Softwareentwicklung die größten Risiken zu adressieren.

Aber genau wie bei Anforderungen gilt auch für Risiken, dass Änderungen über den gesamten Entwicklungszyklus erwartet werden müssen. Infolgedessen müssen die beiden Prozesse

- Anforderungsmanagement und

- Risikomanagement

Zwei Prozesse

kontinuierlich laufen, um ständig die Änderungen und ihre Auswirkungen auf das Projekt zu bewerten und geeignete Maßnahmen einzuleiten. Auch, wenn das nach einer „never ending story" anmutet; gerade bei Projekten, in denen Menschleben beim Eintreffen eines Risikos gefährdet sind, ist diese Vorgehensweise unumgänglich geworden.

5.1.6.5
Warum versagt Risikomanagement oft als Frühwarnsystem?

Die in den vorherigen Kapiteln aufgezeigten Ansätze verleiten den Leser vielleicht dazu, anzunehmen, dass Risikomanagement ein optimales Frühwarnsystem für Softwareentwicklungsprojekte ist.

Kein optimales Frühwarnsystem

Doch leider widersprechen sich hier Theorie und Praxis ziemlich deutlich. Die Ursache liegt zumeist in der Projekt- oder Unternehmenskultur. Während es mittlerweile üblich ist, dass die Anforderungen allen Teammitgliedern offen vorliegen, werden Risiken oft totgeschwiegen.

Dies hat unterschiedliche Ursachen, die im Folgenden näher untersucht werden sollen:

Ursachen

- Es ist unangenehm, sich mit potenziellen Problemen auseinandersetzen zu müssen. Gerade zu Projektbeginn wird dies vermieden, um das interne Klima im Projektteam nicht zu gefährden.[43]

- Hierarchiegrenzen wirken oft als Hindernisse. So ist häufig die Situation festzustellen, dass das Management mit Problemen bzw. Risiken nicht weiter belastet werden möchte.[44]

- Risiken werden nur ungenügend angesprochen. Dies widerspricht zwar den zuvor aufgestellten Aktivitäten, ist jedoch häufig in Projekten festzustellen. Eben weil Risiken im Vorfeld nur schwer erkennbar sind, neigen Projektteams dazu, das Risikomanagement auf eine spätere Projektphase zu verlagern. Meistens ist dann jedoch zu wenig Zeit, um sich noch mit den Risiken zu beschäftigen und damit werden sie vernachlässigt.

---

[43] Eine deutliche Schwäche vieler Projektleiter, die in [Ver2000] bei einem derartigen Verhalten als „Schönwetterpiloten" bezeichnet werden. Solange alles läuft, sind sie hervorragende Projektleiter, aber wehe, es treten Probleme auf.

[44] Auch hier könnte man von Schönwetterpiloten reden, die Problemen lieber ausweichen und sie mit der Vorgabe: „Löst sie selbst und belastet uns nicht damit" nach unten durchreichen.

Die wichtigste Voraussetzung für ein erfolgreiches Risikomanagement liegt also in der Schaffung eines entsprechenden Projektklimas, in dem offene Kommunikation in alle Richtungen[45] möglich ist. Genau, wie beim Brainstorming dürfen auch hier die einzelnen Ergebnisse der Risikoanalyse erst später bewertet werden. Alle entdeckten Risiken müssen zunächst vorurteilsfrei genannt werden; Die Untersuchung hinsichtlich ihrer Auswirkungen findet erst später statt. Unabdingbar dabei ist, wie schon mehrfach erwähnt, die richtige Besetzung des Projektleiters.

Voraussetzung

Für ein erfolgreiches Risikomanagement ist noch ein weiterer Punkt unbedingt nötig: *die Kontinuität.* Da sich Anforderungen über die gesamte Projektdauer ändern können, müssen die damit verbundenen Risiken immer wieder neu untersucht werden.

Unbedingt erforderlich: Kontinuität

Unterbleibt dieses, so werden zwar einige Risiken minimiert – die Entscheidungen, die auf Basis unvollständiger Informationen getroffen werden, gleichen jedoch einem russischen Roulette.[46]

Weiterhin gilt es (und dies ist eine echte Herausforderung für das Projektmanagement), die richtigen Personen mit diesem Thema zu betrauen. Schließlich sind diese gefordert, die Risiken möglichst umfassend zu erkennen und aus den unterschiedlichsten Blickwinkeln zu beleuchten. Das zuvor erwähnte Phänomen der „Schönwetterpiloten" wird somit noch ergänzt um eine weitere negative Eigenschaft, die man auch als „Scheuklappenmentalität" bezeichnet.

Diese Scheuklappenmentalität bedeutet, Dinge nur aus einer einzigen Perspektive (die dem entsprechenden Manager bekannte Perspektive) zu betrachten. Ein derartiges Verhalten ist heutzutage im Management immer häufiger festzustellen. Hier ist weniger mangelnde Konfliktfähigkeit die Ursache, sondern vielmehr ein mangelnder Weitblick. Der Grund dafür liegt darin, dass wegen fehlender Führungskräfte Mitarbeiter in Verantwortungspositionen gehoben werden, denen sie nicht gewachsen sind, da es ihnen an den entsprechenden Erfahrungen fehlt.

Scheuklappenmentalität

Das Team sollte also nicht nur aus Mitarbeitern bestehen, die in der Lage sind, über ihren Tellerrand zu schauen, sondern auch von einem Projektleiter geführt werden, der weder unter der „Scheuklappenmentalität" leidet noch als „Schönwetterpilot" einzustufen ist.

Eine weitere Voraussetzung für den Erfolg von Risikomanagement ist dessen Akzeptanz bei allen Beteiligten.

Akzeptanz des Risikomanagements

---

[45] Also sowohl nach oben als auch nach unten!
[46] Wie so vieles in der Softwareentwicklung!

Machen wir uns nichts vor: Risikomanagement bedeutet in erster Linie zusätzlichen Aufwand, meist auch noch gekoppelt mit negativen Erfahrungen. Hinzu kommt, dass die Ergebnisse eines erfolgreichen Risikomanagements gar nicht so offensichtlich sind, wie im Folgenden dargestellt wird:

- Ein *schlechtes* oder ein *fehlendes* Risikomanagement bewirkt, dass einige Risiken übersehen werden. Treten diese dann ein, sind die Auswirkungen für jeden Projektbeteiligten (und vor allem für Kunden) ersichtlich!

- Ein *nicht durchgeführtes* Risikomanagement kann bewirken, dass Risiken zwar nicht erkannt werden, aber auch nicht eintreten. Dann ist ja scheinbar alles richtig gemacht worden.[47]

- Ein *optimales* Risikomanagement bewirkt, dass alle Risiken im Vorfeld erkannt werden und entsprechend vorbereitete Gegenmaßnahmen rechtzeitig wirken. Dies heißt jedoch, dass hier keinerlei Auswirkungen festzustellen sind, es passiert halt nichts! Die Software funktioniert, keinem entsteht irgendein Schaden.

Somit ist Risikomanagement eine Vorgehensweise, die, wenn sie schlecht durchgeführt wird, verheerende Folgen haben kann, und die, wenn sie gut durchgeführt wird, keinen direkten Vorteil aufweisen kann, da eine einwandfrei funktionierende Software stillschweigend vorausgesetzt wird.

Wie kann nun ein Softwareentwicklungsteam dazu motiviert werden, sich im Risikomanagement zu engagieren? Um dieses zu erreichen, muss Risikomanagement so leicht wie möglich genutzt werden können und dafür sorgen, dass nichts übersehen wird. Dies ist jedoch nur über eine entsprechende Toolunterstützung zu realisieren, da heutige Systeme in ihrer Komplexität über das hinausgehen, was von einer Person mit Papier und Bleistift beherrscht werden kann.

Je nach Projektgröße und vor allem Kritikalität des Projektes kann dabei schon eine Excel-Tabelle ausreichen. Doch ab einem gewissen Projektumfang sind hier andere professionellere Produkte einzusetzen.

Trotzdem nützt das beste Werkzeug nichts, wenn nicht eine entsprechende Kultur innerhalb des Teams – oder anders ausgedrückt: ein entsprechendes Bewusstsein für die Auswirkungen von Risiken – implementiert wird.

---

[47] Diese Vorgehensweise kann man auch sarkastisch als „Mut zum Risiko durch Vernachlässigung von Risiken" bezeichnen. Der Erfolg ist durchaus fraglich!

Natürlich ist dies umso einfacher, je größer die Risiken sind. *Andere Einstellungen* Anfangs des Kapitels wurden bereits einige unterschiedliche Projekttypen mit unterschiedlichen Risikoauswirkungen vorgestellt. Es liegt auf der Hand, dass ein Softwareentwicklungsteam, das sich darüber bewusst ist, dass Fehler in der Software im Extremfall Menschenleben gefährden können, eine völlig andere Einstellung gegenüber Risikomanagement entwickeln wird, als dies bei einem Projektteam der Fall sein wird, das eine Anwendung entwickelt, bei der lediglich ein geringer monetärer Schaden entsteht, wenn ein Risiko eintritt.

Zusammenfassend lässt sich somit festhalten: Risikomanagement ist eher ein psychologischer Aspekt innerhalb des Softwarelifecycles – es muss in den Köpfen aller Mitarbeiter des Projektes verinnerlicht sein, um zum entsprechenden Erfolg zu führen.

5.1.7
Visuelle Modellierung als Allheilmittel

5.1.7.1
Einführung in die Thematik

Beispiele aus der Architektur bzw. aus dem Baugewerbe werden *Beispiele aus der* von uns gerne herangezogen, da hier vor allem eine Situation vor- *Architektur* handen ist: Jeder Stakeholder weiß, was Änderungswünsche für Auswirkungen haben und welche Änderungswünsche zu welchem Zeitpunkt möglich sind. Dies liegt vor allem daran, dass ein entstehendes Gebäude etwas „zum Anfassen" ist.[48]

Die Geschichte des Bauunternehmers, der dem Bauherrn folgenden Vorschlag unterbreitet: „Wir fangen nächste Woche mit dem Dach an, ziehen anschließend die tragenden Wände ein und dichten dann soweit ab, dass wir beim Unterkellern im Trockenen sind", klingt wirklich ziemlich aus der Luft gegriffen.

Sollten Sie dieses als pure Erfindung abtun, so haben Sie völlig recht damit. Es ist hier nicht unser Ziel, aufzuzeigen, dass Bauherrn idiotische Anforderungen stellen. Ganz im Gegensatz dazu, was in der Softwareentwicklung an der Tagesordnung ist.

---

[48] Im krassen Gegensatz zu einer zu entwickelnden Softwarelösung, bei der der Kunde meist erst dann ein entsprechendes Feeling bekommt, wenn die Software ausgeliefert wurde und sich im produktiven Einsatz befindet.

Besonders im Zeitalter des Internets werden bei Kunden Erwartungshaltungen geweckt, die die schon ohnehin überzogenen Anforderungen aus vergangenen Client-Server- oder Mainframe-Zeiten noch übertreffen. Darauf soll im Folgenden näher eingegangen werden.

5.1.7.2
Modelle zur Verinnerlichung des Problemfeldes

Wie bereits oben erwähnt – das Hauptproblem im Umfeld der Softwareentwicklung besteht darin, dass Kunden keine klare Vorstellung von dem endgültigen Ergebnis haben, besonders im Vergleich zum Baugewerbe, in dem ein Haus für den Bauherrn klar und ersichtlich entsteht.

Doch welchen so enormen Vorteil hat ein Architekt gegenüber einem Anforderungsmanager? Je länger man darüber nachdenkt, desto offensichtlicher wird die Antwort: Der Architekt verfügt über Baupläne – dabei handelt es sich um Architekturdarstellungen, die klar darüber Auskunft geben, wie das fertige Produkt (Haus) aussehen wird.

Der Anforderungsmanager im Softwareentwicklungsumfeld hingegen hat zunächst eine Liste von zumeist unklaren Anforderungen des Kunden vorliegen. Es bietet sich also an, die Anforderungen ebenfalls in Form von Modellen zu formulieren.

Standard dabei ist, wie in Kapitel 3 ausführlich beschrieben, die Unified Modeling Language sowie der Rational Unified Process. Nun ist die UML sicherlich keine neue Modellierungssprache, die noch keiner kennt. Trotzdem zeichnet es sich nach wie vor ab, dass Use-Case-Modelle zwar von jedem verstanden werden (zumindest von der Semantik), jedoch noch lange keinen derart verbindlichen Charakter haben, wie das bei Bauplänen für ein Haus der Fall ist.

Besonders im Internetzeitalter ist auf Kundenseite das folgende Verhalten festzustellen: „Was kümmert Sie mein Geschwätz von gestern, es haben sich neue Situationen ergeben und die müssen umgesetzt werden." Jeder Bauträger würde darauf antworten: „Gerne, aber das kostet ..." Und was passiert in der Softwarebranche? Es wird diskutiert, verhandelt und – viel zu oft – nachgegeben!

Der größte Fehler, der im Anforderungsmanagement begangen wird, ist der, dass die erstellten Modelle nicht als verbindlich festgelegt werden. Andererseits ist es natürlich auch so, dass Softwareprojekte im Vergleich zu Projekten im Baugewerbe eigentlich nicht zu vergleichen sind. Mehr dazu ist Anhang 1 zu entnehmen.

5.1.7.3
Manche werden es nie begreifen

Die Notwendigkeit zur Erstellung von visuellen Modellen im Anforderungsmanagement ist also völlig unumstritten. Die Gründe wurden zuvor hinreichend erläutert und werden mittlerweile sowohl von Auftraggeber- als auch von Auftragnehmerseite akzeptiert bzw. respektiert – jedoch noch nicht entsprechend gelebt!

Dennoch gibt es in vielen Entwicklungsabteilungen weltweit leibhaftige Beispiele, die das Anforderungsmanagement für überflüssig halten (oder zumindest für eine „vereinfachte" Vorgehensweise plädieren) und sofort mit dem Erstellen eines Modells beginnen, ohne den Kunden im Vorfeld entsprechend zu involvieren.

Das bedeutet, dass der Anforderungsmanager sich zwar im Gespräch mit dem Kunden befindet, jedoch nebenher vom Entwicklungsteam bereits Modelle erstellt werden, ohne die wirklichen Anforderungen zu kennen. Eine solche Verhaltensweise wird zudem meist durch enge, vom Kunden vorgegebene Fertigstellungstermine gefördert.

Die entsprechenden Resultate sind in der einschlägigen Fachpresse nachzulesen. Gerade die Computerwoche hat sich hier zum Ziel gesetzt, derartiges Missmanagement deutlich aufzuzeigen und die entsprechenden Unternehmen an den Pranger zu stellen.

Generell gilt: Fehler, die beim Anforderungsmanagement auftreten, werden je nach Projektfortschritt immer teurer, hier kann zwar der in Kapitel 1 vorgestellte Prototyp entgegenwirken, jedoch nur, wenn er zufällig die Anforderungen aufdeckt, die falsch umgesetzt sind.

Ist dem nicht so, tritt eine gefährliche Situation ein: Das Entwicklungsteam arbeitet auf ein Ergebnis hin, das vom Kunden gar nicht gewünscht wird. Abbildung 71 zeigt auf, in welchem Verhältnis die rechtzeitige Erkennung bzw. Umsetzung von Änderungen zu Kosten steht:

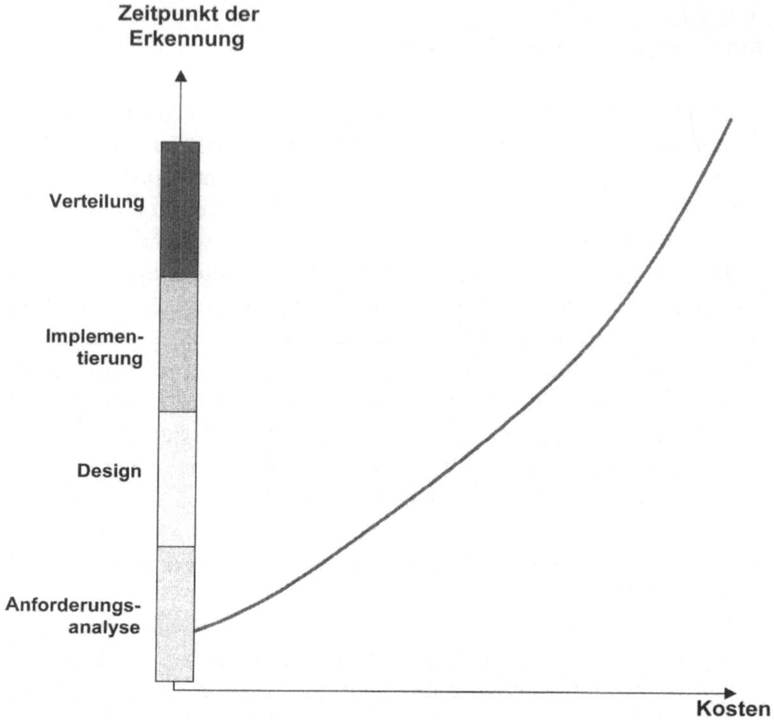

Abbildung 71: Je später Änderungswünsche eintreten bzw. Risiken erkannt werden, umso höher sind die daraus resultierenden Kosten für das Gesamtprojekt

Abbildung 71 zeigt auf, dass die vier entscheidenden Phasen innerhalb eines Softwareentwicklungsprojektes:

Vier Phasen innerhalb eines Softwareentwicklungsprojektes

■ Anforderungsmanagement,

■ Design,

■ Implementierung und

■ Verteilung

bei der Betrachtung von Änderungswünschen nicht mehr iterativ zu sehen sind, sondern eher dem Wasserfallmodell angepasst sind. Auch wenn in der Realität hier ein iterativer Ansatz vorliegt, aus Sicht des Anforderungs- und Änderungsmanagements ist das aber nicht der Fall.

Ferner wird durch Abbildung 71 offensichtlich, dass Investitionen in der frühen Phase der Softwareentwicklung später anfallende Kosten mehr als ausgleichen werden. Die Frage ist nur, warum wird dieser Sachverhalt nicht entsprechend erkannt und umgesetzt?

Eine Antwort kann dieses Buch nicht geben, allenfalls einen Erklärungsversuch:

- Projektmanagement und damit auch Anforderungsmanagement in der Softwareentwicklung heißt in erster Linie: „Augen zu und durch", wenn man die extrem kurzen Iterationen im Zeitalter des Internets berücksichtigt. Warum also investieren, wenn vielleicht zufällig ohne jegliche Investition das gleiche Ergebnis herauskommen könnte? Dies ist sicherlich eine einfache (vielleicht sogar triviale) Erklärung – doch sie drückt ziemlich genau die derzeitige Situation auf dem Markt aus.

- Gerade die Tatsache, dass Internetapplikationen erst am Anfang ihrer Möglichkeiten sind, kann jede zusätzliche Anforderung bzw. jeder Änderungswunsch seitens des Auftragnehmers letztendlich als potenzieller Neuauftrag interpretiert werden. Hierzu ist es erforderlich, dass dem Kunden gegenüber eine extrem hartnäckige Verweigerungshaltung hinsichtlich „ergänzender Wünsche" eingenommen und durchgehalten wird, was zugegebenermaßen sehr schwierig ist. Andererseits hat der Auftragnehmer durch sein technologisches Know-how hier einige Möglichkeiten.

- Internetapplikationen sind in erster Linie durch die folgenden Eigenschaften gekennzeichnet:

  - Kaum entsteht der Bedarf, muss eigentlich schon die Umsetzung erfolgt sein. Ein klassisches Beispiel: Der/die Kunden eines Auftraggebers setzen diesen unter Druck, demnächst keine langwierigen Telefon- oder Faxanfragen mehr stellen zu wollen, sondern direkt über die zugehörige Homepage das geforderte Informationsmaterial bereitgestellt zu bekommen. Diese Anforderung wird der Kunde direkt an seinen Auftragnehmer weiterleiten. Je nachdem, wie deutlich bzw. hartnäckig die Anforderung vom eigenen Kunden formuliert wurde, wird sie auch entsprechend durchgereicht: „Mach – egal wie, aber das muss nächste Woche laufen!"

  - Kaum ist die Umsetzung erfolgt, werden schon wieder neue Anforderungen laut – sowohl intern (also vom Auftraggeber direkt) als auch extern (also von den Kunden des Auftraggebers). So wird sicherlich der Kunde des Auftraggebers ziemlich bald reklamieren, wenn die eine oder andere Alternative, Informationsmöglichkeit oder Ähnliches immer noch nicht bereitsteht. Diese neuen Anforderungen oder besser gesagt Änderungswünsche werden dann direkt an den Auftragnehmer weitergeleitet mit dem Hinweis, dass sie bis übermorgen umzusetzen sind.

Diese beiden Aspekte verleiten eigentlich jedes Unternehmen dazu, eine so genannte „Quick-and-Dirty"-Entwicklung vorzunehmen. Deutliches Indiz dafür ist, dass hier Kundendruck einfach durchgereicht wird. Was zählt, ist nicht eine durchdachte, qualitativ hochwertige Lösung, sondern die sofortige Bereitstellung gewisser Funktionalitäten.

Im krassen Widerspruch dazu stehen die folgenden Aspekte:

– Fehler in einer Internetapplikation haben eine besonders schwerwiegende Auswirkung, da hier nicht nur ein erheblicher Imageverlust des entsprechenden Unternehmens zu beklagen ist, sondern zusätzlich noch deutliche Umsatzeinbußen zu befürchten sind.

– Eine Vielzahl von Auftraggebern im Bereich Internetapplikationen bewegen sich auf höchst gefährlichem finanziellen Bereich – unabhängig, ob Start-Up oder Spin-Off, meist ist der finanzielle Background nicht hinreichend abgesichert. Warum soll also der Auftragnehmer Zeit in ein umfangreiches Anforderungsmanagement investieren, wenn sein Zahlungsziel deutlich an Meilensteinen ausgerichtet ist, die an der Auslieferung von Softwarebestandteilen orientiert sind?[49]

– Viele Internetapplikationen haben zunächst nur einen begrenzten Umfang. Man glaubt, diese Applikation „quick and dirty" entwickeln zu können. Dass die Anwendung auch wachsen könnte, wird nicht in die Überlegungen mit einbezogen. Ferner wird oft davon ausgegangen, dass die Applikation ohnehin nur einige Wochen scharf geschaltet sein wird, um dann von einer anderen, mit verändertem Funktionsumfang abgelöst zu werden.

Es zeigt sich also, dass auch in der New Economy nach wie vor Qualitätsansprüche existieren und damit das Anforderungs- und Änderungsmanagement von Bedeutung ist. Allerdings ist der wesentliche Unterschied zu bisherigen Projekten darin zu sehen, dass dieses Bewusstsein zwar beim Auftragnehmer vorhanden ist, beim Kunden jedoch mehr oder weniger sinkt.

---

[49] Natürlich hat hier der Auftragnehmer einige Möglichkeiten, dem entgegenzuwirken, indem er bei den Projektverhandlungen bereits klarstellt, dass gewisse Qualitätsmaßnahmen unumgänglich sind und demzufolge auch vom Kunden zu bezahlen sind.

Das Internet bewirkt also noch schnellere Iterationen, wobei jedoch die Qualität der zu erstellenden Applikationen häufig vernachlässigt wird. Anforderungsmanagement wird noch relativ unterbewertet, hat aber eine größere Bedeutung als bei bisherigen Applikationen. Warum dies auf Auftraggeberseite häufig unberücksichtigt bleibt, wird im nachfolgenden Abschnitt dargestellt.

5.1.7.4
Return-on-Investment-Rechnung – vielleicht doch besser nicht?

Heutzutage wird jegliche Investition weniger am qualitativen als am monetären Nutzenfaktor gemessen. *Return on Investment* ist das Schlagwort des 21. Jahrhunderts! Doch wie lässt sich Qualität in eine solche betriebswirtschaftliche Rechnung integrieren? Antwort: gar nicht![50]

Warum ist dem so? Ganz einfach, Qualität gehört zu den wertschöpfenden Eigenschaften eines Projektes. Und davon gibt es mehre, die allesamt monetär nicht messbar sind. Die folgende Auflistung verdeutlicht dies:

- Risikomanagement
  Wie bereits zuvor erläutert, ist Risikomanagement unerlässlich. Wird Risikomanagement jedoch nicht ernsthaft (oder auch nur minimal) betrieben und es tritt kein Risiko ein, so geht ja alles gut.[51] Wird hingegen durch Risikomanagement ein Risiko vorauserkennend eliminiert, wie soll dieses gemessen werden? Schließlich ist das Risiko nicht eingetreten und daher lässt sich auch kein direkter Schaden beziffern, der dem Projektgewinn gegengerechnet werden kann.

- Qualitätssicherung
  Qualität ist eine Eigenschaft, die in kein Projekt hineingeprüft werden kann. Entweder es werden von Anfang an qualitätssichernde Maßnahmen ergriffen oder man befindet sich wieder im bereits zuvor erwähnten russischen Roulett. Nach wie vor gilt der Spruch: Qualitätssicherung am Ende eines Projektes ist gleichzusetzen mit einer bewusst durchgeführten Sabotage des Projektes.

---

[50] Klingt hart, ist aber so. Hier sollte sich kein Anforderungsmanager etwas vormachen – Qualität wird nicht bezahlt, sondern vorausgesetzt!
[51] Getreu dem Motto: „Glück gehabt! Ich kann zwar nichts dafür, aber was soll's!"

- *Testen*
  Softwaretests sind sicherlich ein wesentlicher Bestandteil der Qualitätssicherung. Sie sollen hier jedoch als eigener Punkt aufgeführt werden, da folgende Situation eintreten kann: Ein Unternehmen entwickelt im Kundenauftrag unter extremem Zeitdruck eine Softwarelösung. Für Softwaretests ist keinerlei Projektzeitraum vorgesehen und durch Zufall arbeitet die Software auch korrekt. Wie soll nun ein Return on Investment errechnet werden, wenn in selbigem Projekt ein zusätzlicher Headcount zugewiesen worden wäre, der derartige Tests durchgeführt hätte?

- *Dokumentation*
  Funktioniert eine Softwarelösung entsprechend den Kundenerwartungen, erfüllt sie alle Zwecke und ist auch für die Zukunft absolut einsatzfähig, muss also nicht angepasst werden – welchen Zweck hat dann eine saubere und ausführliche Dokumentation des Codes? Keinen! Tritt hingegen der kleinste Fehler während der Gewährleistung auf, ist die Softwaredokumentation eine wesentliche Voraussetzung zur Behebung des Fehlers. Erneut die spannende Frage: Wie soll hier ein Return on Investment berechnet werden?

- *VisuelleModellierung*
  Es ist unumstritten, dass Bilder mehr sagen als tausend Worte, dass eine Grafik wesentlich einfacher zu verstehen ist als ein Textdokument, dass sowohl gesprochener als auch geschriebener Text zu Mehrdeutigkeiten und Missverständnissen führt – doch wie soll hier ein Return on Investment berechnet werden? Man müsste schon ein und dasselbe Projekt zweimal durchführen – einmal mit Textdokumenten und einmal mit Hilfe der visuellen Modellierung –, um feststellen zu können, wie hoch der Mehraufwand wäre. Doch wer tut so etwas? Sicherlich kein wirtschaftlich denkendes und arbeitendes Unternehmen.

5.1.7.5
Fazit

Visuelle Modellierung ist ein erster Schritt, um Anforderungen von Kunden in einer Form darzustellen, die beiden Seiten eine Diskussionsgrundlage bietet, auf der der weitere Projektverlauf basiert. Im Zeichen des Internets hingegen steht Anforderungsmanagement noch ziemlich am Anfang – hier zählen nur Resultate, die sofort übertragen werden können. Damit wäre in diesem Bereich der Einsatz von Prototypen mehr als empfehlenswert. Dies gilt insbesondere für die in Kapitel 1 vorgestellten Wegwerfprototypen.

5.1.8
Iterativ, aber in der richtigen Reihenfolge

Eine der Hauptgründe für eine iterative Vorgehensweise in der Entwicklung von Softwareprojekten ist der Versuch, die größten Risiken für das Gesamtprojekt zu einem frühen Zeitpunkt im Projekt zu adressieren und zu bewältigen.

Nichtsdestotrotz, oder besser, gerade deswegen ist es umso wichtiger, die einzelnen Teilschritte einer Iteration korrekt durchzuführen. Und da steht an erster Stelle das Sammeln, Verstehen und Bewerten der Anforderungen[52]. Erst an zweiter Stelle ist die Umsetzung in ein visuelles Modell anzusiedeln.

Gerade im immer lukrativer werdenden Bereich der Entwicklung von Internetapplikationen sind iterative Vorgehensweisen plötzlich wieder in Frage gestellt, warum dann nicht das gute alte Wasserfallmodell wieder nutzen – schließlich kommt man dadurch zumindest vom Zeitplan her wesentlich vorhersagbarer zum Ziel. Und genau das ist einer der kritischsten Punkte bei Internetapplikationen, sie müssen zu einem bestimmten Zeitpunkt fertig gestellt sein.

Und ehrlich gesagt: Was sollen die vielen Iterationen; wenn ich von Anfang an weiß, was ich will, brauche ich keine Iterationen. Schließlich gibt es auch in der Baubranche keine Iterationen (siehe Anhang 1) und das funktioniert deutlich besser als in der Softwareentwicklung.

Diese stark überspitzte Kritik an der iterativen Softwareentwicklung ist im Internetbereich häufig anzutreffen. Sie ist jedoch meist ein Zeichen dafür, dass man nicht mit Iterationen umgehen kann. So sind Iterationszyklen von ca. drei Wochen durchaus möglich und wenn nur eine Iteration benötigt wird, nun umso besser. Der iterative Ansatz schreibt nicht zwingend vor, dass unbedingt mehrere Iterationen erfolgen müssen.

Doch wenn mehrere Iterationen durchgeführt werden, dann bitte in der richtigen Reihenfolge – mehr zum Thema Iterationen, Reihenfolge und Anzahl ist [Ver2000] zu entnehmen.

---

[52] Also die wesentlichen Aktivitäten des Anforderungs- und Änderungsmanagements.

5.1.9
Wie entsteht das visuelle Modell?

5.1.9.1
Einführung in die Thematik

Ein visuelles Modell entsteht nicht von heute auf morgen, ist also nicht das Ergebnis einer Aktivität, sondern einer Ansammlung verschiedener Aktivitäten, durchgeführt von unterschiedlichen Workern, wie in Kapitel 3 erläutert. Doch wie wird es erstellt?

Zwei Lager   Auch über diese scheinbar so klare Frage werden immer noch wahre Glaubenskriege geführt. Dabei stehen sich zwei Lager gegenüber, das eine lange angeführt vom *Code*, das andere vom *Modell* (fast schon selbstverständlich ist es, dass Modelle in der UML-Notation erstellt werden).

Letztlich geht es dabei nur um die Frage, wer von beiden in der Entwicklung die Federführung in der Hand hat und als nächster Worker nach der Anforderungsanalyse zum Einsatz kommt.

Techniken der
objektorientierten
Softwareentwicklung   Im Folgenden sollen einige Techniken der objektorientierten Softwareentwicklung erläutert werden, bei denen dieser Glaubenskrieg wieder zu finden ist. Dabei wird jeweils der Zusammenhang zum Anforderungs- und Änderungsmanagement dargestellt.

5.1.9.2
Das Forward Engineering

Komplett neue
Applikation   Das Forward Engineering kommt meist dann zum Einsatz, wenn eine komplett neue Applikation entwickelt werden soll. Wird diese Methode angewandt, so liegt die „Führung" beim Modell. Hinter dem Begriff steckt, dass jede Änderung zunächst im Modell eingearbeitet wird, aus dem je nach verwendetem Werkzeug Code-, Daten- oder Prozessdefinitionen generiert werden.

Kopplung zwischen
Anforderungs- und
Modellierungs-
werkzeug   Sehr hilfreich bei einer solchen Vorgehensweise ist die Kopplung zwischen Anforderungs- und Modellierungswerkzeug, bei dem die im Modell benutzten Objekte direkt aus den Anforderungen heraus generiert werden können, und zwar so kontrolliert, dass immer nur die neu hinzukommenden Objekte für den aktuellen Iterationsschritt generiert werden.

Um dies zu erlauben, müssen die Anforderungen strukturiert angelegt sein; um den Übergang von strukturierter Prosa zum formalistischen Modell möglichst einfach zu gestalten, empfiehlt es sich, UML-Begriffe wie Use-Case oder Actor bereits im Anforderungsmanagement zu benutzen.

Dies erhöht auch die Nachvollziehbarkeit zwischen der Anforderung, dem Modell und später dem Code, durch welchen das Modell schließlich implementiert wird.

Künftig ist davon auszugehen, dass noch wesentlich mehr als nur Objekte aus den Anforderungen übernommen werden können, zum Beispiel Beziehungen oder ganze Abläufe. Letztendlich ist es heute schon nur noch eine Frage der Strukturierung im Anforderungsmanagement.

5.1.9.3
Das Reverse Engineering

Das Reverse Engineering kommt bei bereits bestehenden und zu ändernden Anwendungen[53] zum Einsatz. Beim Reverse Engineering *führt* der Code. Dies kann zweierlei Ursachen haben: es existiert bereits Code eines Altsystems oder es wird rein auf Basis der verwendeten Programmiersprache entwickelt; in beiden Fällen dient das Modell nur zu nachträglichen Dokumentationszwecken.

Beim Reverse Engineering führt der Code

Während die Bestandsanalyse schlecht dokumentiertem Code nützlich ist und in jedem Fall unterstützt werden sollte, so ist die andere Vorgehensweise „Codieren vor Modellieren" zumindest mit einem Fragezeichen zu versehen. Warum, wird der eine oder andere jetzt fragen.

Bestandsanalyse

Weil das Risiko der Fehlerbeseitigung größer ist, wenn dieses im Code passieren muss! Es geht nicht unbedingt um das Aufspüren eines Fehlers, aber um die nötigen Aufwände zur Behebung. Diese liegen in den allermeisten Fällen im Modell um den Faktor 10 niedriger.

Ein anderes deutlich erhöhtes Risiko besteht in der Gefahr, von den eigentlichen Anforderungen abzuweichen. Beginnt man sofort damit, Anforderungen in Code umzusetzen, gibt es kaum noch eine Chance, in einer frühen Projektphase mit dem Endanwender auf einer fachlichen Ebene die Ergebnisse nochmals gegenzuprüfen. Er wird die von uns jetzt unterstützte Nomenklatur, den Code, als einen genau solchen sehen und ihn nicht verstehen.

Mit Hilfe eines visuellen Modells sprechen Kunde und Entwickler dieselbe Sprache (natürlich auf einem abstrakten Level). Die Ergebnisse können nochmals fachlich geprüft und trotzdem in der Entwicklung weiter verwendet werden.

Nur auf einem abstrakten Level

---

[53] Reverse Engineering wird ebenfalls verwendet, wenn eine Applikation nachträglich dokumentiert werden soll.

Dies geht natürlich auch bei reinem Reverse Engineering, jedoch kommen wir dann wieder auf das Risiko der Fehlerbehebung zurück.

5.1.9.4
Das Roundtrip Engineering

Die modernste Form der objektorientierten Softwareentwicklung ist das Roundtrip Engineering. Genauso wie es früher kaum den reinen „Wasserfallansatz" gab, ist auch heute die Mischform die häufigste.

Vereinfacht gesagt, werden Anforderungen manchmal im Modell eingepflegt und daraus in den Code generiert, und manchmal wird im Code geändert und eventuelle Änderungen in das Modell zurückgeholt.

Entscheidend ist (neben der entsprechenden Toolunterstützung) dabei das Verhältnis der Änderungen im Modell und im Code. Auch hier sollte es sehr stark zu Gunsten des Modells ausfallen.

5.1.9.5
Fazit

Unabhängig davon, welcher der drei Ansätze:

- Forward Engineering,
- Reverse Engineering oder
- Roundtrip Engineering

gewählt wird, letztendlich ist immer entscheidend, wie gut die Kommunikation mit dem Kunden im Bereich der Anforderungsanalyse ist. Es kann durchaus funktionieren, wenn mit dem Kunden Codesequenzen diskutiert werden, es bleibt jedoch eher eine Ausnahme.

Abbildung 72 fasst die drei unterschiedlichen Ansätze zusammen und stellt ihre Beziehung zu Code bzw. Modell her.

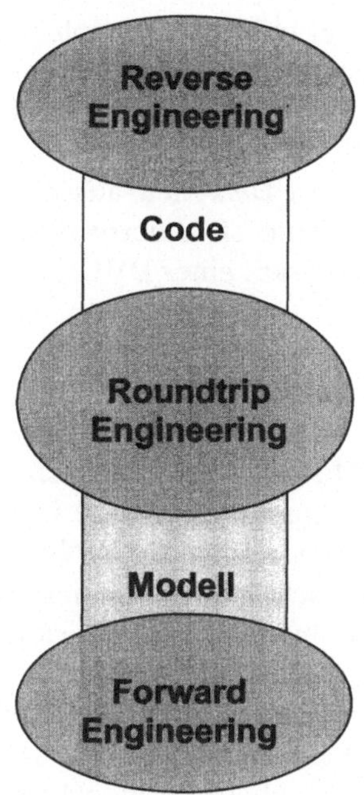

Abbildung 72: Die drei wesentlichen Ansätze in der Objektorientierung

5.1.10
Die Zukunft der Modelle

5.1.10.1
Der Technologiewandel schreitet immer schneller voran

Ist die Bedeutung von Modellen in den vergangenen Jahren schon
stark angewachsen, so wird sie in Zukunft noch enorm zunehmen.
Wie begründet sich diese Sicherheit in der Aussage? Weil die Lei-
stungsfähigkeit der Hardware und der Infrastruktur noch ein riesi-
ges Entwicklungspotenzial hat. Mit jedem neuen Schub werden
denkbare Anwendungen erst möglich.[54]

Die Technologie-Schübe in der Vergangenheit haben aber gezeigt, dass damit auch immer ein Quantensprung an Komplexität
verbunden ist. Dazu nur ein Beispiel: Die Infrastruktur hinter ei-

*Ein Quantensprung an
Komplexität*

---

[54] So war es noch zu Beginn unserer Studienzeiten völlig undenkbar, dass
Modelle am Rechner entworfen werden. Damals gab es Schablonen aus
Plastik, in die vorgegebene Symbole eingepresst waren, mit deren Hilfe
Diagramme entworfen wurden.

nem Mobilfunknetz liegt in seiner Komplexität deutlich über dem von Festnetzen. Die Ursache? Die Endgeräte bewegen sich!

Aber auch im Software Engineering sind die entsprechenden Beispiele offensichtlich. Wurde noch vor einigen Jahren Rational Rose auf einigen wenigen Disketten ausgeliefert, so geht mittlerweile nichts mehr ohne eine CD. Microsoft beginnt bereits mit der Auslieferung der Software auf einer DVD!

5.1.10.2
Die Komplexität wird immer größer

Ohne entsprechende Modelle wird es für einzelne Personen immer schwieriger, die Gesamtzusammenhänge in solchen hochkomplexen Umgebungen zu erfassen. Da die Evolution der Hardware hier deutlich schneller voranschreitet als die des menschlichen Gehirns, hilft nur der Rückgriff auf einen alten Trick der Informatik: *divide et impera*, zu deutsch „Teile und Herrsche".

Modelle mit ihren unterschiedlichen Abstraktionsebenen helfen den an solchen Projekten beteiligten Mitarbeitern, nicht nur auf einem gemeinsamen Datenbestand zu arbeiten, sondern auch die Probleme aus den unterschiedlichsten Blickwinkeln zu beleuchten.

5.1.10.3
Die Ressourcen werden immer knapper

Teuerste und zugleich rarste Ressource sind die Projektmitarbeiter

Neben der Komplexität spielen aber auch die Kosten eine immer größere Rolle in der Entwicklung. Die wertvollste, weil teuerste und zugleich rarste Ressource sind die Projektmitarbeiter.[55]

Gerade hier gibt es in der jüngsten Vergangenheit einige Ansätze, bei denen Modelle dabei helfen, diese Ressourcen möglichst schonend und optimal zu nutzen. Insbesondere liegt der Schwerpunkt auf qualitätssichernden Maßnahmen auf Basis des Modells.

Werkzeuge wie Rational Rose RealTime aus der Embedded-Entwicklung spielen hier den Vorreiter. Zustandsmodelle zur Abbildung solcher Systeme können zu Simulationszwecken durchlaufen werden, ohne dass der Code auf dem Zielsystem vorliegen muss.

Aber auch in anderen Feldern gibt es bereits Entwicklungswerkzeuge, die aus dem Modell heraus Testfälle ableiten können. Die Zukunft wird zeigen, dass auch hier noch längst nicht alle Möglichkeiten ausgeschöpft sind.

---

[55] Hieran konnte auch die Green Card nicht viel ändern.

5.1.10.4
Fazit

Kommen wir nochmals auf die These „Modelle als Allheilmittel"
zurück. Modelle sind natürlich in gewisser Weise Heilmittel für
vorhergehende Versäumnisse, sollten aber niemals dafür genutzt
werden.

Wie in der Medizin gilt auch hier der Satz: Vorbeugen (also gutes Anforderungsmanagement) ist besser als heilen – billiger ist es
allemal!

5.2
Anforderungs- und Änderungsmanagement als Kernaufgabe des Projektmanagements

5.2.1
Einführung in die Thematik

Fragen Sie bei Gelegenheit 10 Personen aus dem Umfeld der Softwareentwicklung, welche Aufgaben zum Projektmanagement dazugehören, sie werden 11 Antworten erhalten. Gut, vielleicht weniger, trotzdem werden die Listen sehr divergent sein. Warum ist
dies so?

Weil es keine einheitliche Definition des Projektmanagements
in der Softwareentwicklung gibt. Diese Lücke soll jetzt auch nicht
geschlossen werden (das sprengt den Rahmen dieses Buches bei
weitem). Vielmehr soll aufgezeigt werden, warum Anforderungsmanagement und Änderungsmanagement zu den Kernaufgaben
heutiger Projektverantwortlicher dazugehören müssen.

5.2.2
Anforderungs- und Risikomanagement aus Sicht des Projektmanagements

Jedem Projektmanagement gemein ist das Ziel, das Projekt erfolgreich abzuschließen. Was bedeutet aber erfolgreich? Noch viel zu
häufig sind das Einhalten des Releasedatums und des geplanten
Budgets die einzigen Kriterien.

Dies ist aus Sicht des Unternehmens sogar korrekt, aber in den
meisten Fällen zu kurzfristig gedacht, denn den Kunden interessieren die internen Maßstäbe nur marginal. Seine Kriterien sind ein-

zig, ob die Anforderungen, die er an die Software stellt, zum Kaufzeitpunkt erfüllt sind.

Ähnlich dem Risikomanagement findet auch hier gerade ein Umdenkprozess statt. Es kommt als neues Kriterium das Umsetzen der geplanten Anforderungen hinzu. Spätestens ab diesem Zeitpunkt liegt es im Eigeninteresse des Projektmanagements, Anforderungs- und Risikomanagement als ureigenste Aufgabe zu sehen.

Doch selbst ohne diese Meßlatte für den eigenen Erfolg des Projektleiters ist das Anforderungsmanagement von mitentscheidender Bedeutung für das gesamte Projekt. Die folgende Auflistung zeigt, warum dem so ist:

- *Anforderungen bestimmen die benötigten Fähigkeiten im Projektteam mit*

Sowohl funktionale als auch nichtfunktionale Anforderungen setzen häufig Spezialwissen zur Umsetzung voraus. Dieses Wissen muss während der Anfangsphase eines Projektes ermittelt werden, das Projektteam ist also dementsprechend zu besetzen.

- *Die höchsten Risiken werden früh erkannt und adressiert*

80% der Anforderungen lassen sich in 20% der geplanten Zeit erledigen[56]. Im Umkehrschluss kann auch gesagt werden, dass 20% der Anforderungen die höchsten Risiken für das Gesamtprojekt enthalten. Im Rahmen des Anforderungsmanagements gilt es, diese herauszufinden und unverzüglich anzugehen.

- *Das Ziel ist für jeden Mitarbeiter innerhalb des Projektes klar ersichtlich*

In jedem Softwareentwicklungsprojekt wird es Phasen geben, in denen es nur holprig vorangeht. Driften dann die Teilbereiche auch noch auseinander, weil sie auf leicht unterschiedliche Zielsetzungen hinarbeiten, so ist ein Scheitern sehr wahrscheinlich.

Ein sauberes Anforderungsmanagement, auf das jedes Teammitglied mindestens lesenden Zugriff hat, hilft dabei, das

---

[56] Die 80-zu-20-Regel wurde bereits in Kapitel 1 besprochen, sie lässt sich nahezu beliebig in allen Bereichen der Softwareentwicklung zum Einsatz bringen, angefangen von der Geschäftsprozessmodellierung, über das Anforderungs- und Risikomanagement bis hin zur eigentlichen Implementierung der Software.

Team auf dem anvisierten Kurs zu halten, auch wenn es stür-
misch zugeht.

- *Aufgaben werden mit der richtigen Priorisierung geplant und
  ausgeführt*

  Anforderungen werden zu ihrer Realisierung zumeist in Ar-
  beits- oder Aufgabenpakete aufgebrochen. Diese wiederum
  (siehe auch das nächste Kapitel) werden auf die einzelnen
  Teammitglieder verteilt. In der Regel bearbeiten die Mitarbeiter
  Aufgaben, die aus verschiedenen Anforderungen resultieren.
  Um auch hier die richtige Reihenfolge auf der To-do-Liste zu
  finden, ist es nötig, die wichtigen Anforderungen genau zu kennen.

- *Höhere Sicherheit bei Änderungen*

  Was passiert, wenn sich an den Anforderungen im Projektverlauf Änderungen ergeben? Wie wirkt sich dies auf den weiteren Ablauf im Projekt oder die Ressourcen aus? Solche Fragen lassen sich nur dann mit ausreichender Sicherheit beantworten, wenn die Anforderungen, ihre Beziehungen sowie die
  mit ihnen verbundenen Risiken auch wirklich klar sind.
  Es gibt also in jedem Fall genügend gute Gründe für das Projektmanagement, Wert auf ein sauberes Anforderungsmanagement zu legen und sich gegebenenfalls selbst mit einzubringen.

*Auswirkungen von
Änderungen beachten*

5.2.3
Änderungsmanagement aus Sicht des
Projektmanagements

5.2.3.1
Von Anforderungen und Änderungen

*Wo ist die
Grenze zwischen
Anforderungs-
und Änderungs-
management?*

Es gibt immer noch sehr viele Diskussionen darüber, speziell wenn
man von den eingesetzten Werkzeugen[57] ausgeht, wo denn der

---

[57] In nahezu allen Projekten kommen für das Anforderungsmanagement
andere Werkzeuge zum Einsatz, als dies beim Änderungsmanagement der
Fall ist. Auch Rational Software bietet hier zwei unterschiedliche Produkte
an, auf der einen Seite RequisitePro zum Anforderungsmanagement und
auf der anderen Seite ClearQuest für das Änderungsmanagement. Wichtig
ist dabei die Integration der Werkzeuge untereinander, also, wie gut
funktioniert der Datenaustausch zwischen diesen Werkzeugen.

Unterschied und wo die Grenze zwischen Anforderungs- und Änderungsmanagement liegen.

Zugegeben – diese Grenze ist sehr schwimmend und es fällt schwer, hier eine klare Trennlinie zu ziehen.

Eine Art Unterscheidung zwischen Anforderungen und Änderungen wurde bereits in Kapitel 1[58] vorgenommen und ist in Abbildung 73 dargestellt.

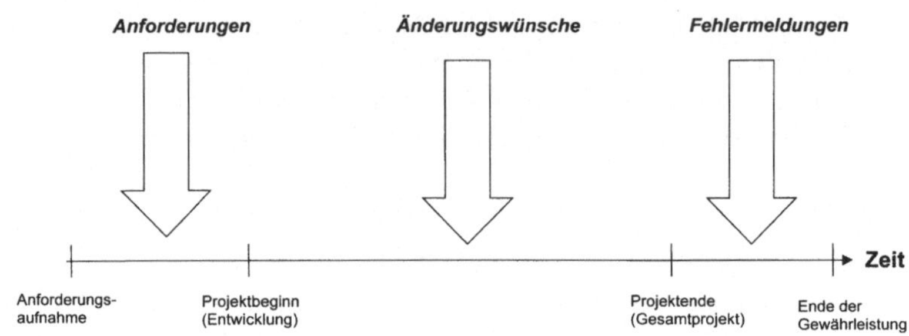

Abbildung 73: Unterscheidung zwischen Anforderungen, Änderungen und Fehlermeldungen

In der Tat weisen die beiden Bereiche Anforderungsmanagement und Änderungsmanagement viele Gemeinsamkeiten und Überlappungen auf:

Gemeinsamkeiten und Überlappungen

- Beide helfen dabei, die Frage nach dem Grund für Änderungen an Software zu beantworten.

- Beide liefern die Planungsgrundlagen für die nächsten Schritte im Projekt.

Jedoch gibt es einen fundamentalen Unterschied in den *Objekten*, die verwaltet werden. Im Änderungsmanagement geht es um Aufgaben. Diese sind immer auf ein konkretes, eng abgestecktes Ziel gerichtet. Ihre Bearbeitung verursacht immer Kosten, weil sie durch einen oder mehrere Mitarbeiter im Projekt erledigt werden müssen.

Anforderungen hingegen verursachen nicht immer Kosten. Wird eine Entwicklung in Java gefordert und wir entwickeln in Java, so erfüllen wir die Anforderung ohne zusätzlich Ressourcen bereitzustellen.

---

[58] Zusätzlich wurden dort auch noch Fehlermeldungen besprochen, die ebenfalls eine Art Anforderung bzw. Änderung darstellen.

Anforderungen sind in der Regel auch nicht 1:1 in Aufgaben übertragbar, da sie auf einer höheren Abstraktionsebene angesiedelt sind. Typischerweise werden sie in eine ganze Liste von Aufgaben heruntergebrochen. Diese müssen dann natürlich alle abgearbeitet werden, bevor die Anforderung als erfüllt gelten kann.

Die Erfahrungen zeigen, dass Projektmitarbeiter gut beraten sind, diese beiden Domänen auseinander zu halten. Eine Vermischung, speziell auf Toolseite, birgt einige Risiken in sich:

- Aufwände sind für Anforderungen oft nur grob geplant

- Hinter den Aufgaben stehen klare Einzelschritte

- Aufgaben sind oft zu EDV-lastig beschrieben

5.2.3.2
Neue Erfolgskriterien

Wenden wir uns nochmals den am Anfang dieses Abschnitts beschriebenen Erfolgskriterien für das Projektmanagement zu. Kommt die Erfüllung von Anforderungen als Kriterium hinzu, geraten die Verantwortlichen häufig in eine Zwickmühle:

> Wird das Releasedatum gehalten, fehlen oft Anforderungen, erfüllt man diese, überschreitet man häufig den Termin.

Somit wird Anforderungsmanagement eine Kernaufgabe des Projektmanagements, wie auch bereits in [Ver2000] dargestellt, dort wurde der Projektleiter als zusätzlicher Worker dem Systemanalysten zur Seite gestellt.

Natürlich bedeutet dies auch für den Projektleiter einen gewissen Mehraufwand, den er auf einer anderen Ebene wieder einsparen muss, um sich innerhalb des Projektes nicht zu verzetteln. Daher ist auch immer häufiger in Projekten ab einer gewissen Größe festzustellen, dass es nicht mehr einen Projektleiter gibt, sondern meist ein Projektleiterteam, das unterschiedliche Aufgaben innerhalb des Projektes wahrnimmt.

5.2.4
Die 3-Wochen-Iterationen

5.2.4.1
Einführung in die Thematik

Der Projektleiter steht also eigentlich vor der Qual der Wahl, welchen Tod er sterben möchte (etwas überspitzt ausgedrückt!). Ein Ausweg aus diesem Dilemma bietet die Verkürzung der einzelnen Iterationszyklen.

Es ist mit dem Mannschaftsrudern vergleichbar: Bleibt die Zahl der Ruderer und die zurückzulegende Strecke gleich, so geht es nur dann schneller vorwärts, wenn der Steuermann die Schlagzahl erhöht.

Diese Erkenntnis wurde in jüngster Zeit mehrmals erfolgreich auf Softwareprojekte übertragen. Ziel ist ein stabiler, in sich konsistenter Stand, da nur vollständig erfüllte Anforderungen in die Releases zum Iterationsende übernommen werden. Demzufolge wurde – vergleichbar mit der Erhöhung der Schlagzahl – die Dauer der Iterationen verkürzt.

Sieht man einmal vom E-Business-Bereich ab, so dauern komplette Iterationszyklen 2-3 Monate. Die neue Zielsetzung ist nun der komplette Durchlauf in 3 Wochen, also quasi ein Mini-Projekt im Projekt abzuwickeln. Die Abläufe sind dabei fest geregelt und wiederholen sich bei jeder Iteration.

5.2.4.2
Die erste Phase: Analyse

Während der 1. Phase werden die Anforderungen identifiziert, die im Rahmen der laufenden Iteration bearbeitet werden sollen. Dabei werden diejenigen herausgearbeitet, die das höchste Risiko im Hinblick auf das Gesamtprojekt haben.

Als nächste Schritte werden die Anforderungen in Aufgaben heruntergebrochen. Diese sind natürlich auf die Mitarbeiter zu verteilen. Dabei sind Arbeitspakete zu schnüren, die pro Mitarbeiter nicht mehr als 30 Stunden umfassen dürfen.

5.2.4.3
Die zweite Phase: Realisierung

In dieser Phase (also der zweiten Woche der Iteration) werden die Arbeitspakete auf isolierten Entwicklungslinien realisiert (deshalb auch nicht mehr als 30 Stunden). Zum Abschluss dieser Phase müssen sämtliche Whitebox-Tests von Entwicklerseite und auch alle Vorbereitungen zum Code-Review abgeschlossen sein.

5.2.4.4
Die dritte Phase: Integration/Release

In der letzten Phase prüft das Change Control Board, bei welchen *Change Control Board* Anforderungen die Voraussetzungen zur Freigabe erfüllt sind. Dies ist dann der Fall, wenn alle daraus resultierenden Aufgaben erfolgreich durch die Phase 2 gelaufen sind.

Diese Anforderungen (bzw. die Arbeitsergebnisse) werden in den Integrationsbereich übernommen und durchlaufen die Systemtests.

Die abschließende Freigabe durch das Change Control Board erfolgt auf Basis der Systemtestergebnisse. Schließlich wird das Release der Integration freigegeben. Dieser stabile, in sich konsistente Stand bildet dann wiederum den Ausgangspunkt für die nächste Integration.

5.2.4.5
Auswirkungen auf die beteiligten Mitarbeiter

So weit, so gut. Jedoch wirkt sich dies natürlich auf alle beteiligten Projektmitarbeiter aus. Im Folgenden soll dies kurz auf die einzelnen Worker heruntergebrochen werden:

- Projektmanager *Projektmanager*
  Der Projektmanager ist gezwungen, mehr Aufwand in die Planung der einzelnen Tätigkeiten zu verwenden. Anforderungen werden wesentlich detaillierter als sonst in Aufgaben umgewandelt und müssen natürlich auch entsprechend verteilt werden.

- Softwareentwickler *Softwareentwickler*
  Die Softwareentwickler sind wesentlich spürbarer den Kontrollmechanismen des Prozesses unterworfen, da die zur Verfügung stehenden Zeiträume sehr eng bemessen sind.

- Qualitätssicherer *Qualitätssicherer*
  Ähnlich dem Projektmanagement ist auch im Bereich der Qualitätssicherung ein höherer Planungsaufwand zu erwarten, da in einem solchen Szenario mit Änderungen in einer wesentlich schnelleren Frequenz zu rechnen ist. Mindestens jede funktionale Anforderung führt zu einer Testanforderung. Än-

dert sich die funktionale Anforderung, sind Auswirkungen auf die Testanforderung sehr wahrscheinlich.

- **Change Control Board**
  Die Treffen des Change Control Boards finden wesentlich öfter statt (zwei bis drei Mal die Woche), haben aber einen jeweils klar definierten Zweck. Dazu müssen die zur Entscheidung anstehenden Anforderungen oder Aufgaben aktuell, rechtzeitig vor der Sitzung und mit allen relevanten Informationen den Mitgliedern zur Verfügung stehen. Da es hier um entwicklungsspezifische Themen geht, wird es wahrscheinlich auch Unterschiede gegenüber der heutigen Zusammensetzung für diesen Kreis geben.

5.2.4.6
Auswirkungen auf die Toolunterstützung

Toolunterstützung unabdingbar

Prinzipiell benötigt man für diese Methode keine speziellen Werkzeuge. Wie man aber aus dem vorherigen Kapitel erkennen kann, kommen auf die Teammitglieder einige Aufgaben zu, die in heutigen Umgebungen wohl nur durch die richtige Toolunterstützung zu bewältigen sind.

An erster Stelle ist eine Unterstützung für das Anforderungs- und Risikomanagement zu nennen. Eine der Säulen, auf denen das Konzept ruht, ist das Erkennen der wichtigsten Anforderungen mit ihrem Beziehungsgeflecht.

Fast ebenso wichtig ist ein Werkzeug zur Generierung von Reports und interner Dokumentation. Es werden schnelle, aktuelle Auswertungen als Entscheidungsgrundlage benötigt. Aber auch Dokumentationen über Anforderungen, die zugeordneten Aufgaben, die Teile des Modells und Codes, mit denen sie umgesetzt wurden, sind aufwendig zu erstellen, aber für Review-Zwecke unumgänglich.

Noch mehr als sonst ist ein stabiles Änderungsmanagement und ein skalierbares Konfigurationsmanagement zur Unterstützung der vielen, parallel ablaufenden Aufgaben nötig.

Integration der einzelnen Bereiche unabdingbar

Am wichtigsten ist aber die Integration der einzelnen Bereiche untereinander, so dass nötige Informationen aktuell und überall zur Verfügung stehen, ohne unnötigen Overhead und Redundanz.

5.2.4.7
Was bringt es?!

Obwohl noch keine langjährigen Beobachtungen existieren, sehen die bisher gemachten Erfahrungen mehr als positiv aus. So liegt die Termintreue von Releases bei über 90% (bei vergleichbaren Projekten bei ca. 80%).

Auch vom Inhalt haben sich deutliche Verbesserungen ergeben. So werden jetzt ebenfalls über 90% der ursprünglich geplanten Anforderungen bis zum geplanten Releasedatum umgesetzt (der Wert lag bei den umgestellten Projekten früher bei über 80%).

Als Hauptursache wird die wesentlich genauere, weil detailliertere Planung angeführt, aber auch die größere Flexibilität, auf Änderungen der Rahmenbedingungen zu reagieren, ist von Bedeutung; schließlich sind ja die Arbeitseinheiten nach jeweils drei Wochen abgeschlossen.

Da aber ein funktionierendes Änderungsmanagement als „Rückgrat" der Arbeiten existiert, werden auch Post-Mortem-Analysen über die Abläufe in bereits abgeschlossenen Iterationen oder ganzen Projekten möglich, die ihrerseits bei künftigen Arbeiten mithelfen, Prozesse zu optimieren und Planungen genauer einzuhalten.

Termintreue von Releases liegt bei über 90%

5.2.4.8
Wie sieht die Einführung aus?

Die Einführung steht und fällt mit der uneingeschränkten Akzeptanz durch alle Beteiligten. Als erster Schritt sollte ein organisatorisches Projektassessment durchgeführt werden; Unterstützung von außen ist dringend anzuraten, um den Scheuklappeneffekt zu vermeiden.

Ziel des Assessments ist es, den Reifegrad der Beteiligten und der Toollandschaft für den Prozess herauszufinden. In einem zweiten Schritt werden nun die eventuell noch vorhandenen Defizite bei den Beteiligten und der Toollandschaft identifiziert und Maßnahmen zu deren Beseitigung in die Wege geleitet.

Erst wenn diese Voraussetzungen erfüllt sind, beginnt man mit einer stufenweise Reduzierung der Iterationszyklen, wobei pro Durchlauf eine, maximal 2 Wochen reduziert werden sollte.

Gerade in dieser Phase sind regelmäßige Assessments, verbunden mit einer Post-Mortem-Analyse, extrem wichtig, damit alle Beteiligten in dieser Lernphase sehr zeitnah ein qualifiziertes Feedback bekommen.

Projektassessment muss durchgeführt werden

Stufenweise Reduzierung der Iterationszyklen

5.2.4.9
Fazit

Die Reduzierung der Dauer von Iterationen ist ein guter Weg, Anforderungen in den Griff zu bekommen und gleichzeitig Risiken innerhalb des Projektes zu minimieren. Sie verlangt jedoch den konsequenten Einsatz einer entsprechenden Werkzeugumgebung sowie eine externe Beratung, sofern dies zum ersten Mal probiert wird.

Die Erfolgsaussichten sind wesentlich höher als bei der bisherigen Vorgehensweise, bei der Iterationsdauern von zwei bis drei Monaten üblich waren. Es dürfen jedoch die Auswirkungen auf die einzelnen Projektmitarbeiter nicht vernachlässigt werden.

5.3
Die Bedeutung von Konfigurationsmanagement im Anforderungsmanagement im Zeitalter des Internets

5.3.1
Einführung in die Thematik

Obwohl es inzwischen akzeptiert ist, dass jedes professionelle Projekt ein Konfigurationsmanagement benötigt – über Art und Umfang können immer noch endlose Debatten geführt werden.

Dieses Thema ist weitaus weniger standardisiert als andere. Beginnen wir zunächst mit einer Betrachtung der grundlegenden Frage, worauf sich Anforderungen eigentlich beziehen.

5.3.2
Auf was beziehen sich Anforderungen?

So einfach das Anforderungsmanagement zu Beginn eines neuen Projektes auf der grünen Wiese ist, spätestens, nachdem die erste Zeile Code implementiert wurde und sich die Anforderungen ändern und bearbeitet werden, stehen diesen immer Konfigurationen gegenüber, in denen sie umgesetzt oder geplant sind.

Natürlich gilt dies auch umgekehrt. Oftmals ergeben sich Änderungswünsche auf Basis eines bestimmten Softwarestandes. Diese gehen schließlich als Anforderungen wieder in die Weiterentwicklung ein.

5.3.3
Anforderungen als Konfigurationsobjekte

Gehören Anforderungen dem Konfigurationsmanagement unterworfen? Als Antwort ein eindeutiges Ja. Und in welcher Form? Hier wird es schon wieder unklarer.

Soll man jede Anforderung für sich versionieren? Wie geht man mit den Dokumenten und Datenbanken um?

Um festzulegen, wie Anforderungen unter Konfigurationsmanagement genommen werden sollten, zäumen wir das Pferd von hinten auf. Unter welchen Voraussetzungen brauchen wir den Zugriff auf einen früheren Stand von Anforderungen?

Eigentlich immer nur dann, wenn wir einen Soll-Ist-Vergleich durchführen wollen, beispielsweise am Ende der Iteration. Hier stellt man sich meist die folgenden Fragen: *Soll-Ist-Vergleich*

- Wurden alle geplanten, freigegebenen Anforderungen realisiert?

- Wie viele Anforderungen haben sich während der Iteration geändert?

- Was wurde alles gegenüber der ursprünglichen Anforderung geändert?

Allgemein gesagt werden die Zustände zu zwei Zeitpunkten miteinander verglichen, also an so genannten *Baselines*. Auch wenn einzelne Anforderungen für die Betrachtung herangezogen werden, so interessieren doch nur die beiden Zustände A und B, aber nicht sämtliche Zwischenschritte auf dem Weg von A nach B. *Baselines*

Was für einzelne Anforderungen gilt, trifft auch für Dokumente oder alle Daten des Anforderungsmanagements zu. Es werden immer nur zwei Momentaufnahmen miteinander verglichen.

Wie ist es mit den einzelnen Dokumenten? Können diese als eigenständige Einheiten im Konfigurationsmanagement verwaltet werden? Natürlich – aber welche Vorteile bringt es, vor allem wenn ich mehrere Anforderungsarten mit einer Vielzahl von Querbeziehungen habe.

Die Wahrscheinlichkeit, aus der Version X des einen und der Version Y des anderen Dokumentes ein in sich konsistentes Set von Anforderungen zu bekommen, ist meistens mehr als gering.

Der Gedanke, der hinter den oft gehörten Forderungen steckt, einzelne Versionen von Dokumenten und Anforderungen identifizieren zu können, ist natürlich die Nachvollziehbarkeit. Das wird aber bereits durch eine entsprechende Log-Funktion erreicht. Als kleine Daumenregel kann hierbei gelten:

> Alles, was in einer bestimmten Version reproduziert werden muss, gehört ins Konfigurationsmanagement, ansonsten ist das Aufzeichnen der Änderungshistorie mehr als ausreichend.

Ist es wirklich einmal nötig, auf einen früheren Stand der Anforderungen zurückzugehen, so sollte es in jedem Fall ein in sich konsistenter Stand sein. Und dazu gehören nun einmal alle Dokumente plus eventuelle Zusatzinformation.

Zusammenfassend lassen sich folgende Punkte festhalten:

Ausdrücklich im KM-Plan dokumentieren

- Die Daten des Anforderungsmanagements gehören dem Konfigurationsmanagement unterstellt. Dieses sollte auch ausdrücklich im KM-Plan mit allen nötigen Prozeduren dokumentiert sein.

- Sobald das Change Control Board einen in sich konsistenten Zustand verabschiedet hat, wird der gesamte Datenbestand in das Konfigurationsmanagement übernommen und mit einem eindeutigen Label zur Identifizierung versehen.

Keimzelle für eine Baseline des gesamten Projektes

- Kommen weitere Objekte, zum Beispiel Modelle oder Code zu der Baseline hinzu, so werden diese Versionen mit demselben Label versehen. Eine Baseline der Daten des Anforderungsmanagements wird somit zur Keimzelle für eine Baseline des gesamten Projektes.

5.4
Qualität von Anfang an

Wurde vor nicht allzu langer Zeit erst mit dem Testen begonnen, wenn bereits größere Teile der Applikation implementiert sind[59], werden heute bereits in sehr frühen Phasen qualitätssichernde Maßnahmen installiert.

Die Ableitung von Tests aus dem visuellen Modell

Jüngste Entwicklungen in dieser Richtung erlauben bereits die Ableitung von Tests direkt aus dem visuellen Modell des Systems. Dieses geht entscheidend über rein formale Tests auf Vollständigkeit oder Einhaltung von Designregeln hinaus, da hier bereits Tests existieren, *bevor* codiert wird.

---

[59] Hier hat sich der Spruch bewährt: „Testen am Ende eines Projektes, ist gleichzusetzen mit der Sabotage des Projektes!"

Spinnt man diesen Gedanken weiter, so besteht die nächste Stufe darin, noch vor dem Modell, also auf Ebene der Anforderungen, Tests abzuleiten. Dieses mag auf den ersten Blick seltsam erscheinen, ist aber unter bestimmten Rahmenbedingungen möglich.

Betrachten wir den Weg von der Anforderung zur fertigen Applikation, so werden zunächst in unstrukturierter Form geäußerte Wünsche oder Bedürfnisse immer stärker formalisiert. Aus Wünschen werden Anforderungen, aus Anforderungen Modelle, aus Modellen Code. Genau genommen ist ein visuelles Modell nichts anderes als die Darstellung von Wünschen bzw. Forderungen in einer sehr stark formalisierten Form.

Für eine Umsetzung fehlen deshalb nur zwei Dinge: die Definition einer *Sprache* sowie einer *Vorgehensweise*, die es erlaubt, Anforderungen so aufzubauen und zu formulieren, dass, wie bei einem visuellen Modell, daraus Tests abgeleitet werden können.

Gelingt dies, könnte dies ein echter Quantensprung auf dem Weg zu höherer Qualität bei geringeren Kosten sein.

5.5
Fazit

Wie Anforderungsmanagement in 5 Jahren aussieht, lässt sich heute noch nicht sagen. Dazu ist der Markt zu sehr im Umbruch begriffen. Trotzdem kann man davon ausgehen, dass sich zwei Trends der jüngeren Vergangenheit noch verstärken werden.

Erstens werden Integrationen zu anderen Bereichen der Softwareentwicklung noch wichtiger. Anforderungsmanagement darf keine philosophische Tätigkeit sein, die in einem Elfenbeinturm betrieben und deren Ergebnisse wie aus einem Füllhorn auf die Projekte geschüttet werden. Es kann seine Aufgabe auch nur dann optimal erfüllen, wenn regelmäßige Rückmeldungen aus den anderen Bereichen erfolgen.

Zweitens werden sich die Methoden des Anforderungsmanagements verfeinern. Der Grund liegt im immer noch steigenden Kostendruck begründet, der heute in der Softwareentwicklung herrscht.

Lassen sich Aktivitäten in eine Entwicklungsphase vorziehen, in der noch nicht mit teuer produziertem Code, sondern mit relativ preiswerten Anforderungen gearbeitet wird, eröffnen sich enorme Einsparungspotenziale.

Und bereits heute wird nicht nur an der Theorie, sondern auch an der Umsetzung in den entsprechenden Werkzeugen gearbeitet.

Daraus folgt: Noch mehr als jetzt wird das Anforderungsmanagement zu einer, wenn nicht *der* Grundvoraussetzung für ein erfolgreiches Projekt.

Anhang

Vergleich zwischen dem Anforderungs- management in Softwareentwicklungs- projekten und im Baugewerbe

Hintergrund

In diesem Buch wurde des Öfteren ein Vergleich gezogen zwischen Anforderungen, die im Bereich der Softwareentwicklung gestellt werden, und Anforderungen aus dem Baugewerbe.

Hintergrund ist, dass ein Haus vor den Augen eines Kunden entsteht; er hat also die Möglichkeit, den laufenden Fortschritt des Projektes mitzuerleben. Anforderungen können von ihm nur in einer zeitlich festgelegten Abfolge gestellt werden. Ab einem gewissen Zeitpunkt können zum Beispiel keine Anforderungen mehr die Gestaltung des Kellers betreffen.

Für den Kunden ist dies auch ersichtlich. Schließlich widerspricht es der Logik, dass Änderungen an der Größe des Erdgeschosses vorgenommen werden, wenn schon das Dach auf dem Haus ist.

So einleuchtend dies im Baugewerbe ist, in der Softwareentwicklung hat sich eine solche Logik leider noch nicht etablieren können. Dies liegt zum größten Teil daran, dass dem Kunden eben diese Entwicklung „vor den Augen" fehlt und er andererseits nicht so viel Einblick in die Entwicklung einer Software hat, wie das beim Bauträger in die Entwicklung des Hauses der Fall ist.

Im Folgenden sollen die Gemeinsamkeiten zwischen diesen Branchen herausgearbeitet werden. Ebenso wird aber auch auf die Unterschiede eingegangen, die Ursache für eine „mangelnde" Übertragbarkeit zwischen diesen beiden unterschiedlichen Branchen sind.

Gemeinsamkeiten

Eine der wesentlichen Gemeinsamkeiten bei der Vorgehensweise zwischen diesen beiden Branchen ist die Verwendung von Modellen. Das, was in der Softwareindustrie die UML-Modelle sind, sind in der Bauindustrie die Architekturzeichnungen.

Auch Prototypen werden in beiden Branchen genutzt, wobei auch in der Bauindustrie zwei verschiedene Prototypen verwendet werden:

- Wegwerfprototypen, hierbei handelt es sich um kleinere Modellhäuser aus Plastik oder Pappe, die meist bei größeren Anlagen benutzt werden.

- So genannte Musterhäuser, die einen Haustyp in Originalgröße darstellen.

Etwas Uneinigkeit herrscht über die Vorgehensweise; viele sprechen in der Bauindustrie von einem Wasserfallmodell und nicht von einem iterativen Ansatz. Dies hängt völlig von dem Blickwinkel ab:

- Betrachtet man den Fertigstellungsgrad, so liegt in der Bauindustrie ein iterativer Ansatz vor. Zuerst wird der Rohbau erstellt, dann wird in den einzelnen Etagen Elektrik und Sanitär eingebaut, dann wird verputzt und zum Schluss kommt Teppichboden oder Parkett hinein.[1]

- Betrachtet man die zum Einsatz kommenden Worker, so liegt ein Wasserfallmodell vor. Schließlich ist ein Bau dadurch gekennzeichnet, dass sich die unterschiedlichen Bautrupps ablösen. Zuerst Maurer, Dachdecker, dann Elektriker, dann Verputzer usw.

Es ist also strittig, welche Vorgehensweise hier benutzt wird; wir tendieren dazu, sie als iterativ zu definieren.

Als weitere Gemeinsamkeit zwischen den beiden Branchen existieren klar definierte Meilensteine, die in beiden Branchen meist auch mit Zahlungszielen verbunden sind. Beide Branchen versuchen auch, die letzte Zahlung möglichst gering zu gestalten. Wei-

---

[1] Sicherlich fehlen hier noch etliche Schritte. Hier geht es jedoch nicht um die Vollständigkeit, sondern darum, aufzuzeigen, dass ein iterativer Ansatz vorliegt.

terhin sind in beiden Branchen die Meilensteine anhand der Iterationen ausgerichtet.

Sicherlich lassen sich noch weitere Übereinstimmungen feststellen, wichtig ist es uns, aufzuzeigen, dass die Grundlagen dieselben sind:

- Beide Branchen arbeiten mit Modellen und Prototypen
- Beide Branchen gehen iterativ vor
- Beide Branchen arbeiten mit Meilensteinen

Eine wesentliche Gemeinsamkeit soll jedoch noch erwähnt werden. Sowohl in der Softwarebranche als auch in der Baubranche spielen Architekturen eine wichtige Rolle. Sobald die Architektur nicht ausreichend konzipiert wurde, wird sowohl das Haus zusammenfallen als auch das Softwareprojekt scheitern.

Unterschiede

Nachdem die Gemeinsamkeiten nun aufgezeigt wurden, soll im Folgenden auf die Unterschiede zwischen den Vorgehensweisen innerhalb dieser beiden Branchen eingegangen werden.

Ein wesentlicher Unterschied zwischen diesen Branchen besteht darin, dass in der Baubranche keinerlei Technologieänderungen möglich sind. Wurde einmal ein Baumaterial festgelegt, so wird dieses auch verwendet, insbesondere, wenn bereits damit angefangen wurde.[2]

Auch hinsichtlich der verwendeten Werkzeuge wird kein Kunde irgendwelche Vorschriften machen, schließlich setzt er derartige Werkzeuge selbst nicht ein und es interessiert ihn weniger die Herstellung als das Ergebnis.

Ebenso ist in der Baubranche derzeit alles andere als ein Ressourcenmangel festzustellen, vor allem sind die Lohnkosten deutlich geringer. Das Bauunternehmen hat rein theoretisch die Möglichkeit, durch eine Verdoppelung der Arbeitskräfte Zeit einzusparen, um einen rechtzeitigen Fertigstellungstermin zu garantieren.

Ferner ist in der Baubranche ein etabliertes Zusammenspiel zwischen einer Vielzahl von Unterauftragnehmern zu beobachten. Betrachtet man den obigen iterativen Ansatz, so kann man sagen,

---

[2] Sicherlich sind hier Änderungen möglich, jedoch ausschließlich zu Lasten des Kunden! Notfalls reißt der Bauträger das bisher Erstellte wieder ab und fängt von vorne an. Solange der Kunde zahlt, ist er zu allem bereit.

dass in jeder Iteration ein anderer Unterauftragnehmer zum Einsatz kommt (was wieder das Wasserfallmodell bestätigt).

Im Gegensatz zur Softwareentwicklung hat in der Baubranche der Fertigstellungstermin des Gesamtprojektes einen wesentlich „endgültigeren" Charakter. Auch die Gewährleistung ist mit fünf Jahren erheblich länger als in der Softwareindustrie.

Es gibt noch weitere Unterschiede zwischen diesen beiden Branchen, doch sind diese eher marginal und sollen hier nicht weiter betrachtet werden. Der *wichtigste* Unterschied soll jedoch hier noch einmal klar herausgestellt werden:

Die Erfahrung! Seit Tausenden von Jahren werden Gebäude erstellt – Software hingegen wird erst seit einigen Jahrzehnten entwickelt! Dies ist ein entscheidender Unterschied, denn nichts ist wichtiger, als Erfahrungen nutzen zu können.

Fazit

Wie diese Ausführungen aufgezeigt haben, sind die Baubranche und die Softwareentwicklungsbranche in vieler Hinsicht miteinander vergleichbar. Trotzdem hat die Baubranche wesentlich weniger Probleme im Anforderungs- und Änderungsmanagement, als dies in der Softwareindustrie der Fall ist.

Literaturverzeichnis

[Balz2000]   Balzert, Helmut: Lehrbuch der Softwaretechnik, 2. Auflage. Spektrum Verlag, 2000.

[Boe1987]   Boehm, Barry: Industrial Software Metrics Top 10 List. IEEE Software, Ausgabe 4 Nummer 5 (September 1987).

[Boe1988]   Boehm, Barry W.: A Spiral Model of Software Development and Enhancement. IEE Computer, Mai 1988, Seite 61-72.

[CoCOO]   www.cocoo.de

[Dör2001]   Dörnemann, Holger: Software-Bingo oder Software Engineering; CEO 1/2001 IT Verlag, 2001.

[Kru1999]   Kruchten, Philippe: Der Rational Unified Process – Eine Einführung. Addison-Wesley, 1999.

[Hein2001]   Heinold, Rainer: Mehr als eine Zehntel Version – ClearCase 4.1 in CIO 1/2001 IT Verlag, 2001.

[MüVe2000]   Mühlbauer, Susanne; Versteegen, Gerhard: Wissensmanagement. IT Research, 2000.

[Rational]   www.rational-software.de
                www.rational.com

[Roy1998]   Royce, Walker: Software Project Management
                 – A Unified Framework. Addison-Wesley,
                 1998.

[Rupp2001]   Rupp, Chris: RequirementsEngineering und –
                 Management, professionelle Anforderungs-
                 analyse für die Praxis. Hanser Verlag, 2001.

[Ver1999]   Versteegen, Gerhard: Das V-Modell in der
                 Praxis, Grundlagen, Erfahrungen und Werk-
                 zeuge. dpunkt.verlag, 1999.

[Ver2000]   Versteegen, Gerhard: Projektmanagement mit
                 dem Rational Unified Process. Springer-
                 Verlag, 2000.

[Ver2001]   Versteegen, Gerhard: Spiel mit dem Feuer –
                 Risikomanagement in Softwareentwicklungs-
                 projekten. IT Management 4/2001.

Glossar, Regeln und Definitionen

Abnahmekriterium	Ein Abnahmekriterium betrifft eine Anforderung und wird vom Auftragnehmer und Kunden gemeinsam festgelegt. Die Erfüllung einer zuvor gestellten Anforderung wird daran gemessen.
Actor	Ein Actor (Akteur) ist eine außerhalb eines Systems liegende Klasse, die an einer in einem Use-Case beschriebenen Interaktion mit dem System beteiligt ist.
Änderungsantrag	Ein Änderungsantrag beinhaltet Änderungswünsche seitens des Kunden an zuvor aufgestellten Anforderungen. Sie treffen im Zeitraum zwischen Abschluss der Anforderungsanalyse und vor Verteilung der Software ein.
Anforderung	Eine Anforderung wird von einem Auftraggeber oder einem Endbenutzer gestellt; sie beschreibt, wie sich das zu implementierende System verhalten soll.
Aktivität	Eine Aktivität ist eine in sich abgeschlossene Folge von Tätigkeiten, deren Unterbrechung kein sinnvolles Ergebnis liefern würde.
Artefakt	Ein Artefakt ist ein Teil an Information, das produziert, modifiziert oder vom Prozess genutzt wird und dem Versionsmanagement unterliegt. Ein Artefakt kann ein Modell, ein Modellelement oder ein Dokument sein.

Assessment	Im Rahmen eines Assessments wird eine kritische Ist-Analyse des zu untersuchenden Objektes (Projekt, Organisation, Prozess) durchgeführt. Wichtig ist eine vorurteilsfreie Analyse, da nur so Schwachstellen identifiziert und gezielte Verbesserungen identifiziert werden können.
Baseline	Baselines definieren einen zusammengehörenden Stand von Versionen der Artefakte (Sourcen, Komponenten, Subsysteme usw.). Sie erlauben die Reproduzierbarkeit von größeren Einheiten (Module, Komponenten, Subsysteme usw.) und unterstützen den Freigabeprozess, da die Artefakte als Einheit behandelt werden.
Build	Je nach Zusammenhang versteht man unter einem Build einen eindeutig identifizierbaren Stand des lauffähigen Systems (oder eines Teiles davon) oder den Vorgang der Softwareproduktion, also die Generierung des lauffähigen Systems.
Change Control Board	Das Change Control Board ist ein Steuerungs- oder Lenkungsgremium im Rahmen des Change-Control-Prozesses. Zweck ist die Planung der Umsetzung von Change Requests in künftigen Releases sowie die Festlegung des Zeitraums. Beteiligt werden sollten alle internen Stakeholder.
Kritikalität	Die Kritikalität ist die Messgröße für die Auswirkung eines Risikos oder der Bedeutung einer Anforderung im Hinblick auf den Erfolg eines Projektes.
Meilenstein	Ein Meilenstein ist ein Zeitpunkt zur Beendigung eines Teilprojektes oder auch des Gesamtprojektes. Typischer Zeitpunkt für Tests und für Teilzahlungen seitens des Kunden.

Methode	Eine Methode ist sowohl eine Entwicklungssprache als auch ein Entwicklungsprozess.
Modellierungssprache	Eine Modellierungssprache ist eine Notation und eine Semantik.
Prozessmodell	Ein Prozessmodell ist eine Beschreibung einer koordinierten Vorgehensweise bei der Abwicklung eines Vorhabens. Es definiert sowohl den Input, der zur Abwicklung der Aktivität notwendig ist, als auch den Output, der als Ergebnis der Aktivität produziert wird. Dabei wird eine feste Zuordnung von Workern vorgenommen, die die jeweilige Aktivität ausüben.
Release	Ein Release ist ein Teil eines Endproduktes, das Gegenstand der Prüfung an einem wichtigen Meilenstein ist.
Review	Die Arbeitsergebnisse eines Projektes oder auch Teilprojektes werden in einem Review auf die Einhaltung von Richtlinien geprüft und anschließend bewertet. Die Ergebnisse dienen als Ausgangsbasis für Entscheidungen.
Risiko	Ein Risiko ist ein Ereignis, dessen Eintreten den geplanten Projektverlauf entscheidend behindern kann.
Stakeholder	Ein Stakeholder wird durch eine beliebige Person eines Unternehmens repräsentiert, die ein berechtigtes Interesse am Ergebnis des Projektes hat. Ein Stakeholder kann ein Endbenutzer, ein Entwickler, ein Projektmanager usw. sein.
Testcase	Jede funktionale, aber auch nichtfunktionale Anforderung muss verifiziert werden. Testcases beschreiben die Anforderungen an die durchzuführenden Tests.

Testen

Testen ist die Methode, mit der Qualität nachgewiesen wird. Testen sollte weder als einmalige Aktivität noch als individuelle Testfolge gewertet bzw. betrachtet werden. Testen ist ein umfassender Workflow, der eine Serie von Einzeltests innerhalb des gesamten Entwicklungszyklus umfasst. Diese Tests konzentrieren sich auf die Identifizierung und Beseitigung von Fehlern und dem kontinuierlichen Erreichen der Produktqualität zum frühestmöglichen Zeitpunkt.

Toolauswahl

Funktionalitäten sind wichtig, doch sie nützen nichts, wenn dabei die Integration mit anderen Werkzeugen auf der Strecke bleibt. Generell lässt sich eine zusätzliche Funktionalität immer schneller in ein Werkzeug integrieren als eine bidirektionale Schnittstelle zu einem anderen Werkzeug.

Toolmentor

Wichtiger Bestandteil des RUP. Toolmentoren erläutern den direkten Einsatz eines Werkzeuges innerhalb des Prozesses.

Use-Case

Ein Use-Case ist eine Beschreibung einer Menge von Aktionsfolgen, inklusive deren Varianten, die ein System ausführen kann und die ein erkennbares, nützliches Ergebnis für einen Actor bringt.

Version

Eine Version ist ein eindeutiger, wiederherstellbarer Zustand eines Artefaktes. Baselines können also als Version einer größeren Einheit betrachtet werden.

Workflow

Unter einem Workflow versteht man im Rational Unified Process die Aneinanderreihung von Aktivitäten, die einen bestimmten Zweck (zum Beispiel Anforderungsmanagement) erfüllen.

Akronyme

CASE	Computer Aided Software Engineering
CBD	Component Based Development
CD	Compact Disk
COM	Component Object Model
CORBA	Common Object Request Broker Architecture
DVD	Digital Versatile Disk
EDV	Elektronische Datenverarbeitung
EJB	Enterprise JavaBeans
ERM	Entity Relationship Model
HTML	Hyper Text Markup Language
IT	Informationstechnologie
KM	Konfigurationsmanagement
OMG	Object Management Group
OMT	Object Modeling Technique
OO	Objektorientierung
PM	Projektmanagement

PR	Product Requirement
RoI	Return on Investment
RUP	Rational Unified Process
UML	Unified Modeling Language
URL	Unified Resource Locator
XML	Extensible Markup Language

Abbildungsverzeichnis

Index